Sabine Bösel · Roland Bösel
Liebe, wie geht's?

AF154263

Sabine Bösel · Roland Bösel

Liebe, wie geht's?

52 Impulse für gelingende Beziehungen

gemeinsam mit Daniela Pucher

Orac

Inhalt

Sie haben das Potenzial für eine gelungene Beziehung!

Das Leben – und speziell das Leben in einer Beziehung – ist wie ein Labor, in dem es darum geht, dass zwei Menschen sich zu reifen Individuen entwickeln. Jeder rund um die 20 herum ist erwachsen, doch kaum jemand ist in diesem Alter bereits eine gereifte Persönlichkeit. Auf dem Weg dorthin haben wir noch viel zu lernen. Vieles von dem, was uns ausmacht, ist schon bei der Geburt angelegt und entwickelt sich in den ersten Monaten und Jahren. Manches davon verlieren wir wieder durch die Art, wie wir genährt und sozialisiert wurden.

Die Partnerin, der Partner ist oft ein guter Therapeut, um diese fehlenden, manchmal auch verleugneten Anteile ins Leben zurückzuholen. Dafür brauchen wir ein anderes Selbstverständnis von der Liebe, als wir es meist mitbekommen haben. Denn die Liebe ist eine Aktivität, kein Zustand. Da geht es schon darum, dass wir Probleme und Konflikte auch aufgreifen und als Chance sehen für den nächsten Entwicklungsschritt. Die Rahmenbedingungen, damit so etwas gelingen kann, sind Sicherheit und die Möglichkeit zur Potenzialentfaltung, wie der Neurobiologe Gerald Hüther sagt.

Mit diesen 52 Impulsen wollen wir Sie einladen, einen vielleicht ganz neuen, in jedem Fall geschärften Blick auf Ihre Beziehung zu werfen – oder, wenn Sie Single sind, auf sich selbst und Ihre persönliche Geschichte. Denn im Grunde haben Sie alles, was Sie brauchen, bereits in sich. Also gehen Sie es an und bleiben Sie dran, damit Sie Ihre Beziehung zu der tiefen Liebe entwickeln, von der Sie nicht einmal zu träumen wagen. Wir – Sabine und Roland – sind ein gutes Beispiel dafür, dass diese Aussicht nicht übertrieben ist. Wir haben in mehr als 40 Jahren sehr viele Höhen und Tiefen erlebt. Doch wir haben bis heute beide den Ehrgeiz, immer weiterzulernen, unsere Potenziale freizulegen und neugierig zu bleiben: auf uns selbst, auf Beziehungen, auf das Leben.

Die Beispiele, die Sie in diesem Buch finden, sind zum Teil aus unserem Leben gegriffen und manchmal überspitzt dargestellt. Wo auch immer Paare uns zu Beispielen inspiriert haben, haben wir die Geschichte so verändert, dass eine Wiedererkennung mit den realen Personen unmöglich ist. Sie werden sich vielleicht trotzdem darin wiederfinden, doch das zeigt nur, wie nahe die Geschichten von uns allen beisammen liegen.

Eines ist uns noch wichtig zu sagen: Wir beide sind heterosexuell orientiert und haben dieses Buch daher aus dieser Perspektive geschrieben. Wir möchten jedoch alle Menschen unabhängig von ihren sexuellen Neigungen ansprechen. Wir haben bereits viele gleichgeschlechtliche Paare begleitet und wissen, dass sich viele Themen ähnlich gestalten.

Wir laden Sie also ein, sich von unseren Impulsen inspirieren zu lassen. Trauen Sie sich, etwas Neues auszuprobieren und Ihr Leben dort neu auszurichten, wo Sie eine Sehnsucht nach Veränderung verspüren. Und denken Sie bitte daran, dieses Buch immer wieder auch zur Seite zu legen und den einen oder anderen Impuls gemeinsam zu besprechen und zu versuchen. Schauen Sie Ihrer Partnerin, Ihrem Partner in die Augen, gehen Sie in Verbindung und spüren Sie die Nähe.

Wir wünschen Ihnen gutes Gelingen!

Sabine und Roland Bösel

Warum wir alle irgendwie komisch sind

Wir wundern uns oft über das seltsame Verhalten unseres Partners oder anderer Menschen – und dabei sind wir selbst genauso seltsam.
Was dahintersteckt und wie diese Weisheit uns hilft, uns selbst und anderen gegenüber verständnisvoller, gelassener, liebevoller und wertschätzender zu sein.

1. Die Schlacht am heißen Buffet

Mitmenschen – selbst unsere engsten Vertrauten – verhalten sich oft „komisch". Was dahintersteckt und wie hilfreich es ist, sich das eigene Verhalten bewusstzumachen.

Er (kommt mit ihr verspätet zu einer Party): Ich sag dir, ich hab so riesigen Hunger! Hoffentlich haben sie ein gutes Buffet.

Sie: Ja, aber zuerst müssen wir schon ein paar Leute begrüßen.

Er sieht das Buffet und stürzt sich wortlos darauf, ohne auch nur einen Blick auf die vielen Freunde rundherum zu verschwenden.

Sie: Du bist so peinlich! Und dann schaufelst du dir auch noch den Teller so voll!

Gastgeber: Hey, ihr zwei! Na, dir schmeckt's ja. Seid ihr schon länger da? Ich hab euch ja noch gar nicht gesehen.

Er: Ähm …

Wir Menschen sind allesamt ein seltsames Volk. Wir verhalten uns so, wie es uns vertraut ist – und ein anderer findet das eigenartig. Wir vergessen unsere Manieren und kapern das Buffet, weil der Magen knurrt, und wundern uns, dass der Gastgeber patzig reagiert. Oder wir nehmen bei Diskussionen gerne die Rolle des Kritikers ein, weil wir das sinnvoll finden, und müssen uns dann gefallen lassen, zurechtgewiesen zu werden.

Oder auch umgekehrt. Wir heben irritiert die Augenbraue, weil sich ein anderer vordrängelt, weil wir das ungehörig finden und selbst nie tun würden. Wir sitzen im feinsten Business-Outfit in einem Kunden-Meeting und sind sehr erstaunt, wenn die Kundin ungeniert ihre Brotjause auspackt und genüsslich zu mampfen beginnt.

Auf welcher Seite wir auch immer gerade stehen, in jedem

Fall gibt diese Irritation des fremdartigen Verhaltens Anlass zur Verwunderung oder auch Verletzung, Frustration, zum Ärger oder Streit. Das liegt daran, dass jeder von uns instinktiv davon ausgeht, dass die eigene Welt die einzig existierende ist. Wir bewerten das Verhalten anderer vor dem Hintergrund unserer eigenen Sozialisierung. Was für uns „normal" ist, nehmen wir als Maßstab.

Viele Konflikte würden gar nicht erst entstehen, wären wir in der Lage, über den Tellerrand zu blicken und die Welt unserer Mitmenschen ein bisschen besser kennenzulernen. Gleichzeitig kann auch das Konfliktpotenzial größer werden, je näher uns jemand steht, weil wir dann auch seine oder ihre Schattenseiten entdecken. Wenn der beste Ehemann von allen sich nicht benehmen kann und bei der Party nicht einmal die Gastgeber begrüßt, fragen wir uns unter Umständen, welchen Grobian wir da geheiratet haben. Wir schämen uns fremd, und später, auf dem Nachhauseweg, stellen wir ihn dann zur Rede, um ihm klarzumachen, dass man sich so nicht verhalten sollte und es uns peinlich war.

Als Paartherapeuten laden wir in solchen Situationen dazu ein, einen Blick hinter das Verhalten zu werfen. Das hat gleich mehrere Vorteile: Zum einen hat der „Übeltäter" nur so die Chance, sich sein inadäquates (oft unbewusstes) Verhalten bewusst zu machen und es so leichter verändern zu können. Zum anderen kann die „peinlich Berührte" den Partner besser verstehen, Toleranz üben und helfen, dieses Verhalten zu verändern. Und nicht zuletzt entwickelt das Paar auf diese Weise auch das Miteinander weiter und vertieft die Beziehung. Dasselbe gilt natürlich auch für seltsames Verhalten von Geschwistern, Eltern, Kindern oder Freunden.

Nehmen wir das Beispiel vom Buffet. Ja, es ist unhöflich, verspätet auf einer Party zu erscheinen und dann nicht einmal den Gastgeber oder auch irgendjemand anderen zu begrüßen, sondern gleich das Buffet zu stürmen. Vielleicht denken Sie sich jetzt auch, dass das nun wirklich kein Drama sei, es käme schließlich öfter vor, dass sich Menschen am Buffet nicht benehmen können. Das stimmt, und gleichzeitig können wir genau deshalb ganz wunderbar zeigen, wie sehr wir alle von unserer Vergangenheit beeinflusst werden, ohne dass wir uns dessen bewusst sind.

Dieser wortlos das Buffet stürmende Mann ist in den 50er Jahren geboren. Der Krieg war vorbei, der Aufbau führte zum Wirtschaftswunder und die Kühlschränke waren voll. Als Kind hörte er zwar davon, dass in Afrika die Kinder Hunger leiden, wenn er einmal nicht aufessen wollte, doch selbst kannte er den Hunger nicht. Es stellte sich heraus, dass sein Vater sehr wohl viel Hunger leiden musste. Er war im Krieg und in russischer Kriegsgefangenschaft, die er nur mit Glück überlebte. Als unser Mann also das Buffet stürmte, schlug sein emotionales Erbe durch: Plötzlich triggerte sein Hungergefühl diese „vererbte" Angst vor dem Verhungern des Vaters, und er verhielt sich wie ein tatsächlich Verhungernder. Wer nichts zu essen hat, pfeift auf gute Manieren und schaut, dass er schnell etwas in den Magen bekommt!

Eigentlich hätte er dem Gastgeber als Entschuldigung sagen müssen: „Tut mir leid, mein Vater war in Kriegsgefangenschaft und hat sehr viel Hunger gelitten. Ich habe das quasi im Blut und das hat dafür gesorgt, dass ich unhöflich zu dir war." Wäre interessant gewesen zu erfahren, wie der Gastgeber darauf reagiert hätte. Vermutlich wäre er gleich noch irritierter gewesen.

Warum, so fragen Sie sich nun möglicherweise, muss ich wissen, welches Blut in meinen Adern fließt, woher es kommt und wohin es geht? Weil Bewusstheit der Schlüssel ist für ein gelungenes Leben! Wenn Sie bei einem „komischen" Verhalten ertappt werden und sich der Hintergründe nicht bewusst sind, werden Sie immer mit fadenscheinigen Ausreden daherkommen. „Ach ja, ich habe dich seit einer Stunde schon überall gesucht!", sagen Sie dann vielleicht dem Gastgeber. Oder: „Ja, witzig, oder, kaum war ich da, hat mir schon einer diesen vollen Teller in die Hand gedrückt." Wenn wir Pech haben, werden diese Notlügen auch noch schnell entlarvt und dann haben wir uns gleich doppelt danebenbenommen: unhöflich und auch noch unehrlich! Wenn Sie sich hingegen klarmachen, woher Ihr seltsames Verhalten herrührt, es also in Ihr Bewusstsein heben, können Sie es verändern. Nur was uns bewusst ist, können wir auch verändern!

In unserem emotionalen Erbe steckt viel Potenzial, und zwar im Positiven wie im Problematischen. Viele unserer Eltern und Großeltern, die den Krieg miterleben mussten, haben über ihre Erlebnisse nicht geredet. Das bedeutet, dass Ängste und Traumata, von denen es bestimmt genug gab, sich in ihren Seelen eingespeichert haben und unbewusst über die Generationen weitervererbt wurden. Der noch junge Forschungszweig der Epigenetik untersucht, unter welchen Bedingungen ein Gen aktiviert wird oder nicht. So hat man in manchen Studien herausgefunden, dass die Wirkung von Traumata bis in die dritte Generation nachgewiesen werden kann. Das ist der Grund, warum wir auch bei Kriegsenkeln und Kriegsurenkeln darüber nachdenken sollten, inwiefern es noch traumatische Spuren aus dem zweiten Weltkrieg gibt. Üblicherweise kom-

men diese vererbten Themen in einem ganz anderen Kleid
daher, beispielsweise auch in Form psychosomatischer Reaktionen. Es lohnt sich wirklich, sie zu hinterfragen und zu verstehen, denn sonst bleiben sie weiterhin Teil des emotionalen
Erbguts und belasten nicht nur uns selbst, sondern auch die
nächste Generation.

Doch es sind nicht nur die Kriegserlebnisse unserer Vorfahren, die uns zu seltsamem Verhalten führen. Oft sind es auch
Stimmungen im Elternhaus, unbewusste Aufträge, Loyalitäten
zu Vater oder Mutter, die uns unbewusst leiten. In unserem
Buch „Warum haben Eltern keinen Beipackzettel?"[1] haben wir
uns ausführlich damit befasst, welches emotionale Erbe die Fä-
den in unseren aktuellen Beziehungen zieht. An dieser Stelle
kommen unsere Partner ins Spiel, denn sie können besser als
alle anderen ihren Finger auf dieses emotionale Erbe legen und
uns herausfordern, damit uns unser Verhalten bewusst wird
und wir es verändern können. Und es hilft uns auch, toleranter
zu sein gegenüber all den „komischen" Menschen auf dieser
Welt!

---

1 Orac, 2013

2. Mit Rucksack durchs Leben

Über die wichtige Erkenntnis, dass 90 Prozent unseres Tuns mit uns selbst zu tun haben und nur 10 Prozent mit unserem Gegenüber.

Ein paar Menschen warten vor der Supermarktkassa. Eine Frau kommt dazu, geht an der Warteschlange vorbei und bemerkt diese gar nicht. Nennen wir sie die „Verträumte". Eine der wartenden Personen, die es oft eilig hat in ihrem Leben, begehrt auf. Nennen wir sie die „Getriebene".

Getriebene (aufgebracht): Haben Sie keine Augen im Kopf? Wir warten hier auch. Hinten anstellen!

Verträumte (erschrocken): Oh, Entschuldigung, das habe ich übersehen.

G: Ja, das sagen sie alle. Tun so, als wären sie die Unschuld vom Lande und lavieren sich so durchs Leben.

V: Sie haben vollkommen Recht, ich stelle mich schon hinten an.

G (zu ihrem Vordermann): Ich packe das einfach nicht. Die Leute haben überhaupt kein Benehmen mehr!

Die Verträumte steht hinten und denkt: Oje, schon wieder einen Fehler gemacht. Dabei habe ich die Schlange wirklich nicht gesehen.

Am Anfang steht dieser so magische Moment: unsere Geburt, der Sprung ins Leben. Die meisten von uns sind zu diesem Zeitpunkt so richtig prall im Leben gelandet, und obwohl die Geburt auch für ein Baby Umstellungsstress bedeutet, pulsiert es dennoch vor lauter Lebenskraft und Energie. Das Leben wird dann bald herausfordernder, denn wir werden von außen beeinflusst, und zwar auf zweierlei Art: Wir werden von unseren Eltern (oder den entsprechenden Bezugspersonen) genährt und von ihnen sozialisiert. Unter Nähren verstehen wir, dass wir als Baby mit allen fünf Sinnen wahrgenommen und angesprochen werden. Ein Baby braucht Berührung, es braucht, dass jemand mit ihm spricht, dass es jemand anschaut, dass es Nahrung bekommt und vertraute Personen riechen kann. Das heißt, es geht darum, dass Mutter und Vater einen Input geben. Ein Baby, das gut genährt ist, bekommt die Grundbotschaft „Es ist gut, zu sein" mit auf den Weg.

Sozialisation wiederum ist das, was man gemeinhin als „Erziehung" bezeichnet. Während das Genährtsein für die ersten Lebensjahre wichtiger ist, hat die Sozialisation mehr Auswirkung in den Folgejahren und in der Pubertät und Adoleszenz. Ein Kind, das ein weites Spektrum an Sozialisation erfährt, lernt, dass es gut ist, Verschiedenes auszuprobieren, und dass es gewisse Spielregeln für ein sinnvolles Miteinander gibt. Allerdings werden wir in der Sozialisation auch manipuliert und manchmal zu kleinen Robotern gemacht, die ganz nach der Pfeife der Bezugspersonen tanzen, anstatt aus der Fülle, die das Leben grundsätzlich für uns bereithält, zu schöpfen. Die Anweisung, immer schön brav still zu sitzen und nur ja nicht die Erwachsenen zu stören beispielsweise, schränkt kleine Kinder in ihrem natürlichen Bewegungsdrang ein und verhindert, dass sie neugierig die Welt erobern.

Wie wir genährt und sozialisiert wurden, formt unsere Persönlichkeit und eröffnet uns entweder ein weites oder enges Spektrum an Möglichkeiten. Und so sammeln wir Erfahrungen: Man bleibt bei der roten Ampel stehen, man wäscht sich die Hände vor dem Essen. Wenn man Wasser ins Feuer gießt, geht das Feuer aus. Regenwürmer kitzeln, wenn sie über die

Handfläche krabbeln. Und genauso lernen wir: Eltern streiten und versöhnen sich nicht, also ist das Eheleben eine Last. Der Vater ignoriert mich, also muss ich mich sehr anstrengen, um seine Aufmerksamkeit zu wecken. Oder wir folgen bestimmten Sätzen, die wir immer wieder hören und an die wir unser Verhalten bis ins Erwachsenenleben anpassen. Ein Beispiel: „Klettere nicht auf den Baum, du wirst hinunterfallen." Als Kind lernen wir, dass wir unseren Impulsen nicht vertrauen können, weil die Mama weiß, dass da etwas passiert. Was ist die Folge? Wir klettern nie Bäume hoch, machen diese Erfahrung nicht – und am Ende sind wir wirklich sehr ungeschickt und fallen tatsächlich hinunter, wenn wir es dann doch einmal versuchen.[2] Auf diese Weise füllt sich allmählich unser Rucksack mit den verschiedensten Erfahrungen, und den tragen wir immer mit uns herum. Dieses Repertoire haben wir stets zur Verfügung und wenden es je nach Situation an.

Kehren wir zu unserer Szene an der Supermarktkassa zurück. Stellen Sie sich zwei kleine Mädchen in zwei verschiedenen Familien vor. Beide sind Sandwich-Kinder, haben also ältere und jüngere Geschwister, beide fühlen sich nicht ausreichend wahrgenommen von ihren Eltern. Das eine Mädchen geht mit dieser Situation so um: Es schließt daraus, wie wichtig es ist, sich zu behaupten, um gesehen zu werden. Es erlebt vielleicht sogar, was es heißt, ausgeschlossen zu werden. Kinder kompensieren solche unangenehmen Erlebnisse unter anderem mit einem unbewussten Beschluss, der bei dem einen Mädchen lautet: „Ich werde es allen zeigen und ich werde für mein Recht kämpfen!" Diesen Beschluss nimmt es unbewusst

---

2 siehe auch Impuls Nr. 5

ins Erwachsenenleben mit. Das zweite kleine Mädchen geht mit seiner Situation anders um. Es erlebt ebenfalls, wie es ist, nicht wahrgenommen zu werden und zu kurz zu kommen. Doch es schützt sich anders, es beschließt: „Ich warte, bis ich drankomme. Ich komme ja ohnehin mit wenig aus." Dieser Beschluss steckt in ihrem Rucksack drin.

Diese beiden zu erwachsenen Frauen gewordenen Mädchen haben Sie weiter oben an der Supermarktkassa kennengelernt, und Sie erraten bestimmt, wer mit welchen Beschlüssen durchs Leben geht: Die Getriebene hat beschlossen zu kämpfen, sie begehrt sofort auf. Die Verträumte hat beschlossen, mit wenig auszukommen, sie unterwirft sich und ist still. Beide haben ganz bestimmt festgestellt, dass sich die jeweils andere komisch bzw. ungehörig oder irritierend verhalten hat.

Das ist das, was so spannend ist, wenn sich zwei Menschen begegnen. Wenn es zwischen den beiden kracht und man hinter die Kulissen schaut, haben sie, so unterschiedlich sie sich auch verhalten, oft sehr ähnliche oder sogar gemeinsame Themen. So ist das ganz besonders in Liebesbeziehungen. Es verlieben sich immer Seelenverwandte ineinander, und Seelenverwandtschaft heißt, dass wir vielleicht Unterschiedliches erlebt haben, aber in unserem Rucksack stecken ähnliche Emotionen zu einem bestimmten Thema, und daraus haben wir entsprechend unbewusste Beschlüsse gefasst.[3] Die Strategien, die wir unbewusst entwickelt haben, um mit diesen Emotionen umzugehen, sind wiederum verschieden, und deshalb entstehen die Konflikte.

In der Imagotherapie sprechen wir davon, dass 90 Prozent unserer Frustrationen mit unserer Geschichte zu tun haben und

---

3 siehe auch Impuls Nr. 8

nur 10 Prozent mit den aktuellen Umständen. Für bestimmte Situationen wurde uns als Kind ein gewisser Spielraum genommen, und mit der Zeit sind wir davon überzeugt, dass mehr als dieser eingeschränkte Spielraum gar nicht möglich ist. So wird auch unsere Kreativität eingeschränkt und wir reagieren in bestimmten Situationen nicht flexibel, sondern in eingefahrenen Mustern. Dabei gäbe es immer auch noch andere Möglichkeiten. Die Getriebene an der Kassa könnte auch ganz neutral und unaufgeregt denken: „Ah, interessantes Verhalten." Und sie könnte sagen: „Ich glaube, Sie haben übersehen, dass wir hier schon angestellt sind. Aber Sie haben ja nur so wenig eingekauft, ich lasse Sie vor." Dass sie zu diesem Denken und Verhalten nicht in der Lage ist, liegt an ihrem Rucksack. Sie hat gelernt, dass sie kämpfen muss, daher poltert sie los und verweist die andere ans Ende der Schlange. Der Humor, die Kreativität und Flexibilität und auch die Großzügigkeit, all das ist bei ihr verloren gegangen.

Und so ist es auch in Paarbeziehungen. Wenn wir uns die Mühe machen, einen Konflikt zum Anlass zu nehmen, um in unsere Rucksäcke zu schauen, können wir diese unbewussten Beschlüsse aus unserer Kindheit und die daraus entwickelten Strategien erkennen, auflösen und neue Möglichkeiten entdecken, wie wir uns in Zukunft anders verhalten wollen.

Wir können davon ausgehen: Wenn wir beim Partner ein „komisches" Verhalten beobachten und uns das aus der Fassung bringt, lohnt es sich zu prüfen, ob vielleicht gerade die 90 Prozent aus unserer eigenen Geschichte durchkommen. Und was ist mit den restlichen 10 Prozent? Stellen Sie sich eine Garderobe vor mit Haken, an die jeder seinen Mantel hängen kann. Stellen Sie sich weiters vor, so ein Mantel repräsentiert die 90 Prozent und der Haken die 10 Prozent. So ist diese Formel zu verstehen: Ohne die 10 Prozent, die die aktuelle Situation ausmachen, fehlt uns der Aufhänger für unseren Mantel. Das heißt, gibt es keinen Anlass, kommt unser eingefahrenes Muster nicht zum Einsatz.

Daraus leitet sich auch die gute Nachricht für uns Paare ab: Meistens haben nur 10 Prozent eines Konflikts mit der aktuellen Situation zu tun, 90 Prozent lassen sich auf unsere Rucksäcke zurückführen. Warum das eine gute Nachricht ist? Weil wir mit dieser Sichtweise Konflikte ganz anders und viel nachhaltiger lösen können. Denn wenn wir uns – wie das oft so üblich ist – darum streiten, wer in einer bestimmten Situation nun Recht hat oder nicht, kommen wir nie weit. Wir kreisen dann ja auch nur um die 10 Prozent! Wenn wir uns stattdessen um die 90 Prozent kümmern, können wir feststellen: Ah, als Kind fühlte ich mich zwischen meinen Geschwistern so unbeachtet, daher also reagiere ich so empfindlich, wenn mir meine Partnerin dauernd ins Wort fällt, denn da fühle ich mich genauso missachtet. Schon allein dieses Wissen ist ein großer Schritt, um uns mit diesem für uns so heiklen Thema „Ich bin Luft für alle" auszusöhnen. Damit Sie uns richtig verstehen: Die Erkenntnis, warum wir in bestimmten Situationen so unflexibel und übertrieben reagieren, ist nicht als Ausrede gedacht. Sie soll Ihnen jedoch das Verständnis erleichtern. Und noch etwas: Diese 90-10-Regel gilt natürlich nicht für alle Situationen: Wenn Ihnen Ihre Partnerin ein Bein stellt und Sie sich verletzen, wäre es reichlich deplatziert, nach Ihren 90 Prozent zu fragen!

Seien Sie Ihrer Partnerin, Ihrem Partner grundsätzlich dankbar für „komisches" Verhalten. Denn es ist dieser 10-Prozent-Aufhänger, der Ihnen beiden klarmacht, dass sich dahinter Ihre Seelenverwandtschaft verbirgt. Das ist der Beginn, an dem sich ein Knoten auflösen kann. Denn wenn Sie Ihre 90 Prozent benennen können, tut sich auch Ihr Partner leichter, die 10 Prozent zu verändern!

3. Romeo und Julia

Wenn wir uns verlieben, haben wir immer auch zwei Familiensysteme im Hintergrund. Es ist für eine gelungene Beziehung entscheidend, dass wir uns davon emanzipieren und auf Basis unserer Historie ein eigenes System entwickeln.

Sie hat einen Ferienjob im Handwerks- und Handelsbetrieb der Familie ihres Liebsten begonnen und sitzt als Telefonistin im Büro. Da kommt ihr Schwiegervater in spe herein.

Schwiegervater: Na, wie gefällt es dir bei uns?

Sie: Ja, eh gut. Viel Trubel hier und viel zu tun!

Schwiegervater: Du könntest jederzeit bei uns einsteigen, das weißt du.

Sie: Aber du weißt doch, dass ich ganz bestimmt mein Studium abschließen möchte und dann Psychologin werde.

Schwiegervater: Klar weiß ich das. Aber wenn du richtig arbeiten willst, kannst du jederzeit zu uns kommen.

Sie (entrüstet): Psychologin zu sein ist doch auch richtige Arbeit!

Diese kleine Szene hat sich so ähnlich im Jahr 1980 im Unternehmen der Familie Bösel – einem großen Fleischereibetrieb in Wien – abgespielt. Wir ahnten noch nicht, wie sehr diese doch sehr unterschiedliche Sichtweise auf Arbeit unsere Liebe prägen würde. Für Roland war Arbeit das, was er von seinen Eltern vorgelebt bekam: identitätsstiftend und erfüllend, jedoch auch körperlich anstrengend und unternehmerisch riskant. Seine Eltern und Großeltern arbeiteten quasi rund um die Uhr, nur am Sonntag ruhten sie sich aus. Es war sonnenklar, dass er den Betrieb in der dritten Generation fortführen sollte. Dementsprechend war und ist es für ihn ein hoher

Wert, „couragiert zu sein und anzupacken, wo es nötig ist". Verstärkt wurde diese Sicht auch noch durch die Existenz eines Onkels väterlicherseits, der Künstler war. Es wurde von Rolands Vater erwartet, dass er seinen Bruder ins Unternehmen holt, denn Maler zu sein, „das ist ja kein ordentlicher Beruf"!

Sabine wiederum wurde geprägt durch eine Haltung, die sich in einem Satz ihrer Großmutter manifestierte: „Was du im Kopf hast, kann dir niemand mehr nehmen." Kein Wunder, wenn man die Geschichte der Großmutter kennt. Sie hat zwei Weltkriege durchgestanden, ihr gesamtes Geld verloren und die Shoah erlebt. Es war ihre Bildung, die ihr half zu überleben. Sabine besuchte eine teure Privatschule und es war sonnenklar, dass sie einen gehobenen und intellektuellen Beruf wählen würde. Sabines höchster Wert war, ganz in der Tradition ihrer Großmutter, die Bildung. Dass sie ihr Studium abschließen würde, stand völlig außer Frage.

So trafen wir aufeinander, die intellektuelle Sabine und der bodenständige Roland, beide mit unserer unterschiedlichen Sozialisation im Gepäck. Wir waren unter anderem genau deshalb auch so fasziniert voneinander: In Rolands Familie wurde nicht lange diskutiert. Wenn es ein Problem gab, da wurde angepackt – für Sabine eine ganz neue Welt. Und Roland umgekehrt war erstaunt, dass es Urlaube abseits von Erholung und Nichtstun geben kann. Er war schnell begeistert von Sabines Ideen, Bildungsurlaube zu machen und fremde Länder und Kulturen zu erforschen.

So ähnlich ist es bei jedem Paar, das sich ineinander verliebt. Jeder bringt die eigene Geschichte, das eigene So-geworden-Sein mit in die Beziehung. Jeder Mensch hat eine eigene Welt, die geprägt ist von den Eltern, Großeltern, Urgroßeltern. Jede

Familie hat eigene Traditionen – und damit meinen wir nicht nur die Art, wie man Weihnachten und Neujahr begeht, sondern jedes Verhaltensmuster, das unbewusst von einer Generation in die nächste übernommen wird: ob man alle Entscheidungen vorher gemeinsam bespricht oder nicht, welche Erwartungen man an die Partnerin bzw. den Partner hat betreffend Familienplanung und -betreuung, ob man als Frau Karriere machen sollte und vieles mehr.

Wie sollte es auch anders sein? Wir werden in unsere Familie hineingeboren, und alles, was wir beobachten und erleben, übernehmen wir, und dieses Verhalten wird zu unserer Normalität. Unangenehme Erfahrungen oder gar Gewalt empfinden wir zwar auch als Kind nicht als Normalität und spüren, dass etwas nicht stimmt. Doch wir sind zu jung, um solche Erlebnisse zu reflektieren und zu verarbeiten. Stattdessen entwickeln wir Überlebensstrategien. All diese „seltsamen" Verhaltensweisen sind Teil einer Tradition, und es liegt an uns zu entscheiden: Wollen wir sie fortsetzen oder durchbrechen und etwas Neues etablieren?

Wie stark Familientraditionen auf uns wirken, hat selbst die Weltliteratur vielfach aufgegriffen. Die Geschichte von Romeo und Julia kennen Sie bestimmt. Die beiden versuchen, sich gegen die alte Tradition – in ihrem Fall die Feindschaft zwischen den Familien – aufzulehnen, und scheitern doch sehr tragisch. Wir können uns unserer Geschichte nicht entziehen. Wir sind immer ein Produkt unserer Eltern und damit das Produkt zweier Familiensysteme, und jedes Elternteil ist wiederum ein Produkt zweier Familiensysteme. Wenn Sie sich in Ihren Partner verliebt haben, dann haben Sie nicht nur zu ihm, sondern implizit auch zu seiner Familie Ja gesagt – und dasselbe gilt auch umgekehrt. Dieser Umstand steht in direktem Zusammenhang mit dem, was wir in Impuls Nr. 2 geschrieben haben: 90 Prozent unseres Verhaltens wird geprägt durch unsere Vergangenheit – also unsere Herkunftsfamilie – und nur 10 Prozent durch die aktuelle Situation.

Das ist weder eine gute noch eine schlechte Nachricht, sondern eine Tatsache, die wir akzeptieren und anerkennen sollten. Denn wenn Sie wissen, dass Ihr Verhalten zu 90 Prozent durch Ihre Geschichte determiniert ist und nur zu 10 Prozent durch die Situation, in der Sie gerade sind, dann wirft das doch ein ganz anderes Licht auf die Möglichkeiten, die Sie haben!

Um das Beispiel vom Beginn dieses Impulses noch einmal zu bemühen: Wenn Sie gerade darüber streiten, was denn „richtige" Arbeit ist, dann brauchen Sie sich nicht länger darum bemühen herauszufinden, wer von Ihnen beiden Recht hat. Denn Sie wissen, dass Sie beide eine Meinung vertreten, die in Ihrer jeweiligen Welt nachvollziehbar ist. Gehen Sie diesen beiden Welten besser auf die Spur und versuchen Sie, die jeweils andere zu verstehen. Das bringt Sie viel weiter. Es kann gut sein, dass Sie eine ganz neue Definition von „richtiger" Arbeit finden und damit eine neue Familientradition begründen.

Es ist unser Glück, dass wir heute viel freier sind und nicht mehr so sehr gefangen in unseren Familienverstrickungen wie Romeo und Julia. Solche Tragödien sind erfreulicherweise zumindest in unseren Breitegraden äußerst selten. Wir haben die Freiheit, jederzeit zu entscheiden, ob wir unsere Traditionen weiter pflegen wollen oder nicht. Goethe fasste das so zusammen: „Was du ererbt von deinen Vätern hast, erwirb es, um es zu besitzen." Schauen Sie sich gut an, was Sie auf Ihren Weg mitbekommen haben, entwickeln Sie es so weiter, dass es zu

Ihrem (gemeinsamen) Leben und in Ihre Zeit passt. Das gilt für jede Entscheidung, die Sie zu treffen haben, und für jede Erfahrung und die Art, wie Sie mit ihr umgehen und sie in Ihr Leben integrieren. Denn, so setzte Goethe seine Weisheit fort: „Was man nicht nützt, ist eine schwere Last."

4. Warum wir die Welt so sehen, wie wir sie sehen

Es gibt so viele Wahrheiten, wie es Menschen gibt auf dieser Welt. Ein psychologischer Blick hinter die Kulissen dieser Weisheit.

Er (sitzt mit seinem Freund beim Kaffee): Stell dir vor, gestern ist Susi erst nach Mitternacht von ihrem Frauenabend heimgekommen. Nach Mitternacht! Also ich glaube, da stimmt etwas nicht.

Freund: Was meinst du? Dass sie in Wahrheit bei einem anderen war?

Er: Na ja, ist das so abwegig? Sie ist ja eine fesche Frau!

Freund: Ja, schon. Aber deswegen muss sie ja noch lange nicht fremdgehen.

Er: Also ich weiß nicht ... Wer weiß, ob sie mich wirklich liebt!

Wie wir bestimmte Situationen bewerten und wie wir uns verhalten, ist immer davon abhängig, was wir dazu in unserem Gehirn abgespeichert haben. Die Wissenschaften haben sich viel damit beschäftigt und die unterschiedlichen Phänomene systematisiert. Eines davon ist der sogenannte Priming-Effekt. Dabei geht man davon aus, dass die Art, wie wir Situationen betrachten, von einem aktuellen Reiz ausgelöst und dann mit früheren Erlebnissen und Erfahrungen gekoppelt wird. Das heißt, wir sehen, hören, riechen, schmecken oder empfinden etwas, und das ruft bestimmte Inhalte in unserem Gehirn ab. Je nachdem, worauf wir dabei zurückgreifen können, interpretieren wir die Situation. Das heißt, es werden durch eine Erfahrung Kerben in unserem Gehirn geschlagen, und die werden aktiviert, sobald wir in eine ähnliche Situation kommen.

Ein klassisches Beispiel dafür: Wir haben ein Fahrrad gekauft – und plötzlich stellen wir fest, wie viele Menschen in unserer Umgebung Rad fahren. Unser Gehirn lässt sich da relativ leicht austricksen. Machen wir ein kleines Experiment. Beantworten Sie bitte die folgenden Fragen: Welche Farbe haben Häuser in Griechenland? Ein Blatt Papier hat welche Farbe? Und ein Schneefeld? Eine Braut trägt meistens ein Kleid welcher Farbe? Was trinken Kühe?

Wenn Sie die letzte Frage mit „Milch" beantwortet haben, dann herzlich willkommen im Club, denn dann ist es Ihnen ergangen wie den meisten Menschen. Keine Frage, die richtige Antwort wäre „Wasser" gewesen. Doch die Fragen davor haben in Ihrem Gehirn eine Kerbe zur Farbe Weiß geschlagen, und da fällt uns im Zusammenhang mit dem Stichwort „Kuh" sofort Milch ein.

Solche Kerben haben wir im Laufe unseres Lebens sehr viele entwickelt. Manche von ihnen haben sich zu wahren Autobahnen ausgewachsen. Jede Bewertung, die wir vornehmen, hat etwas mit dem zu tun, was wir erlebt haben, das betrifft sowohl positive wie auch negative Erfahrungen. Ein blühender Kirschbaum löst angenehme Gefühle aus, wenn er zum Beispiel mit vielen schönen Geburtstagen verknüpft ist, die immer zur Zeit der Kirschblüte gefeiert wurden. Der Anblick eines Kirschbaums kann aber auch traurig machen, wenn wir bei seinem Anblick von den Eltern erzählt bekommen haben, dass sie sich scheiden lassen werden.

Die gute Nachricht: Wir können diese Kerben umlenken und neu definieren. Wir können den armen Kirschbaum von seinem in unseren Augen schlechten Image befreien, indem wir die negative Erfahrung vom Baum entkoppeln und ihn mit anderen, positiven Assoziationen verknüpfen. Mit Frühlingsbeginn, blitzblauem Himmel und einer Weltmeisterschaft im Kirschkernweitspucken zum Beispiel.

Der Mann in unserer Einstiegsszene, der seiner Susi nicht vertrauen kann, hatte vermutlich bisher keine guten Erfahrungen in Sachen Vertrauen, und ihn plagt Unsicherheit. Vielleicht hat er bereits gescheiterte Beziehungen hinter sich, in denen er oder seine Partnerin Außenbeziehungen hatten, oder andere Erlebnisse, bei denen sein Vertrauen enttäuscht oder missbraucht wurde. Vielleicht hat er auch von seinem konservativen Elternhaus mit auf den Weg bekommen: „Frauen, die sich nach Mitternacht noch auf der Straße herumtreiben, sind leichte Mädchen."

Was können Sie tun, um Ihre neuronalen Autobahnen umzulenken? Machen Sie sich bewusst, in welchen Situationen Sie von tiefen Kerben geleitet werden, und fokussieren Sie ganz bewusst auf das, was mehr Sinn macht. Im Falle des enttäuschten Vertrauens könnten Sie sich zum Beispiel darauf besinnen, wann und von wem Ihr Vertrauen in der Vergangenheit belohnt wurde. Welche guten Gründe fallen Ihnen ein, Ihrer Partnerin zu vertrauen?

Manche dieser gedanklichen Trampelpfade sind schwer zu identifizieren. Wenn Sie beispielsweise vor einem Berg Arbeit sitzen, es schon kurz vor Dienstschluss ist und sich der Schreibtisch immer noch biegt, fühlen Sie vielleicht Verzweiflung aufkommen. „Das schaffe ich nie, schon gar nicht heute, und dabei sollte ich doch noch diesem Kunden ein nettes Mail schreiben." Dann beschließen Sie, wenigstens diesem Kunden noch zu schreiben, bevor Sie heimgehen. Und stellen fest, dass Ihnen kein einziger netter Satz einfällt. Kein Wunder, wenn Ihre neuronalen Bahnen bereits komplett auf Verzweiflung und Versagen eingestellt sind!

In solchen Fällen empfehlen wir Ihnen: Drehen Sie den Computer ab, gehen Sie nach Hause und entspannen Sie sich. Machen Sie einen Spaziergang oder joggen Sie eine Runde durch die Siedlung, essen Sie etwas Feines. Tun Sie sich etwas Gutes, damit Ihr neuronaler Trampelpfad sich wieder glättet. Überlegen Sie, wo dieser Trampelpfad seinen Ursprung haben könnte. Liegt es daran, dass Ihre Eltern beruflich gescheitert sind oder Sie in jungen Jahren schwierige Phasen durchstehen mussten, in denen Sie nicht wussten, wie Sie über die Runden kommen sollen? Visualisieren Sie: Wie sieht mein aufgeräumter Schreibtisch morgen aus, sodass ich mit Leichtigkeit eine Sache nach der anderen angehen kann?

Je öfter es Ihnen gelingt, Ihre persönlichen Trampelpfade zu erkennen und sie zu positiven Bildern umzuleiten, desto besser. Es mag sein, dass Sie Rückschläge erleiden, doch dann denken Sie daran, wie oft es Ihnen schon gelungen ist, aus einem solchen Pfad auszusteigen und in ein anderes Erleben zu kommen. Und wenn Sie bemerken, dass Ihre Partnerin bzw. Ihr Partner gerade aus alten Pfaden aussteigt und neue entwickelt, geben Sie ihr bzw. ihm dafür eine dicke, fette Wertschätzung!

5. Geerbte Sätze

Sie machen uns manchmal das Leben schwer und beschränken uns in unseren Möglichkeiten. Über Glaubenssätze und innere Richter und wie sie unser Denken und Handeln prägen.

Sie und er sind mit ihrem sechsjährigen Sohn unterwegs, da treffen sie auf der Straße eine Bekannte.

Er: Wir waren gerade dabei, eine geeignete Volksschule in der Umgebung zu finden.

Bekannte: Ach, so groß ist euer Sohn also schon! Ja, ja, jetzt beginnt der Ernst des Lebens!

Zu Hause im Vorzimmer legen sie alle drei ihre Jacken und Schuhe ab.

Sie: Ich weiß nicht, irgendetwas ist mir über die Leber gelaufen.

Er: Du bist schon komisch, seit wir unsere Bekannte getroffen haben.

Sie (nach einigem Nachdenken): Jetzt, wo du es sagst: Ich kann es nicht ausstehen, wenn jemand meint, mit der Schule beginne der Ernst des Lebens. Da kommen in mir nur noch Stress und negative Gedanken an schwierige Lehrer und Zwänge hoch. Furchtbar!

Stellen wir uns ein Baby vor, ganz frisch zur Welt gekommen. Ist es nicht ein vollkommen wahrhaftiges Wesen? Frei von Zuschreibungen und Bewertungen schaut es in die Welt und saugt alles auf, aus reiner Neugierde, ohne die Nase zu rümpfen oder ein schlechtes Gewissen zu haben, ohne Empörung und Scham. So lang, bis wir es erziehen, denn dann beginnt der Prozess der Sozialisation. Der Begriff „Erziehung" trifft es auf den Punkt: Wir ziehen an diesem neuen Erdenbürger herum und verbiegen seine neutrale, neugierige Weltsicht, damit er sich aus unserer Sicht richtig verhält.

Es sind viele Sätze, die unser Erwachsenwerden begleiten. „Lass das Baby ruhig schreien, es muss auch lernen, alleine zurechtzukommen" oder später dann „Das macht man nicht" oder „Sei ja schön brav und ärgere den Papa nicht". Mit dem Älterwerden werden diese Sätze vielschichtiger: „Mach schneller!" oder „Sei nicht so egoistisch" oder „Es gehört sich nicht, so viele Fragen zu stellen", „Sei nicht so naiv" oder „Das steht dir nicht zu". Die Variationen könnten wir hier wohl endlos fortsetzen, doch wir sind sicher: Sie haben bestimmt sofort selbst Sätze parat, die Sie von klein auf kennen – und die Sie vielleicht auch zu Ihren Kindern sagen oder gesagt haben. Viele dieser Anweisungen sind auch gut und hilfreich: „Setz eine Haube auf, es ist eiskalt draußen" oder „Sag danke zu der freundlichen Frau". Damit lernen wir den Umgang mit Gefahren und wie wir uns so verhalten, dass ein gutes und friedliches Miteinander in der Gesellschaft möglich ist.

Jede dieser Anweisungen nimmt das heranwachsende Kind auf. Es geht davon aus, dass sie wahr sind, und irgendwann werden sie zu einer Selbstverständlichkeit. Es verinnerlicht diese Anweisungen. Wenn es also von klein auf hört: „Mach schnell", dann lernt es, dass man immer schnellmachen muss im Leben. Es lebt entsprechend dieser Prämisse und versagt sich damit aber auch die vielen Erlebnisse, die man nur hat, wenn man sich auch einmal Zeit lässt. Es wird ihm ein Teil seiner Potenziale genommen, die zu seiner Persönlichkeit gehören.

Zunächst – in der Kindheit – ist diese verinnerlichte Stimme unsere Verbündete. Wenn die Mutter vermittelt „Reiß dich zusammen, das tut doch nicht weh" und wir uns dementsprechend verhalten, werden wir mit der Mutter weniger Konflikte haben. Das heißt, dass diese Verinnerlichung uns als Kind das Überleben sichert, weil wir schließlich in einer Abhängigkeit von den Eltern stehen. Beim nächsten Sturz mit dem Rad werden wir also die Zähne zusammenbeißen, weil wir nicht wehleidig sein dürfen, oder ganz im Gegenteil noch mehr den Schmerz zeigen und übertreiben, um dann endlich doch die ersehnte Aufmerksamkeit von Papa und Mama zu erhalten.

Fatal ist jedoch, dass diese Anweisungen und Ermahnungen sich zu einem inneren Richter entwickeln, den wir mit in unser Erwachsenenleben nehmen. Um beim Beispiel mit der Wehleidigkeit zu bleiben: „Das halte ich schon aus", sagen wir, wenn wir aufgefordert werden, beim Umzug von Freunden zu helfen, obwohl wir seit Jahren chronische Kreuzschmerzen haben. Heimlich leiden wir dann vor uns hin, und wenn die Freunde merken, wie sehr uns die Schmerzen plagen, wundern sie sich über unser „komisches" Verhalten: „Warum hast du denn nichts gesagt, es wäre doch in Ordnung gewesen, wenn du nicht geholfen hättest!"

Dieser innere Richter ist ziemlich ungnädig und kann sehr mächtig werden. Er manifestiert sich beispielsweise in den sogenannten fünf Antreibern, die der Psychologe Eric Berne in der Transaktionsanalyse definiert: Sei perfekt! Mach schnell! Sei stark! Mach es allen recht! Streng dich an! Innere Richter bilden sich auch dann in uns, wenn wir das Verhalten der Eltern kopieren oder auf die eine oder andere subtile Art manipuliert werden. Etwa, wenn eine Tochter vom Vater sexuell missbraucht wurde. Als wäre das nicht schlimm genug, wird sie auch noch angewiesen, nur ja nichts zu sagen. So vermittelt er ihr gleichzeitig, dass sie es ist, die etwas Böses getan hat. Die Einstellung „Mit mir stimmt etwas nicht" kann sich aus dieser tragischen Konstellation entwickeln, eine Überzeugung, die ein überaus strenger Richter in allen Fragen der Körperlichkeit sein kann.

Ähnlich ist das mit Glaubenssätzen, die wir von unseren Eltern oder anderen Bezugspersonen übernehmen. Der Unterschied zum inneren Richter ist, dass Glaubenssätze als eine Art Lebensweisheit in Sprüchen daherkommen: Erst die Arbeit, dann das Vergnügen. Frauen gehören an den Herd. Geld verdirbt den Charakter. Was Hänschen nicht lernt, lernt Hans nimmermehr. Männer denken immer nur an das eine. Frauen können nicht logisch denken. Unternehmer sind Ausbeuter. Oder eben jener, der oben in unserer Szene ausgesprochen wurde: Mit der Schule beginnt der Ernst des Lebens. Wir sind sicher, Sie können diese Liste mit Glaubenssätzen aus Ihrer Familie ergänzen. Wie eine Tradition übernehmen wir diese Sätze und hinterfragen sie meistens nicht.

Sowohl Glaubenssätze als auch diese strengen Sätze des inneren Richters beeinflussen unser Denken und Handeln, indem sie uns einschränken. Frauen sind nicht gut in Mathematik? Wenn ich als Frau diesen Satz verinnerlicht habe und dann während meines Soziologie-Studiums in einer Statistik-Vorlesung nur das Wort „Mittelwert" höre, werde ich reflexartig abschalten und mich gar nicht erst bemühen, die Zusammenhänge zu verstehen. Oder ein anderes Beispiel: Erst die Arbeit, dann das Vergnügen. Es liegt nahe, dass ich viel eher burnoutgefährdet bin, wenn ich an diesem Glaubenssatz festhalte. Der innere Richter kann da ganz schön grausam und ungnädig sein, so sehr, dass wir uns damit gar nicht gerne konfrontieren wollen.

Doch darin liegt auch ein großes Heilungspotenzial, und deswegen haben wir uns eine Partnerin, einen Partner ausgesucht, der dann unbewusst an genau den richtigen Stellen zupft. Um mit diesen inneren Stimmen zurechtzukommen, brauchen wir Menschen als eine Art Blitzableiter, auf die wir diese Stimmen projizieren. Da ist der Partner, die Partnerin die beste Adresse. Mitunter wird daraus ein richtiger Machtkampf, der damit beginnt, dass der Partner einem genau die Sätze des eigenen inneren Richters um die Ohren haut. Denn möglicherweise hat er einen sehr ähnlichen inneren Richter.[4] Wenn der Partner zu uns sagt „Jetzt reiß dich zusammen, ist doch nicht so schlimm", dann hat er vielleicht einen inneren Richter, der ihm zuraunt „Ein Indianer kennt keinen Schmerz" – und schon ist die höllische Mixtur beisammen und wir werden protestieren. Wie komme ich dazu, mir so etwas sagen zu lassen! So redest du nicht mit mir! Denn natürlich haben wir Gefühle und es geht nicht immer nur ums Zusammenreißen. Es geht genauso darum, dass der andere uns zuhört und uns tröstet. Gefühle zu zeigen ist die Würze des Lebens! So weist der eine auf das hin, was sie sich beide als Kinder nicht getraut haben, nämlich sich aufzulehnen gegen dieses strenge Regime. Letztlich aber ringen die zwei kleinen Kinder um die Befreiung von diesen inneren Richtern.

Achten Sie einmal darauf, was Ihr innerer Richter Ihnen so ins Ohr flüstert. Welche Glaubenssätze haben Sie mit auf den Weg bekommen? Prüfen Sie diese Sätze dann genau. Es muss ja nicht sein, dass sie Ihnen Probleme bereiten. „Mach schnell"

---

4 In den Impulsen zum Thema „Wie konnte ich mich nur in den verlieben!" können Sie lesen, warum dieser Gedanke naheliegt.

beispielsweise hat den großen Vorteil, dass private Projekte schnell voranschreiten und bald abgeschlossen sind, sodass sie einen nicht unnötig lang belasten. Wer jedoch deshalb sein Essen immer so schnell wie möglich hinunterschlingt oder im Urlaub nicht entspannt, weil er von einer Sehenswürdigkeit zur nächsten rennen muss, tut sich nichts Gutes – und der Beziehung meist auch nicht.

Glaubenssätze prüfen Sie am besten, indem Sie überlegen, wie es wäre, ohne sie zu leben. Wir erinnern uns an ein Paar, bei dem beide den Glaubenssatz „Wir sind etwas Besseres" hatten. Als sich das Paar vorstellte, ohne ihn zu leben, bekamen beide Angst. Wir haben einen Blick in ihre Vergangenheit geworfen und fanden auch den Grund: Beide kamen aus Familien mit Fluchthintergrund. Dieser Glaubenssatz half schon der Generation davor zu überleben. Das Paar selbst plagten die Ängste, ihre Heimatberechtigung, ihren Platz in unserer Welt zu verlieren.

Es ist eine Herausforderung, all diese geerbten Sätze loszuwerden. Manchmal hilft es, sich nach dem Motto „fake it until you make it" auszuprobieren, um sich letztlich von ihnen zu befreien und etwas Neues gestalten zu können.

6. Der Staffellauf

Das Hölzchen, das wir von anderen bekommen, müssen und sollen wir auch nicht ungefragt weitertragen. Die nächste Generation wird es uns danken!

Sie und er gehen durch das Holocaust Memorial Museum in Washington, als er plötzlich aus tiefstem Herzen zu schluchzen beginnt.

Sie (legt ihren Arm um ihn): Du kannst doch nichts dafür! Hörst du mich? Du kannst nichts dafür!

Er (zwischen Schluchzern): Es ist so furchtbar, was da passiert ist. Ich kann den Schmerz richtig spüren!

Sie: Ja, es ist auch furchtbar. Das war jedoch vor deiner Zeit und du kannst nichts dafür. Für diese Gräueltaten sind wir nicht verantwortlich. Wir haben die Verantwortung, dass so etwas nie, nie wieder passiert!

Stellen Sie sich vor, Sie stehen auf einer Lichtung im grünen Gras, da kommt eine Figur auf Sie zu. Sie hat schwer zu tragen, und von diesen Gewichten, die sie umgehängt hat, sind manche grausig stinkend, andere hübsch poliert. Die Figur bleibt vor Ihnen stehen und sagt: „Da, nimm mir dieses grausige Gewicht ab, ich mag es nicht mehr tragen." Was würden Sie tun? Es nehmen?

Als Kind jedenfalls nehmen wir diese Gewichte ungefragt von unseren Eltern an. Nicht nur die grausigen, das muss man sagen, auch die hübsch polierten. Doch es sind die grausigen, die uns besonders prägen und so schwer belasten. Unsere Vorfahren haben viele schlimme Erlebnisse nicht verarbeitet und stattdessen Schuld, Trauer und seelischen Schmerz tief in sich vergraben, damit sie ihr Leben bewältigen konnten. Leider sind diese dunklen Seiten damit nicht beseitigt. Sie bleiben lebendig in Form von „komischem" Verhalten unserer Eltern und anderer Bezugspersonen, und dieses Verhalten nehmen wir auf wie einen Staffelstab.

Darüber hinaus kompensieren wir mitunter auch das ungelebte Leben unserer Eltern. Da hat die Mutter davon geträumt, Balletttänzerin zu werden, doch der Krieg hat das für sie unmöglich gemacht – also übernimmt das Kind diesen Traum unbewusst als Staffelstab und wird Balletttänzerin, ohne viel zu hinterfragen, ob es das wirklich möchte. Oder der Vater wollte Medizin studieren und musste jedoch einrücken. Nach dem Krieg begann er eine Lehre als Bürokaufmann, weil ein Studium zu lange gedauert hätte und er eine Familie ernähren wollte. Und das Medizinstudium? Diesen Staffelstab übernimmt die Tochter und schreibt sich an der Uni ein. Es gibt auch berühmte Beispiele dazu: Konstantin Wecker erzählt, dass sein Vater Sänger und seine Mutter Literatin war, jedoch beide weder erfolgreich noch berühmt. Diesen Staffelstab hat er übernommen, er ist erfolgreicher Liedermacher, Schauspieler und Autor geworden. Wie C. G. Jung treffend sagte: „Nichts hat psychologisch gesehen einen stärkeren Einfluss auf ihre Umgebung und besonders auf ihre Kinder als das ungelebte Leben der Eltern."

Diesen Dialog im Washingtoner Museum haben wir beide selbst geführt, und er ist ein sehr deutliches Beispiel dafür, wie heftig wir an diesen tonnenschweren Staffelstäben leiden, die wir von den Eltern übernehmen. Rolands Vater wurde vor dem Zweiten Weltkrieg in eine Fleischerfamilie geboren, und damit aus ihm ein ordentlicher Fleischer wurde, steckte man ihn schon sehr früh ins Burschenzimmer des Betriebs, in dem die Lehrlinge und Gesellen lebten. Dort traf er auf lauter hartgesottene und muskelbepackte Männer, die vor allem Ausländerfeindlichkeit und Antisemitismus verband. Das prägte den Vater dementsprechend. Als dann der Nationalsozialismus stark wurde, war er entsprechend präpariert und dachte, das wäre die Lösung. Der Weg zur illegalen Hitlerjugend war nicht weit. Im Weltkrieg stand er zu hundert Prozent hinter dieser Ideologie und war dennoch gleichzeitig im Herzen ein liebender Mensch, der keinem anderen etwas zuleide tun konnte. Er schaffte es selbst im Partisanenkrieg, keinen einzigen Gegner zu töten, weil er das nicht über sich gebracht hätte.

Trotzdem war in seinem Leben damals kein Platz, um dieses Elend, diesen Schmerz und diese Ungerechtigkeit in sich zu spüren und an die Oberfläche zu bringen. Mit seiner Vorprägung hatte er den Entschluss gefasst: „Jetzt werde ich auch endlich etwas gelten." Dieser Beschluss machte ihn blind dafür, dieses Elend, diesen Schmerz, diese Scham und die große Not zu spüren, die daraus entstanden ist. Umgeben von lauter Nazis war er einer richtigen Gehirnwäsche unterzogen und es hätte schon sehr viel Mut und Rückgrat gebraucht, sich dagegenzustemmen. Auch nach dem Krieg dauerte es noch lange, bis er Schritt für Schritt dieses Unrecht realisieren konnte. Seine unbewussten Schuldgefühle haben ihm schwer zu schaffen gemacht und er hat es bis zu seinem Tod kaum geschafft, diese Gefühle zu verarbeiten.

Als Kind übernimmt man solche Staffelstäbe prinzipiell natürlich unbewusst. Und es gibt zwei Möglichkeiten: Entweder man übernimmt sie, indem man das übernommene Gedankengut fortsetzt, oder man verfällt ins Gegenteil. Beide Optionen sind schwierig und machen uns nicht frei, auch wenn das gegenteilige Verhalten uns glauben lässt, wir hätten uns befreit.[5] Und so hat auch Roland diesen düsteren Staffelstab übernommen und das gegenteilige Verhalten gelebt. Es hat viele Jahre gebraucht, bis er sich davon wirklich befreien und einen Weg finden konnte, bei dem er den Schmerz und die Trauer bei seinem Vater lassen, die Verantwortung für das Hier und Jetzt und für die Zukunft jedoch bewusst und tatkräftig übernehmen konnte.

Gerade bei diesem Thema merkt man, wie wichtig es ist zu erkennen, dass weder die Fortführung noch das gegenteilige Verhalten den Staffelstab endgültig begraben. Genauso ist es bei allen anderen Staffelstäben, die wir übernehmen. Wir erinnern uns an eine Frau, deren Mutter von ihrem Ehemann total unterdrückt wurde, sodass sie sich nicht emanzipieren konnte. Als Tochter übernahm sie unhinterfragt diesen Konflikt der Eltern, indem sie sich ganz besonders um ihre Emanzipation bemühte, also das Gegenteil praktizierte. Sie emanzipierte sich nicht nur für sich selbst, sondern in erster Linie stellvertretend für die Mutter. Der Preis, den sie dafür zahlte, waren Probleme in ihrer Ehe, weil sie sich nicht fallen lassen und auf ihren Partner einlassen konnte. Erst in der Therapie wurde ihr klar, dass sie damit ihrem Vater etwas heimzahlen wollte – aus lauter Loyalität zu ihrer Mutter durfte sie die Liebe zu ihrem Vater gar nicht spüren, und somit war auch die Liebe zu den Männern in ihrem Leben abgeschnitten.

---

5   In unserem Buch „Warum haben Eltern keinen Beipackzettel?" haben wir ein ganzes Kapitel diesem Thema gewidmet, das wir „Ich mache es ganz bestimmt anders" genannt haben.

Es geht einmal mehr darum, eine neue, eigene Tradition zu begründen. Was brauchen wir dafür? Zum einen brauchen wir Achtung vor dem, was unsere Vorgeneration erlebt hat. Wir dürfen weder urteilen noch loben, sondern sollten Respekt dafür haben, wie unsere Eltern, Großeltern oder auch Urgroßeltern schwierige Situationen gemeistert und auch Irrtümern aufgesessen sind und Unheil gestiftet haben.

Stellen Sie sich vor, mit welchen schweren, belastenden Gewichten Ihre Mutter oder Ihr Vater durchs Leben gingen, und gleichzeitig machen Sie sich bewusst, dass sie auch viele glänzend polierte Ressourcen, Begabungen und Talente tragen. Überlegen Sie, was davon Sie gerne für Ihr Leben mitnehmen wollen. Welche Erfahrungen, welche Traditionen gibt es, die Sie übernehmen möchten? Und welche wollen Sie lieber bei den Eltern belassen? Wenn wir in unseren Generationen-Workshops eine Übung dazu machen, ist dies immer einer der stärksten Momente des gesamten Wochenendes. Für erwachsene Söhne und Töchter so entlastend – und auch für Väter und Mütter ein so emotionaler Moment, denn welche Mutter oder welcher Vater möchte sein Kind schon mit einer Last in die Welt schicken!

7. Ich bringe ein bisschen Schmutz mit

Über den Frust außerhalb der Beziehung, den man in die Beziehung mit reinnimmt.

Sie kommt von der Arbeit nach Hause und geht ins Wohnzimmer, wo er mit den Kindern spielt.

Sie: Ich bin's!

Er: Hallo! Schön, dass du da bist!

Sie (schweigt und wirft einen Blick in die Küche): Wir hatten doch ausgemacht, dass es etwas zu essen gibt, wenn ich nach Hause komme.

Er: Was ist denn los? Du grüßt nicht und grantelst hier herum.

Sie: Ich ärgere mich. Du hast gesagt, du kümmerst dich um alles. Aber wie es aussieht, ist nichts geschehen.

Er: Was heißt da nichts geschehen? Das Essen ist ja fast fertig. Ich brauche nur noch zehn Minuten.

Sie: Aber fertig ist es noch nicht wie vereinbart!

Nach dem Abendessen räumen beide das Geschirr weg.

Er: Nun sag, was war denn heute los?

Sie: Bitte verzeih mir, dass ich vorhin so schlecht gelaunt war. Ich war ungerecht zu dir. Aber ich war außer mir. Wir hatten heute Teambesprechung, und da hat unsere Chefin meine Kollegin gelobt wegen des guten Projektfortschritts. Dabei ist das doch mein Projekt und sie hat es nur interimistisch übernommen, während ich in Karenz war. Die Chefin hat mich mit keinem Wort erwähnt und meine Kollegin hat nichts dazu gesagt. (Sie beginnt bitterlich zu weinen.)

So passiert es oft: Wir sind verletzt oder frustriert wegen einer Sache und können kein Ventil finden. Dann kommen wir nach Hause – und wer ist Ventilersatz? Die Partnerin oder der Partner. Das ist natürlich nicht fair. Doch das ist im Grunde genommen der „Deal", den wir zu Beginn unserer Beziehung eingegangen sind. In der Verliebtheit haben wir diesen unbewussten Vertrag geschlossen, dass wir füreinander da sein wollen, wenn es eng wird. In guten wie in schlechten Zeiten. Nur das Kleingedruckte haben wir nicht gelesen, denn da steht: Du wirst damit deine liebe Not haben!

Im Grunde ist es ein Vertrauensbeweis, wenn wir unsere Partner als Blitzableiter verwenden. Das mag Sie überraschen, doch wenn wir uns das näher anschauen, liegt es auf der Hand. Die Frau in unserer Beispielszene fühlt sich offenbar im Teammeeting nicht sicher genug, um dort ihren Frust loszuwerden. Nur bei ihrem Mann, in ihrer Familie fühlt sie sich sicher und kann ihren Gefühlen freien Lauf lassen. Nur, dass sie nicht ihren Schmerz loslässt, sondern ihn in Wut umwandelt, weil Wut ein Gefühl ist, das wir viel leichter aushalten können als Schmerz. Wenn es Ihnen gelingt, solche Situationen als Vertrauensbeweis zu sehen, haben Sie schon viel gewonnen!

In der Szene ist etwas Wunderbares passiert: Der Mann ist ruhig geblieben. Oft passiert es auch, dass der andere explodiert und die Situation dann eskaliert. Doch dieser Mann hat wohl schon vermutet, dass es um etwas geht, das gar nichts mit ihm zu tun hat, und hat seine Partnerin dann auch danach gefragt. Das hat ihr die nötige Sicherheit gegeben, um von ihrem Schmerz zu erzählen und sich von ihm trösten zu lassen. Im Unternehmen, wo sie als Projektleiterin mehrere Mitarbeiter führt und viel Verantwortung trägt, war es für sie nicht möglich, ihre Gefühle zu zeigen. Auch sie hat sich schließlich vorbildlich verhalten, indem sie ihn wegen ihres Grants um Verzeihung gebeten hat.

Unsere Partner sind also in solchen Situationen Blitzableiter. Es kann gut sein, dass diese Blitzableiter die Situation nicht so gut durchschauen wie der Mann in unserem Beispiel. Wir laden unseren Schmutz bei ihnen ab, der in eine ganz andere Baustelle gehört, und strafen sie für etwas, das gar nichts mit ihnen zu tun hat – und alles nur, weil wir bei niemandem sonst so viel Vertrauen und Sicherheit genießen. Da ist es wirklich nur recht, wenn wir im Nachhinein, wenn wir uns wieder beruhigt haben, sagen können: „Es tut mir leid!" und auch „Danke, dass du bei mir bleibst, auch wenn ich meinen Schmutz bei dir ablade."

Genauso wichtig wie das Verständnis, dass es ein Vertrauensbeweis ist, ist auch, Stopp zu sagen, und zwar in Liebe und Wertschätzung: „Bitte sag mir, worum es geht. Ich habe den Eindruck, deine Wut hat gar nichts mit mir zu tun. Kann es sein, dass du dich gerade verrennst?" Wenn es in der Situation nicht möglich ist, genug Ruhe für diese geforderte Selbsterkenntnis zu finden, dann vielleicht ein paar Stunden später. Werfen Sie einen Blick hinter die Kulissen und entwirren Sie diese Vermischung der Situationen. Analysieren Sie in aller Ruhe, was das eigentliche Thema ist. Das hilft Ihnen auch, den Schmutz dort zu bereinigen, wo er hingehört. In unserer Szene oben hat die Frau gleich am nächsten Tag das Gespräch mit ihrer Chefin gesucht und die Sache konnte geklärt werden.

Ein besonderes Phänomen in diesem Zusammenhang ist, wenn das Fass überläuft. In der Früh ist das Frühstücksbrot schimmelig, auf dem Weg zur Arbeit werden Sie von einem Auto angespritzt. Im Büro läuft es zäh, das Essen in der Kantine schmeckt Ihnen nicht, am Nachmittag haben Sie Kopfweh und zu allem Überfluss eröffnet Ihnen Ihre Kollegin, dass sie morgen nicht kommen kann und Sie für zwei arbeiten werden müssen. Dann kommen Sie nach Hause und geraten in einen Streit, den Ihre beiden Kinder miteinander gerade austragen. Es reicht dann schon ein falsches Wort Ihres Partners, und die Zündschnur wird gezündet und die Explosion folgt.

Auch an solchen Tagen, wo einfach zu viel zusammenkommt, geht es darum zu klären, wo der Schmutz hingehört. Und noch etwas gilt es zu lernen: früher schon den Stopp-Schalter umlegen. In unserer Leistungsgesellschaft ist das eine Herausforderung, weil wir doch so viel aushalten wollen, um als anerkannter und wertvoller Mensch dazustehen. Doch vielleicht gelingt es Ihnen beim nächsten Mal, schon früher zu bemerken, wenn es Ihnen zu viel wird. Vielleicht gönnen Sie sich eine Mittagspause außer Haus, bei der Sie gut durchatmen und Ihre Batterie wieder aufladen können. Dann sammelt sich gar nicht erst so viel Schmutz an. Und wenn Ihnen auffällt, dass Sie häufig in solchen ermüdenden Tagen landen, dann laden wir Sie herzlich ein, zu hinterfragen, weshalb Sie sich so antreiben lassen und sich viel zu spät eine Auszeit gönnen. Auch hier hilft ein Blick in Ihre Familienhistorie, denn möglicherweise gibt es eine vorgelegte Spur, die sich vielleicht sogar schon über Generationen hinzieht.

Ein letztes, sehr hilfreiches Tool, um zu verhindern, Schmutz von außen in die Beziehung hineinzubringen, ist zu lernen, gute Übergänge zu gestalten. Wir haben oft einen stressigen Tag und manchmal sind uns die verschiedenen kleinen Widrigkeiten, die uns die Laune verdorben haben, gar nicht bewusst. Da hilft es, Rituale zu finden. Freunde von uns haben sich angewöhnt, mit dem Fahrrad von der Arbeit nach Hause zu fahren, weil die körperliche Anstrengung ihnen hilft, so manches wegzustrampeln. Bewährt ist auch alles, was mit Wasser zu tun hat: beim Heimkommen als Erstes Hände waschen, duschen oder auch ein Glas Wasser trinken. Auch die Kleidung zu wechseln hilft. Ein Paar hat uns erzählt, dass die Frau sich beim Heimkommen zuerst in die Tür stellt, sagt, dass sie sich freut, hier zu sein, und sich ansonsten ein paar Minuten ruhig umschaut und sich auf diese Weise eintaktet in die private Welt.

In Beziehungen ist es eine unserer größten Aufgaben, genau zu unterscheiden, wo der Schmutz hingehört, der auf unser Gemüt drückt, damit wir ihn nicht unserer Partnerin, unserem Partner um die Ohren schmieren. Damit reduzieren wir nicht nur die vielen kleinen Querelen und zeigen gleichzeitig Respekt und Achtung vor unseren Beziehungen, sondern sind auch noch ein gutes Vorbild für die nächste Generation.

Wie konnte ich mich nur in die verlieben!

Wenn der reizende Mensch, in den wir uns verliebt haben, zu einer Enttäuschung wird, zweifelt man gern an der eigenen Urteilskraft.
Warum wir uns ausgerechnet in diesen einen Menschen verlieben und in keinen anderen – und was das für einen unschätzbaren Wert hat.

8. Der Zebraeffekt

Was hinter der Magie der Partnerwahl steckt. Wie wir unseren Seelenverwandten finden und welche unschätzbaren Vorteile das hat.

Er: Wo gehst du hin?
Sie: Habe ich dir doch gesagt, ich habe heute Supervision.
Er: Wann kommst du nach Hause?
Sie (ungehalten): Weiß ich nicht.
Er: Das letzte Mal ist es so spät geworden.
Sie (verärgert): Ich kann es dir nicht sagen. Du wirst bestimmt schon schlafen, wenn ich komme, also ist es doch egal!
Er: Bitte sage mir, wann du kommst. Ich mache mir sonst Sorgen!
Sie schnaubt wütend, verdreht die Augen und macht die Tür hinter sich zu.

Es ist schon etwas Magisches daran: Wir gehen an einem Samstagabend mit Freunden aus, und da ist plötzlich jemand, der offenbar einen Magneten eingebaut hat. Beim bloßen Anblick dieses Menschen kribbeln Schmetterlinge im Bauch, wir bekommen Herzklopfen, unsere Wangen röten sich leicht. Alle anderen rundherum sind nicht mehr wichtig. Amor hat seinen Pfeil abgeschossen und getroffen. Wir haben uns verliebt.

Warum jedoch verlieben wir uns gerade in diese eine Person? Wir finden vielleicht mehrere attraktiv, aber diese eine Person hat es uns angetan – woran liegt das? Weil diese eine Person mit uns seelenverwandt ist. Und weil die Natur uns so ausgestattet hat, dass wir diese Seelenverwandtschaft intuitiv erkennen, obwohl wir sie kognitiv noch gar nicht erfassen konnten. Wir haben ein Erklärungsmodell für Sie, damit Sie sich das gut vorstellen können: den Zebraeffekt.

Ein Zebra hat, wie Sie wissen, ein gestreiftes Fell, am Rumpf ist es längs-, an den Beinen quergestreift, und dort, wo diese zusammenstoßen, entsteht ein Muster, das wie ein Daumenabdruck höchst individuell ist. Wird ein Zebrababy geboren, ist es abhängig von seiner Mutter, weil es nur von ihr genährt wird. Es ist also überlebenswichtig, die Mutter in der Herde jederzeit erkennen zu können. Daher macht sich das Zebrababy ein inneres Bild von diesem individuellen Streifenmuster seiner Mutter. Mit dem Strichcode hat die Natur also vorgesorgt, dass jedes Zebrababy überleben kann.

Auch für uns Menschen hat die Natur eine Art Strichcode vorgesehen. Ab dem Zeitpunkt der Geburt machen wir uns ein inneres Bild von unseren Eltern und anderen Bezugspersonen. Das geschieht natürlich alles unbewusst. Als hätten wir eine integrierte Kamera eingebaut, speichern wir viele Bilder ab: wie gut es ist, wenn wir vor Hunger schreien und schnell an die Brust genommen werden; wie beängstigend es ist, wenn Mama und Papa streiten; wie Mama und Papa nach Schulschluss nicht zu Hause sind und wie überfordernd es als Schlüsselkind ist, auch noch auf das jüngere Geschwister aufpassen zu müssen; wie einsam man sich fühlt, wenn sich in der Familie alles nur um den kranken Bruder dreht … All diese unzähligen Erfahrungen werden abgespeichert und ergeben unseren individuellen Strichcode, mit dem wir durch die Welt gehen. Wenn wir dann auf einen Menschen treffen, der einen ähnlichen Strichcode mit sich herumträgt, passiert es: Wir fühlen uns hingezogen und verlieben uns.

Je größer die Seelenverwandtschaft – je ähnlicher also der Strichcode –, desto stärker ist die Anziehung. Wir bekommen schwitzige Hände, Herzklopfen, die Hormone kribbeln im

Bauch. Wir geraten in einen Zustand der Euphorie, kommen mit weniger Schlaf und weniger Essen aus. Ein ganzer Hormoncocktail sorgt dafür, dass unser Kritikzentrum ausgeschaltet ist. Wir finden diesen Menschen toll! „Er ist mein Fels in der Brandung", sagen wir dann, oder: „Sie ist so wunderbar quirlig, ich liebe das!" Wir sehen also quasi nur die hellen Streifen im Zebramuster, die dunklen blenden wir aus, die interessieren uns nicht. Umgekehrt zeigen wir uns auch von unserer besten Seite, präsentieren unser ganzes Potenzial und wagen dabei Dinge, für die uns sonst immer der Mut gefehlt hat. Das ist auch gut so, denn würden wir gleichzeitig auch die dunklen Seiten sehen, würden wir uns womöglich gar nicht verlieben und die Menschheit wäre längst ausgestorben!

Warum machen wir das? Die Wissenschaft ist sich einig darin, dass die Seelenverwandtschaft der entscheidende Aspekt für die unbewusste Partnerwahl und auch der Kitt in der Beziehung ist. Wir Menschen haben alle den Willen zur Entwicklung in uns, und dazu müssen wir Erfahrungen machen und Anregungen bekommen, um zu lernen. Auch in puncto Beziehung wollen wir Erfahrungen machen und uns in unserer Persönlichkeit weiterentwickeln, wir wollen unsere eigenen Themen, unsere Licht- und Schattenseiten neu sortieren, bearbeiten und vielleicht auch korrigieren. Seelenverwandtschaft heißt, dass wir zu ähnlichen Themen ähnliche Erfahrungen gemacht haben, sie aber meist unterschiedlich bewältigt haben. Ein Beispiel: Beide haben streitende Eltern erlebt und die Angst, die man als kleines Kind dabei empfindet. Der Mann hat als Kind beschlossen, dass er das nie wieder erleben will, und geht jedem Konflikt aus dem Weg. Die Frau entwickelte als Kind eine Loyalität zu ihrem Vater, der den Streit meistens angezettelt hatte, und ist dann diejenige, die Konflikte auf den Tisch legt und anspricht. Das heißt, wir suchen uns einen Partner, der uns einerseits an die hellen Streifen unserer Kindheit erinnert, der uns aber auch an unseren wundesten Punkten frustrieren kann.

Schon an diesem Beispiel können Sie erkennen, dass in der Seelenverwandtschaft auch das Potenzial für Krisen steckt. Und so nehmen Beziehungsgeschichten auch ihren typischen Verlauf: Sobald nach ein paar Monaten die Verliebtheit langsam abklingt und der Alltag einkehrt, wird auch die emotionale Bindung weniger und wir werden dadurch verunsichert. Haben wir den richtigen Partner gewählt? Was uns zu Beginn der Verliebtheit begeistert hat, bekommt Risse. Aus einem schwärmerischen „Er ist mein Fels in der Brandung" wird ein frustriertes „Er ist so langweilig und unternimmt nichts mit mir", aus „Sie ist so erfrischend quirlig" wird ein „Sie nervt mit ihrer dauernden Quasselei". Man könnte sagen, dass wir uns dann langsam darauf einarbeiten, uns mit den dunklen Streifen unseres Strichcodes zu befassen: Wir konfrontieren einander mit den unangenehmen und schmerzlichen Themen aus unserer Kindheit. Weil wir diese Themen selbst gut kennen, sind wir da als Partnerin bzw. Partner auch sehr kompetent!

So unangenehm das auch ist, so ist dies der Weg, den wir brauchen, wenn wir etwas weiterentwickeln wollen. Im Englischen heißt es: „You cannot heal, what you do not feel." Unsere Partnerin, unser Partner konfrontiert uns mit unseren schmerzlichsten Themen, die wir ja meistens unbewusst in uns tragen. Indem uns unser Partner frustriert und einen Konflikt provoziert, spüren wir diesen Schmerz wieder, und nur so kann er auch geheilt werden.

Das macht Beziehungen so herausfordernd. „So hat mich noch nie jemand frustriert", sagen wir dann und denken über Trennung nach. Dabei haben wir uns diesen Menschen doch selbst ausgesucht, und zwar aus gutem Grund: der Strichcode, die Seelenverwandtschaft, die der Nährboden dafür ist, damit wir alte Wunden heilen und uns in unserer Persönlichkeit weiterentwickeln können. Denn das ist die Kunst der Liebe: es zu schaffen, sich nicht nur in der Verliebtheit mit allen Ressourcen zu unterstützen, sondern ein Leben lang.

Seelenverwandtschaften sind nicht immer leicht erkennbar. In der Szene zu Beginn dieses Impulses haben wir einen Dialog von uns selbst abgebildet: Sabine reagiert ganz offensichtlich gereizt darauf, dass Roland wissen möchte, wann sie heimkommt. Sie fühlt sich dadurch eingesperrt, überwacht. Mit jedem „Wann kommst du wieder?" drückt er bei ihr einen roten Knopf, der direkt in eine alte Erfahrung von ihr führt: Ihre Mutter hat sie überbehütet. Verständlich, wenn man die Geschichte kennt, denn zwei Jahre, bevor sie geboren wurde, starb ihre Schwester durch einen tragischen Unfall. Aus Angst, der jüngeren Tochter könnte auch etwas passieren, wurde sie quasi eingesperrt. Und noch etwas schwang mit, das ihr Vater einmal treffend auf den Punkt brachte: „Es war schlimm, dass deine Schwester starb", sagte er, „doch dann kamst du, und dann war alles wieder in Ordnung." Es war also implizit ihr Auftrag, den Verlust wiedergutzumachen.

Auch in Rolands Geschichte gab es einen tragischen Verlust im Leben seiner Mutter, und auch er sollte etwas wiedergutmachen. In einem langen Gespräch mit seiner Mutter erfuhr er, dass sie im Krieg schon einmal verlobt war, ihr Verlobter aber im Krieg fiel. Wie es damals so war, sperrte sie ihren Schmerz und ihre Trauer in den hintersten Winkel ihrer Seele und beschloss unbewusst, nie wieder eine neue Liebe einzugehen. Doch wie das so ist mit negativ formulierten Beschlüssen[6], kam es anders und sie verliebte sich – in Rolands Vater. Sie gebar drei Mädchen und dann kam endlich der lang ersehnte Stammhalter zur Welt. Und so hörte Roland tatsächlich denselben Satz wie Sabine: „Und dann kamst du zur Welt, und alles war in Ordnung."

Ein weiterer Teil unserer Seelenverwandtschaft ist, wie wir als Kinder mit unseren Bedürfnissen gesehen wurden: Sabine, die zu viel Aufmerksamkeit bekam, so viel, dass es sie erdrückte und sie sich eingesperrt und unfrei fühlte. Roland, der viel zu viel alleine war, weil die Eltern sehr viel arbeiteten. Und so drücken wir beide in diesem Dialog auf den wunden Punkt des anderen und reagieren inadäquat: Roland drückt auf Sabines Wunde des Eingesperrtseins und Sabine drückt auf Rolands Wunde des Verlassenseins.

Das Wichtigste ist, dass wir wissen: Es ist die Seelenverwandtschaft, die starke Verbindungen erzeugt. Und jedes Mal, wenn wir dank dieser Seelenverwandtschaft auf wunde Punkte stoßen, sollten wir nicht böse auseinandergehen, sondern hinschauen, wie wir den eigenen Strichcode, den wir aussenden, verändern können. Zu jeder Beziehung gehören nun einmal nicht nur die hellen Streifen, sondern auch die dunklen. Und so, wie wir uns über die hellen Streifen freuen, sollten wir auch die dunklen als ein Geschenk, als Teil der gemeinsamen Entwicklung betrachten.[7]

---

6 siehe auch Impuls Nr. 25
7 Falls „Geschenk" Sie ungläubig den Kopf schütteln lässt: Lesen Sie Impuls Nr. 10!

9. Überlebensmuster sind kompliziert

Was als Kind überlebensnotwendige Verhaltensmuster sind, sind meist hinderliche Verhaltensmuster im Erwachsenenleben. Über den Sinn des Auflösens.

Sie und er im Urlaub in Südspanien. Die Sonne scheint, der Oleander duftet und die Alhambra, die sie gerade besichtigen, beeindruckt in ihrer Perfektion und Einzigartigkeit.

Sie: Wow, schau dir das an! Ist es nicht beeindruckend, dieses Bewässerungssystem, das die Menschen damals schon entwickelt haben? Und da, diese Fliesen … Hey, du! Was ist mit dir?

Er (sorgenvoll): Du, schau einmal, ich habe doch da etwas auf der Lippe.

Sie: Was denn? (Sie sieht sich die Stelle an.) Da ist doch nichts. Eine leichte Rötung, nichts Besonderes.

Er (entrüstet): Nichts Besonderes? Das könnte Krebs sein!

Sie: Ach geh! Die Sonne hat dir vielleicht ein bisschen die Lippe gereizt. Hier, ich habe einen Lippenbalsam.

Er (geschockt): Was?! Ich habe hier vermutlich Krebs und du kommst mir damit? Ich hab schon mit meinem Hausarzt telefoniert! Er meint, das wäre nichts Schlimmes. Aber er kann das ja aus der Ferne gar nicht beurteilen!

Kurz darauf erreicht ihn ein Anruf aus dem Büro. Die Computer sind abgestürzt. Er telefoniert zwei Stunden lang und schafft es von Spanien aus, das Problem zu lösen. Als sie beim Abendessen sitzen, spricht sie ihn noch einmal darauf an.

Sie: Wie geht es denn deiner Lippe?

Er: Wieso? Was soll mit meiner Lippe sein?

Ja, wir Menschen können uns das Leben schon ordentlich schwermachen. Da könnten wir den Urlaub genießen und uns freuen, weil das Leben gerade sein Füllhorn über uns ausschüttet, und dann sorgen wir uns wegen eines roten Tüpfelchens auf der Lippe. Am wohl unterhaltsamsten und auch drastischsten hat es Hollywood im Film „Besser geht's nicht" mit Jack Nicholson als Zwangsneurotiker par excellence dargestellt. Seine Überlebensmuster zeigen sich anhand von Türschnallen, die er nicht angreifen kann, oder der Haustür, die er täglich im selben Ritual fünfmal nach links und dann nach rechts zusperren muss. Er legt damit sich selbst und auch sein Umfeld in Ketten und verpasst das Leben.

Überlebensmuster entstehen immer aus einer Not heraus, in einer Zeit, in der wir mit schwierigen Ereignissen nicht reflektiert umgehen können, also vor allem in unserer Kindheit. Der Dialog oben hat sich zwischen uns vor etlichen Jahren abgespielt. Dieses neurotische Verhalten hat seinen Ursprung, als der kleine Roland sich mit seiner Großmutter konfrontiert sah, die immer nur sterben wollte. „Ich will sterben" war ihr Standardsatz und ergänzte quasi perfekt das insgesamt düstere Bild der schwarz gekleideten, gebeugten Frau, die am Rollator so oft an Rolands Zimmer vorbeizuckelte. Als kleiner Bub war ihm dieses Verhalten unheimlich und es machte ihm Angst. Doch es war nur selten jemand da, dem er sich anvertrauen konnte. Seine Eltern waren im familiären Betrieb eingespannt, und so war er viel alleine. Wenn er allerdings krank war, war seine Mutter präsenter. So lernte er dreierlei: Zum einen übernahm er die kreisenden Gedanken über den Tod, zum anderen, dass Krankheit manchmal Aufmerksamkeit beschert, und drittens zeigte ihm das Vorbild seiner Eltern, dass Arbeit einen wichtigen Wert hat und einen vor sorgenvollen Gedanken schützt.

Solche Schutzmechanismen bleiben in uns gespeichert und werden im Erwachsenenleben in bestimmten Situationen abgerufen, wie unser Dialog zeigt. Und sie verselbstständigen sich: Im schönsten Ambiente denkt er über den Tod nach, obwohl seine Frau ihm viel Aufmerksamkeit schenkt. Erst als der Anruf kommt, hat er sein vertrautes Überlebensmuster zur Seite gelegt und kann sich mit Arbeit ablenken. Das ist, was Schutzmechanismen ausmacht: Sie sind kompliziert und von außen rein objektiv auch nicht zu verstehen. Man versteht sie erst, wenn man hinter die Kulissen schaut.

Überlebensmuster vergleichen wir gerne mit Krücken. Zu einer Zeit, wo wir mit schwierigen Situationen nicht gut umgehen können, legen wir uns Krücken zu. Rolands Krücke ist, dass er sich gern in die Arbeit stürzt, damit kein Platz für düstere Gedanken entstehen kann. Wenn das nicht möglich ist – wie im Urlaub –, dann kriechen die großmütterlichen Energien hervor, und erst die Arbeit kann ihn wieder beruhigen. Wenn wir noch einmal einen Blick in den Film mit Jack Nicholson werfen, finden wir eine ganze Palette an Krücken: Er vermeidet es, auf Striche zu steigen, oder nimmt sich sein eigenes Besteck ins Restaurant mit, und alles nur, weil ihm das ein Gefühl der Sicherheit vermittelt.

Genauso ist es eine Krücke, wenn Sie sich in zu viel Arbeit flüchten, um sich selbst, eine innere Traurigkeit oder einen Frust nicht allzu sehr spüren zu müssen. Oder wenn Sie sich unsichtbar machen aus Angst, etwas falsch zu machen und wie in Ihrer Kindheit geohrfeigt zu werden. Dieses letzte Beispiel zeigt auch ganz wunderbar, wie sehr eine Krücke in der Kindheit notwendig ist – und wie wenig passend sie im Erwachsenenleben ist: Ein Kind, das beobachtet, dass der Bruder immer wieder geschlagen wird, kann verschiedene Strategien entwickeln. Eine davon ist, dass es lernt, sich zu ducken und unsichtbar zu werden, um nur ja nicht auch die strenge Hand der Mutter zu spüren. Das ist eine sehr vernünftige Überlebensstrategie, nicht? Als Erwachsene zeigt sich diese Überlebensstrategie dann zum Beispiel darin, dass sie weiterhin unsichtbar bleibt: Sie kleidet sich unscheinbar, meidet es, Vorträge zu halten, und lehnt Einladungen zu TV-Talkshows ab, obwohl sie als Expertin viel zu sagen hätte.

Doch im Erwachsenenalter gibt es keine schlagende Hand, vor der man sich zu schützen hat. Trotzdem behält man seine Krücke und stützt sich auf sie, weil man sie verinnerlicht hat und gar nicht auf die Idee kommt, dass man auch anders leben kann. Wenn Sie zu jenen Menschen gehören, die sich aus welchen früheren Gründen auch immer zur Unsichtbarkeit entschieden haben, überlegen Sie: Was würde denn heute passieren, wenn Sie laut und klar Ihre Meinung sagen? Wenn Sie auf einer Bühne vor Publikum sprechen? Wenn Sie Ihren Wunsch durchsetzen und nicht wieder klein beigeben? Wäre dann Ihr Überleben bedroht? Höchstwahrscheinlich nicht.

Viel besser wäre es, Sie würden sich vornehmen, Ihr Verhalten zu verändern. Denn mit jedem Akt des Unsichtbarmachens unterdrücken Sie Ihr Potenzial und nützen es nicht. Das ist doch schade!

Wir Menschen werden geboren als Individuen, die sich entfalten wollen und wachsen, die ihre Lebendigkeit dadurch spüren wollen, indem sie alle Register ziehen, die sie zur Verfügung haben.

Diese Krücken stehen – psychologisch betrachtet – für das sogenannte „verlorene Selbst". Wir sind mit einem Potenzial geboren, doch die Umstände in unserer Kindheit haben dazu geführt, dass wir manches davon verlieren. Und hier kehren wir zur Eingangsfrage zurück: Wie konnte ich mich nur in den verlieben? Genau darum: Weil Ihr Partner, Ihre Partnerin die perfekte Person ist, um Ihr verlorenes Selbst wiederzufinden und es in Ihr Leben zu reintegrieren.

Wir haben im Impuls Nr. 8 über die Seelenverwandtschaft geschrieben, die dafür verantwortlich ist, dass wir uns ineinander verlieben. Gleichzeitig erleben wir es oft, wie gegensätzlich wir sind: Sie ist ein Fels in der Brandung, der sich durch nichts erschüttern lässt – und er ist der quirlige Hans Dampf in allen Gassen. Das ist kein Widerspruch: Diesem konträren Verhalten liegt ein gemeinsames Thema zugrunde, das könnte durchaus ein ähnliches sein wie wir das beispielsweise bei den beiden Damen an der Kasse in Impuls Nr. 2 gezeigt haben. Und genau diese Gegensätze kommen uns beim verlorenen Selbst zu Hilfe.

Die Frau, die ihren Mann beim Verlieben durch ihre Ruhe und Besonnenheit so begeistert hat, hat vielleicht früh gelernt, ihre Gefühle zu unterdrücken. Wenn es Zoff im Büro gibt, will sie gar nicht weiter drüber reden. Das ist ihr verlorenes Selbst. Das verlorene Selbst des Mannes ist in diesem Beispiel diametral: Er wurde so geprägt, dass Gefühle gut sind und man sie zeigen muss. Was ihm fehlt, ist die Fähigkeit innezuhalten, nachzudenken und einen kühlen Kopf zu bewahren. Sie erkennen bestimmt, wie schön sich die beiden ergänzen.

Solche Gegensätze führen jedoch zuerst einmal gerne in einen Konflikt: Sie ist eine Langweilerin und er eine Nervensäge, denn sie steigt nicht auf seinen Wunsch nach Abenteuer und Aktivität ein und er nicht auf ihr Bedürfnis nach Ruhe. Der Sinn einer Partnerschaft ist, dass beide die Chance nutzen und ihr verlorenes Selbst mithilfe des oder der anderen wieder-erlangen. Das geht natürlich nicht von heute auf morgen. Wenn Sie sich am Bein verletzt haben und zwei Monate lang mit Krücken durch die Gegend humpeln mussten, werden Sie umfallen, wenn Sie von einem Tag auf den anderen die Krü-cken weglegen. Da ist es besser, Sie legen vorerst einmal nur eine weg. Doch wenn Sie sich Zeit lassen und langsam einen Schritt nach dem anderen tun, dann entwickeln Sie sich zu ei-nem perfekten Team!

10. Wenn der Partner unangenehm zupft
Warum Frustrationen ein doppeltes Geschenk sind und über den Sinn, daher auch Unangenehmes anzusprechen.

Sie: Kommt gar nicht in Frage, das mache ich nicht!

Er: Aber warum denn nicht? Es ist doch keine große Sache, sich auf die Bühne zu stellen und diesen Vortrag zu halten.

Sie: Ich sterbe tausend Tode, bevor ich mich auf diese Bühne traue. Nie und nimmer mache ich das! Die vielen Leute im Publikum, die würden mich zerpflücken und in der Luft zerreißen.

Er (ungehalten): So ein Blödsinn. Du bist doch Expertin auf deinem Gebiet.

Sie: Und erst recht all die Neider, die mein Vortrag auf den Plan rufen wird. Das brauche ich wirklich nicht.

Er (mittlerweile richtig wütend): Das ist doch ausgemachter Unsinn! Du glaubst, wenn du dich versteckst, wird dein Leben einfacher? Ganz im Gegenteil!

Sie: Schluss jetzt. Ich will nicht mehr drüber reden.

Der bereits im Impuls Nr. 9 erwähnte Kinoheld Melvin Udall kann im Film „Besser geht's nicht" nicht einmal von seinem Psychiater von seinen Zwangsneurosen geheilt werden. Sehr wohl aber von Carol Connelly, gespielt von der genialen Helen Hunt. Nur sie schafft es, ihn in seine Schranken zu weisen. Warum? Weil er sich in sie verliebt und sie wohl die einzige Person in seinem Leben ist, die er ernst nimmt. Weil sie beide Seelenverwandte sind. Sie droht ihm mit Lokalverbot, wenn er sich nicht besser benimmt, und mehrmals macht sie ihm klar, dass es ihr reicht, so unmöglich, wie er sich verhält. Damit „zwingt" sie ihn, sein Verhalten zu verändern, denn sonst würde er seine Seelenverwandte verlieren. Sie zupft ihn ganz gewaltig an seinen Marotten und Neurosen, und am Ende wird er tatsächlich zu einem erträglichen Menschen. Auch umgekehrt erfährt sie selbst durch diese Beziehung Heilung. Sie ist eine, die sich nicht helfen lassen will und alles alleine stemmen muss, was sie über ihre Grenzen der Belastbarkeit bringt mit ihrem kranken Sohn. Er zeigt sich trotz aller Schrulligkeit als großzügiger Helfer und unterstützt sie, damit ihr Sohn die richtige Behandlung bekommen kann. Und so lernt sie, dass man sich anderen anvertrauen und Hilfe annehmen kann.

In unser aller Leben ist es nicht immer so drastisch wie in diesem Film. Zu Beginn einer Beziehung, wenn wir verliebt sind, sehen wir die meisten Seltsamkeiten ohnehin nicht, oder wenn, dann sind wir voll der Liebe: Ach, sie traut sich nicht, einen Vortrag zu halten – wie bescheiden, wie rührend, wie süß! Das Überlebensmuster der Angebeteten wird schöngeredet. Vielleicht sind wir sogar ein bisschen froh über diese zurückhaltende Art, weil auch wir die Erfahrung gemacht haben, dass zu viel der überschießenden Lebenskraft ganz schön bedrohlich sein kann. Doch spätestens, wenn der Alltag unsere Beziehung bestimmt, kann diese Bescheidenheit unerträglich werden, weil wir erkennen: Sie steht auf der Bremse und stellt sich nicht ihren Herausforderungen.

Als Paartherapeuten orten wir hier jedoch ein Problem: Wir konfrontieren unsere Partnerin mit ihrem Überlebensmuster erst, wenn es uns wirklich schon reicht. Wir haben also quasi den Überlaufschwimmer, der den Wasserfluss rechtzeitig stoppt, viel zu hoch montiert. Und dann, wenn uns ihr Verhalten ohnehin schon viel zu lange gestört hat, bricht es aus uns heraus und wir reagieren verärgert und wütend. Und wie reagiert die Partnerin dann? Ganz klar: mit Abwehr. Es kann sogar nur noch schlimmer werden, weil sie dann ihre Überlebensmuster noch mehr verteidigen muss. Wer sich nicht wertgeschätzt fühlt, muss sich zur Wehr setzen, so ist das nun einmal.

Max Frisch brachte es auf den Punkt, wie man als Überbringer einer Botschaft so ankommt, dass sich etwas verändern kann: „Man sollte die Wahrheit dem anderen wie einen Mantel hinhalten, dass er hineinschlüpfen kann – nicht wie ein nasses Tuch um den Kopf schlagen." Wertschätzung ist immer ein passender Mantel. „Ich weiß, dass du dich gern mit deinem Wissen versteckst. Als Kind hast du es gelernt, dass es eine gute Strategie ist, unsichtbar zu bleiben, weil du dadurch glimpflich davongekommen bist, während dein vorlauter Bruder geschlagen wurde. Unsichtbar zu sein war daher für dich eine wichtige Überlebensstrategie. Heute, als erwachsener Mensch, brauchst du diese Strategie jedoch nicht mehr." So könnte eine gute Kommunikation lauten, die es möglich macht, in die Lebenskraft zu kommen und sichtbar zu werden.

Unsere Partner und Partnerinnen brauchen nicht nur die Wertschätzung dafür, dass ihre Komfortzone eine wichtige Überlebensstrategie aus der Kindheit war. Sie brauchen auch das Verständnis, dass das Verlassen dieser Komfortzone mit viel Angst, Scheu und Scham verbunden ist. Da nützt es gar nichts zu sagen: „Ach, stell dich nicht so an." Es ist so, als würde jemand noch mit Krücken gehen, obwohl seine Fußverletzung schon seit Jahren geheilt ist. Da bringt es auch nichts, wenn man ihm von heute auf morgen die Krücken wegnimmt – die Muskeln wären so verkümmert, dass dieser Mensch trotz geheiltem Fuß nicht gehen könnte, und er würde umfallen. Da braucht es eine langsame Annäherung: zunächst mit nur einer Krücke üben und fleißig Kräftigungsübungen machen, und erst dann kann man den ersten Versuch wagen, ohne Krücken zu gehen. Eines jedenfalls ist gewiss: Niemand hat große Lust darauf, das ganze Leben lang mit Krücken zu gehen. Es ist nur die Angst, die uns im Vertrauten hängen bleiben lässt. In Wahrheit sind wir wohl eher ambivalent: Wir wollen in der Komfortzone bleiben und wir wollen in die Lebensfreude kommen. Also zupfen Sie sich ruhig gegenseitig immer wieder! Idealerweise nicht erst, wenn das Fass schon am Überlaufen ist, und auf jeden Fall in Liebe und Wertschätzung.

Um Sie zu motivieren, aus Ihrer Komfortzone zu steigen: Frustrationen sind ein Geschenk – und nicht nur das, sie sind sogar gleich ein doppeltes Geschenk! Falls Sie uns jetzt für verrückt erklären: Wir beweisen es Ihnen anhand eines Beispiels aus unserem eigenen Leben.

Eines unserer Streitthemen früher war, dass Roland sich mit seinen Ängsten vor Krankheiten und dem Tod von Sabine nicht ernst genommen fühlte. Wenn er ihr seine Sorgen erzählte, schob sie diese schnell vom Tisch: „Ach, was du schon wieder hast. Da ist doch nichts!" Dieses Verhalten frustrierte ihn sehr. In einer der damals zahlreichen Therapiesitzungen, die sie besuchten, erzählte er ihr dann von seiner Oma, die ihr Zimmer neben ihm hatte und ständig davon redete, dass sie sterben wolle, wie wir das in Impuls Nr. 9 schon erzählt haben.

Dieses Bewusstwerden über den Zusammenhang mit dieser alten Geschichte, das Aufarbeiten, das Heilen dieser alten Wunde und der damit entstehende Gewinn von Lebensfreude war das erste Geschenk für Roland. Und das zweite Geschenk kam gleich dazu: Indem Sabine diesen tiefen Schmerz verstehen konnte, konnte sie auch ihr Verhalten ihm gegenüber verändern und sich mutig als Frau zeigen.

So ist das mit dem Frust: Er entsteht, weil der größte Schmerz der einen Person mit der größten Not der anderen zusammenkommt. An diesem Punkt kann der eine seine alten Wunden heilen und die andere wachsen und sich entwickeln. Sie sehen: Beide profitieren! Eigentlich könnten Sie ab nun bei jedem Frust die Arme hochreißen und rufen: „Hurra, wir haben ein Problem!" Denn dann sind Sie im Grunde genommen mitten drin in dem, was wir in unserer Einleitung geschrieben haben: Beziehungen sind wie ein Labor, in dem es darum geht, dass zwei Menschen sich zu reifen Individuen entwickeln.

11. Ein Hungerkünstler kommt selten allein

Wenn zwei sich finden, schaut Amor auf die Seelenverwandt-schaft. Und er schaut auch darauf, dass Gegensätze aufeinan-dertreffen.

Er: Sag, warst du schon einkaufen? Der Kühlschrank ist fast leer!

Sie: Ich war doch gestern einkaufen. (Sie schaut erstaunt in den Kühlschrank.) Aber es ist doch alles da, Milch, sechs Eier ... Da wirst du doch wohl nicht verhungern!

Er (ungehalten): Bitte schau genau. In der Milchpackung ist gera-de einmal ein Tropfen drin.

Sie: Okay, davon hätte ich schon mehr kaufen können, da hast du Recht.

Er (alarmiert): Und überhaupt. Wir wollten doch ein großes Frühstück machen und einen Kuchen backen. Du kaufst immer viel zu wenig ein! Was soll das?

Sie: Ach du, du übertreibst immer. Es ist immer genug da, und trotzdem ist es dir nie genug. Du wirst schon sehen, das passt schon.

Er: Nein, also wirklich. Mir reicht's! Ich gehe jetzt zum Markt einkaufen.

So ist es oft: Wo der eine gähnende Leere im Kühlschrank sieht, erkennt die andere die Fülle. Wo der eine aufgebracht seine Wünsche einfordert, beschwichtigt die andere und gibt klein bei. Und so kennen Sie es vermutlich auch: Es gibt The-men, da sind Sie und Ihr Partner bzw. Ihre Partnerin eindeutig uneins.

Wenn wir von Liebe sprechen, denken wir gerne an Seelen-verwandtschaft – wie wir das im Impuls Nr. 8 mit dem Zebraeffekt dargelegt haben. Gleichzeitig sagt man: Gegensätze ziehen sich an. Auch das ist richtig, und es schließt das eine das andere gar nicht aus. Wenn wir es näher betrachten, erkennen wir, dass beides sogar eng miteinander verbunden ist: Es sind die gemeinsamen Themen und oft auch ähnlichen Gefühlszustände in der Kindheit, die uns den passenden Strichcode erkennen lassen. Doch sind wir in unserer Kindheit mit diesen Themen und Gefühlen unterschiedlich umgegangen, sodass sich daraus Gegensätzlichkeiten entwickeln. Ein Beispiel aus unserer eigenen Geschichte:

Wir haben beide das typische Schicksal der 50er-Jahre-Kinder erlebt, die Eltern waren mit dem Wiederaufbau beschäftigt und haben versucht, manches nachzuholen und zu kompensieren. Da war für uns als Kinder nicht viel Platz, was emotionale Zuwendung und Sichtbarkeit anlangte. Unsere Eltern haben uns natürlich geliebt, wie das fast alle auf dieser Welt damals wie heute tun, und sie haben alles ihnen Mögliche getan, damit es uns finanziell und physisch gutgeht. Doch wir wurden nicht ausreichend gesehen, unsere seelischen Bedürfnisse wurden nur wenig wahrgenommen. Das ist, was unsere – Rolands und Sabines – Seelenverwandtschaft unter anderem ausmacht.

Unsere Gegensätze entwickelten sich daraus, wie wir mit diesem Nicht-Gesehen-Werden umgegangen sind, welche kindlichen Schutzmechanismen wir entwickelt haben. Sabines Schutzmechanismus war der, dass sie sich zurückgezogen hat – so quasi nach der Logik: Wenn ich wenig Energie aufwende, brauche ich auch nicht viel. Außerdem beschloss sie unbewusst: Ich bleibe bescheiden und brav, vielleicht werde ich dann doch belohnt und bekomme ein Stück emotionaler

Zuwendung. Ruhig bleiben und sich zurückziehen, das war Sabines Art, mit ihrer Welt damals zurechtzukommen.

Roland hielt es eher wie Pippi Langstrumpf, nach dem Motto: Wenn es etwas Gutes gibt, muss man sich ranhalten, sonst kommt man zu kurz. Natürlich war auch sein Beschluss unbewusst. Er war als Kind schon sehr aktiv. Ein Beispiel: Weil seine Eltern so wenig Zeit für ihn hatten und es eigentlich nur sonntags ein gemeinsames Frühstück gab, war er es, der meist schon am Vorabend den Tisch deckte. So sorgte er dafür, dass er bekam, was er sonst so vermisste: Nähe und Anerkennung. Sonst wäre er ja emotional verhungert!

Genauso können aus derselben emotionalen Kargheit andere Menschen ganz andere Schutzmuster entwickelt haben: Der eine stopft zu viel Essen in sich hinein, die andere isst nur heimlich, der Dritte plündert regelmäßig die Naschlade der Oma und die Vierte hortet kein Essen, dafür aber jede Menge Puppen in ihrem Zimmer. Ja, wir sind als Kinder sehr kreativ, wenn es darum geht, mit unserer Welt umzugehen, wenn wir sonst keine Mittel haben, uns zu wehren oder sie uns zu erklären.

Diese Schutzmuster sind meistens direkt mit unserem Hirnstamm verbunden – das ist der älteste Teil unseres Gehirns, das vier Reaktionsmuster kennt: Angriff, Flucht, Erstarrung (oder Totstellen) und Unterwerfung.[8] Sie repräsentieren das, was wir mit allen Tieren gemeinsam haben, nämlich die möglichen Reaktionen auf Gefahr. Angreifen und Flüchten sind zwei Strategien, bei denen wir unsere Energie aktivieren und maximieren. Wenn wir erstarren oder uns unterwerfen, minimieren wir sie. In der Imagotherapie sprechen wir gerne

---

8   siehe auch Impuls Nr. 19

von Hagelsturm und Schildkröte – Sie können sich bestimmt denken, dass der Hagelsturm der Maximierer und die Schildkröte die Minimiererin ist.

In einer Paarbeziehung treffen meistens ein Hagelsturm und eine Schildkröte zusammen, wobei aus unserer Beobachtung heraus mehrheitlich die Frauen der Hagelsturm und die Männer die Schildkröte sind. Haben Sie eine Idee, wer in Ihrer Beziehung welche Rolle hat? Wenn Sie gerade in keiner Beziehung leben: Wie war es in Ihrer letzten Beziehung? Kann sein, dass sich das auf den ersten Blick nicht gleich festmachen lässt. Doch dort, wo Stress auftaucht und wir mit unseren ältesten Schutzmustern konfrontiert werden, wird das deutlich. Hagelsturm und Schildkröte sind Sie nicht nur in Ihrer Paarbeziehung, sondern auch darüber hinaus, und nicht selten zeigt ein und dieselbe Person im Beruf die eine Qualität und privat die andere – und umgekehrt.

Bei uns Bösels ist es so, dass Sabine die Minimiererin ist und Roland der Maximierer. Wenn Sie die Szene zu Beginn dieses Impulses noch einmal lesen, werden Sie sehen, dass die beiden genauso gut wir beide sein könnten: Er, der Hagelsturm, sieht im letzten Tropfen Milch die Hungersnot ausbrechen. Ganz seinem unbewussten Schutzmuster folgend reagiert er alarmiert: Essen muss her! Und er aktiviert seine Energie: Er muss auf den Markt gehen und einkaufen! Sie, die Schildkröte, hat gemäß Schutzmuster gelernt, genügsam zu sein. Für sie ist der Kühlschrank ausreichend gefüllt. Auf seinen „Angriff" reagiert sie beschwichtigend, sie gibt ihm Recht und zieht sich zurück. Hauptsache kein Streit!

Es liegt auf der Hand, dass aus Gegensätzen leicht Konflikte und Streit entstehen können – doch nur, weil es da ein offenes Thema gibt, das beide nicht aufgearbeitet haben. Deshalb überreagieren beide auch. Gäbe es zwar unterschiedliche Ansichten über die Fülle im Kühlschrank, aber kein emotional aufgeladenes Thema im Hintergrund, würden sie sachlich einen Check machen, ob tatsächlich alles da ist, was sie brauchen, und bei Bedarf einkaufen gehen oder nicht. Und die Sache wäre erledigt.

Hagelsturm und Schildkröte, diese Kombination ist gleichzeitig auch sehr wichtig: Gegensätze ermöglichen es, dass wir uns ergänzen. Stellen Sie sich vor, es gäbe in einer Paarbeziehung zwei Maximierer. Die hätten vermutlich drei Kühlschränke in der Wohnung – sofern sie sich nicht schon längst zerfleischt hätten mit ihrer aufbrausenden, lautstarken Art, mit der sie auf Konflikte reagieren. Und zwei Schildkröten wären vermutlich verhungert, jede in ihrem Panzer zurückgezogen. Nur in der Gegensätzlichkeit können wir gut leben. So wie ein Projektteam bei guter und verständiger Führung umso bessere Ergebnisse liefert, je vielfältiger die Kompetenzen der einzelnen Teammitglieder sind, so wichtig ist es auch für das „Team Liebespaar", unterschiedliche Qualitäten einzubringen. Hagelsturm und Schildkröte können ganz wunderbar voneinander lernen: die Schildkröte, indem sie sich ihre Bedürfnisse einfordern traut, der Hagelsturm, indem er so manches ein bisschen weniger dramatisiert. Wie so oft hilft auch hier ein Blick hinter die Kulissen. Die Seelenverwandtschaft hat so viele Gesichter: Beide kennen die Einsamkeit als Kind oder haben keinen Platz in der Familie bekommen, beide haben wenig Anerkennung erfahren oder auch ähnliche Schicksalsschläge aller Art in der Familie erlebt wie Tod, Selbstmord, Depressionen oder schwere Krankheiten. Vielleicht haben es beide auch erlebt, entwurzelt zu werden, weil die Familien aus verschiedenen Gründen immer wieder umgezogen sind und dadurch immer wieder Freunde verloren haben. Gehen Sie Ihren Gemeinsamkeiten auf die Spur: Was hat Sie zur Schildkröte, zum Hagelsturm werden lassen? Welches gemeinsame Thema können Sie ausmachen? Lernen Sie ein neues Lied: das dynamische Duett!

12. Aufstiegshilfen

Wie wir uns gegenseitig helfen können, die Herausforderungen des Lebens zu schaffen.

Er sitzt am Schreibtisch. Er beantwortet viele Mails, auf seiner To-do-Liste stehen mehrere Rückrufe und neben dem Bildschirm türmen sich Berge von Post und Informationen.

Sie (kommt herein): Ich suche das Protokoll von gestern, hast du es irgendwo?

Sie kramt in dem Papierberg auf seinem Schreibtisch.

Er: Ich kann es nicht ausstehen, wenn du in meinen Sachen wühlst. Wie meine Mutter!

Sie: Ich wollte nur das Protokoll überarbeiten, jetzt hätte ich Zeit.

Er: Typisch. Wenn du Zeit hast, muss ich funktionieren.

Sie: Nun sei doch nicht so unfreundlich, ich will ja nur ein Protokoll.

Er: Und ich habe tausend Sachen zu erledigen und dann soll ich springen, weil du gerade Zeit hast.

Sie: Du hast immer tausend Sachen zu tun. Da könnte ich dich ja nie um etwas bitten.

Auseinandersetzungen wie diese sind nichts Außergewöhnliches. Es sind die alltäglichen Kabbeleien, ein Wort ergibt das andere und schließlich geht man verärgert oder beleidigt auseinander, ohne sie gelöst zu haben. Man fühlt sich wie in einer Grube, aus der man nicht mehr herauskommt. „Na super", denkt man dann, „jetzt sitze ich da fest mit diesem Menschen, der mich nicht schätzt, der meine Grenzen nicht respektiert, der mich anschreit." In dieser Grube ist es dunkel und wir finden keinen Aufstieg.

An so einem Punkt, wo wir mit unserer Weisheit am Ende sind, tauchen unsere typischen Reaktionsmuster auf: Wir flüchten oder greifen an, wir erstarren oder unterwerfen uns. Auf dem Boden solcher Gruben wurden schon viele Beschlüsse getroffen, sich scheiden zu lassen oder zu resignieren. Auch uns ist es schon oft so gegangen. Diese Szene oben ist eine ganz typische, wie sie sich bei uns im Büro oft abspielt. Auch wir haben schon öfter an eine Trennung gedacht. Heute sind wir froh, dass wir uns für einen anderen Weg entschieden haben.

Immerhin ist man in einer solchen Grube ja zu zweit, also könnte man sich auch dafür entscheiden, sich gegenseitig zu unterstützen, damit beide herauskommen aus diesem finsteren Loch. Und auch wenn man nach einem geglückten Aufstieg bald wieder hineinfällt – Rückschläge gibt es immer. Wo Gruben sind, kann man auch hineinpurzeln. Doch während es beim ersten Mal noch ganz schlimm ist, weil man ja noch gar keine Idee hat, wie man da wieder herauskommt, ist es beim zweiten oder dritten Mal dann nicht mehr ganz so schlimm. Man hat ja immerhin schon Erfahrung mit ein paar Aufstiegshilfen!

Das Erste, was Sie bedenken müssen: Im Ärger sind wir voll mit einem Cocktail verschiedener Hormone. Wenn uns das Herz bis zum Hals klopft, sind wir meist nicht imstande, klar zu denken. Da ist ein Slow-down angesagt – die Wissenschaft sagt, dass man bis zu 20 Minuten brauchen kann, bis sich unsere Hormone wieder beruhigt haben. Unsere Erfahrung sagt, dass diese Zeit immer kürzer wird, je öfter man in dieselbe Grube gefallen ist. Spazierengehen ist beispielsweise eine gute Methode, um zur Ruhe zu kommen. Beim ersten Mal brauchen Sie vielleicht eine Zweistundenwanderung, irgendwann reicht dann eine Stunde, später nur noch ein Gang rund um den Häuserblock und schließlich genügt es, das Fenster weit aufzumachen und tief durchzuatmen.

Aktivitäten, die ablenken, können auch eine gute Idee sein, um sich zu beruhigen: Ein paar E-Mails zu beantworten schafft ein gutes Gefühl, etwas Sinnvolles getan zu haben, und das tut gut. Finden Sie heraus, was gut für Sie ist. Wenn Sie sich selbst bereits gut durchschaut haben, verstehen Sie vielleicht, was Ihre Partnerin, Ihr Partner hinter dem offensichtlichen Ärger noch ausgelöst hat: ein altes Gefühl, gefangen zu sein, oder das Gefühl, nicht autark, ausgeliefert zu sein. Auch das kann Ihnen Hinweise darauf geben, was gut für Sie ist, um sich zu beruhigen. Der Sich-gefangen-Fühlende braucht Frischluft um die Nase, der Sich-ausgeliefert-Fühlende braucht sinnvolle Beschäftigung.

Im beruhigten Zustand können Sie sich dann weiteren Aufstiegshilfen zuwenden. Machen Sie sich bewusst, wie alt Sie sind, welche Kompetenzen Sie haben – und welches Glück Ihr Partner doch hat, Sie an seiner Seite zu haben! Im beruhigten Zustand ist es auch möglich, alten Urängsten den Stachel zu nehmen und zur Erkenntnis zu kommen: Es ist nicht wirklich realistisch, dass mich meine Partnerin deswegen verlassen wird, wir hatten schließlich nur einen Alltagskonflikt.

Ein wahres Wundermittel, um sich gegenseitig zu helfen, ist zu sagen: „Es tut mir leid." Es geht hier nicht um Entschuldigungen, denn in der Grube sind Sie beide nicht deshalb gelandet, weil einer schuld ist, sondern weil Sie beide, jeder auf seine Weise, dazu beigetragen haben. (Im Impuls Nr. 39 können Sie mehr darüber nachlesen.) Vielmehr geht es um Mitgefühl: Ja, ich weiß, du willst deine Arbeit in Ruhe erledigen. Tut mir leid, dass ich dich mit meiner Frage unterbrochen habe. Oder: Es tut mir leid, dass ich laut geworden bin. Das hast du nicht verdient. Was Sie dann tun können: Erklären Sie Ihre Sicht der Dinge, ohne vorwurfsvoll zu werden. Das ist natürlich eine hohe Kunst, und wenn es eine besonders düstere Grube ist, ist es bestimmt ratsam, sich Hilfe von einem Coach oder einer Psychotherapeutin zu holen. Wenn Sie herausfinden, was es genau ist, das Ihnen in dieser Situation Stress bereitet hat, dann haben Sie schon viel dazu beigetragen, dass Sie beide seltener in diese Gruben fallen. Wir haben es schon an vielen anderen Stellen in diesem Buch angesprochen, und es gilt auch hier: Diese Gruben hat es auch schon in der Kindheit gegeben.

Wenn Sie es dann beide aus der Grube herausgeschafft haben, empfehlen wir gern unsere sogenannte „Erkenntnisübung": Welche Erkenntnis habe ich über mich gewonnen? Über meine Partnerin? Und über uns beide, also über unsere Beziehung? Mit letzterer Frage ist gemeint, die Wechselwirkung zu betrachten, in der Sie beide stehen – wie interagieren Sie, wenn Sie in die Grube hineinfallen, und wie, wenn Sie wieder herausfinden? Das Aufschreiben hilft Ihnen, Ihr Bewusstsein zu schärfen, und das ist der Schlüssel für Veränderung: dass Sie Unbewusstes ins Bewusstsein heben.

Leiden ist leichter als Lösen, heißt es. Es ist leichter, in der Grube sitzen zu bleiben und sich dem vertrauten Schicksal zu ergeben, als sich nach geeigneten Aufstiegshilfen umzuschauen und mühsam herauszuklettern. Es ist Ihre Entscheidung!

13. Mit Gummistiefeln und Schutzhelm

Veränderung kann uns manchmal ganz schön viel Angst machen. Doch wir haben uns in einen Menschen verliebt, der für uns der perfekte „Sicherheitsbeauftragte" ist, der uns durch dieses Abenteuer begleitet.

Sie (beim Frühstück): Was für ein Horror! Jetzt habe ich letzte Nacht schon wieder davon geträumt, dass unser Kind stirbt. Ich bin schweißnass aufgewacht und bin jetzt noch ganz fertig. Ich träume fast jede Woche davon!

Er: Oje, dieser schreckliche Albtraum schon wieder! Erzähle mir doch mehr darüber.

Sie: Nein, ich will gar nicht drüber nachdenken!

Er: Doch, ich glaube, es wäre gut, wenn du das machst. Ich bleibe bei dir und begleite dich.

Sie (schweigt einen Moment): Mir fällt tatsächlich gar nichts dazu ein.

Er: Ich bleibe bei dir. Ich habe alle Zeit der Welt!

Sie (schweigt abermals eine Weile): Ich habe da so ein verschwommenes Bild von mir im Krankenhaus, als mir die Mandeln herausoperiert wurden. Ich war irgendwie noch von der Narkose benommen oder so und alle sind sie um mich herumgestanden ... Jetzt reißt das Bild ab.

Wieder sitzen sie schweigend, er wartet geduldig, bis sie weiterspricht.

Sie: Warte ... Sie haben über mich geredet. Sie dachten, ich schlafe noch, aber ich habe alles gehört. Dass sie sich Sorgen um mich machen. Meine Mutter habe ich sagen hören, hoffentlich stirbt sie nicht.

Er (lächelt sie liebevoll an und nimmt ihre Hand): Schön, dass du
die Operation überstanden hast. Alles ist gut.

Sie haben vielleicht schon von diesem Melodram von Rainer Werner Fassbinder gehört, „Angst essen Seele auf". Ob große oder kleine Angst, wir kennen es alle, wie sehr sie uns einschränkt und uns belastet. Selbst eine kleine Sorge kann uns ganz schön zur Verzweiflung bringen. Das Schlimmste, was uns in so einer Situation passieren kann, ist, dass unsere Ängste nicht ernst genommen werden. Dieses Kleinmachen der Angst geschieht nicht nur, indem unser Partner sie als unbedeutend abtut. Es steckt auch in Sätzen wie „Du brauchst dich doch nicht vor dem Tod fürchten" oder „Du wirst diese Prüfung schon schaffen" oder „Du machst das schon" oder „Dein Partner wird dich schon nicht verlassen". Das sind nichts anderes als Beschwichtigungen, die die Ängste erst recht in Fahrt bringen.[9]

Stellen Sie sich vor, ein kleines Kind liegt im Bett und kann nicht einschlafen. „Mama!", ruft es. „Bitte komm! Unter meinem Bett ist ein Monster!" Die Mama kann dann kommen und sagen: „Ach Blödsinn, da ist doch nichts!" Dann wird sich das Kind mit seiner Angst alleingelassen fühlen und sich sogar schämen, weil es denkt: „Was bin ich für ein komischer Mensch, dass ich Monster unter dem Bett sehe?" Sie kann auch so reagieren: „Oh, da ist ein Monster? Furchtbar! Ich bin jetzt bei dir und ich bleibe bei dir." Wenn das Kind weint, nimmt sie es in den Arm und tröstet es. „Ja, diese Monster", spricht sie weiter, „ich kenne sie auch. Sie kommen zwar, aber das Schöne ist, dass sie auch wieder gehen. Weißt du was, wir schauen gemein-

---

9   siehe auch Impuls Nr. 25

sam unter das Bett, vielleicht ist das Monster ja schon weg. Und wenn es noch da ist, verspreche ich dir, dass ich dich beschütze und dich verteidige." Ein Kind mit so einer tollen Mama hat das Gefühl, eine Verbündete, eine Sicherheitsbeauftragte zu haben, die mit ihm das Monster verscheucht.

Bei Kindern sind viele von uns da sehr großzügig. Doch die Monster unseres Erwachsenenlebens, die machen wir klein oder ziehen sie ins Lächerliche. Ein Albtraum, wie er unsere Frau zu Beginn des Impulses regelmäßig heimsucht, wird oft genug abgetan als „Ist ja nur ein Traum". Dass Träume uns fix und fertig machen und Signale für etwas Unaufgearbeitetes sein können, schieben wir zur Seite. Wir müssen alle mutig, tapfer, stark und natürlich rational denkend sein, da haben Monster keinen Platz. Sonst wäre man ja ein Weichei! Doch ein Traum ist ein Traum, und wenn man um drei Uhr in der Nacht schweißgebadet aufwacht, sehen wir vieles viel schlimmer und er trifft uns in unserer Seele viel tiefer. Wir sind eben Menschen und keine rationalen Roboter.

Wir finden, ein bewusst gemachtes Monster ist allemal besser als eines, das wir ständig unterdrücken und das im Keller unserer Seele sein Unwesen treibt, um uns immer dann zu erschrecken, wenn wir es am wenigsten brauchen. Ob unsere Ängste rational oder irrational sind, ist doch im Moment völlig egal, was zählt, ist, dass sie uns belasten. Da brauchen wir dieselbe Unterstützung wie das kleine Kind in der Szene weiter oben. Was wir brauchen, ist ein Mensch, der unsere Belastung sieht, ernst nimmt und bereit ist, uns zur Seite zu stehen. Wir brauchen einen Sicherheitsbeauftragten!

Wenn Sie in einer Beziehung leben, müssen Sie nicht lange nach ihm suchen. Ihr Sicherheitsbeauftragter ist Ihre Partnerin bzw. Ihr Partner. Kein Psychotherapeut, keine Beraterin oder Coach könnte diese Rolle so gut einnehmen wie der Mensch, den Sie sich als Partner ausgesucht haben. Wir haben als Paartherapeuten mittlerweile über 3000 Paare begleitet und können eines bestätigen: In einer Partnerschaft fürchtet sich jeder vor anderen Monstern. Dort, wo der eine seine Ängste hat, kann die andere also sehr standhaft sein und helfen – und umgekehrt.

Stellen Sie sich einen finsteren, dicht verwucherten Wald vor als Symbol für die Angst Ihrer Partnerin oder Ihres Partners. Dann brauchen Sie eine entsprechende Schutzbekleidung, um sich vor den Dornen, Steinen und der Finsternis zu schützen, und haben also Gummistiefel, Schutzhelm, eine feste Jacke, Handschuhe und eine Taschenlampe mit. So ausgerüstet begleiten Sie Ihren Partner und geben ihm den entsprechenden Schutz. Ermutigen Sie ihn oder sie, das Dickicht genau zu erforschen, ob das, wovor er sich fürchtet auch wirklich wahr ist. Oder ist es vielleicht sogar noch schlimmer? Oder entpuppt sich das Monster als Schimäre?

Mit einem einzigen Versuch, das Monster zu verscheuchen, wird es vermutlich nicht getan sein. Denn die Ängste, die uns so sehr plagen, haben sich über viele Jahre in uns eingenistet, und sie aufzuspüren braucht oft mehrere Wanderungen in den dichten Wald. Doch was Sie Ihrer Partnerin vermitteln, ist, dass sie nicht alleine ist. Sie haben gezeigt, dass Sie bereit sind, die Ängste ernst zu nehmen, zuzuhören, mitfühlend zu sein, und das stärkt auch Ihre Partnerschaft. Wann auch immer Ängste und Sorgen in Ihrem Leben auftauchen: Bitten Sie Ihre Partnerin oder Ihren Partner, Ihr Sicherheitsbeauftragter zu sein, damit Sie Ihre Plagegeister loswerden. Und auch umgekehrt: Wenn Sie beobachten, dass Ihr Partner, Ihre Partnerin immer

wieder von Monstern geplagt wird, dann bieten Sie sich liebevoll als Schutzbeauftragter an: „Magst du dir das mit mir gemeinsam anschauen? Ich habe eine gute Schutzausrüstung mit
dabei!"

Wenn Sich-Ändern nur nicht so schwer wäre!

Wir wünschen uns oft, dass der/die andere sich ändert, und ärgern uns, wenn alles beim Alten bleibt. Und wie steht es mit unserer eigenen Veränderungsbereitschaft? Gedanken und Anregungen für den Schritt hinaus aus der Komfortzone.

14. Raus aus der Komfortzone
Über Schutzmuster, mit denen wir im geborgenen Nest bleiben, und die Vitalität, die wir nur außerhalb finden.

Er (runzelt sorgenvoll die Stirn): Seit Monaten quäle ich mich damit, den Betrieb in die schwarzen Zahlen zu hieven, aber es sieht nicht gut aus. Das ist so anstrengend und es macht überhaupt keinen Spaß.

Sie: Haben deine Eltern dich eigentlich je gefragt, ob du den Familienbetrieb überhaupt übernehmen willst?

Er (entsetzt): Was glaubst du denn! Natürlich wollte ich den Betrieb übernehmen. Ich habe dir diese Frage schon mehrmals verboten, also bitte lass das!

Wenn wir uns verlieben, sind wir von der angebeteten Person fasziniert und sehen all die Vorzüge in ihr. Sie haben im letzten Abschnitt viel darüber erfahren können. Was wir jedoch außer Acht lassen, ist der Beipackzettel, den alle Angebeteten mit dabei haben, auf dem steht: Achtung, Achtung! Ich werde dich mit deinen schmerzvollsten Themen konfrontieren, mit denen du dich sicher nicht freiwillig beschäftigen willst! Tja, wer liest schon das Kleingedruckte, nicht wahr? Und so werden wir nicht darauf hingewiesen, dass diese ausgewählte Person perfekt unpassend für uns ist. Ob Sie es glauben oder nicht: Das ist auch gut so!

So ist es nun einmal: Früher oder später werden wir konfrontiert und bedrängt, uns mit Themen auseinanderzusetzen, die unangenehm, beschämend, unerhört sind. Auch in unserer Beziehung gab es solche Themen. Heute, nach über dreißig Jahren, sind wir überzeugt: Wenn einen die Partnerin, der Partner mit solchen Themen konfrontiert, ist das die größte Liebeserklärung, die es gibt, so schmerzlich es auch sein mag. Denn das zeigt, dass sie oder er uns sehen kann in unserer Wahrhaftigkeit. Denn wie bei vielen anderen Unternehmerfamilien war es auch in Rolands Familie keine Frage, dass der „Stammhalter" die Fleischerei Bösel weiterführt. Man bekommt so etwas in die Wiege gelegt. Großmutter Bösel hat bei der Geburt ihres Enkelsohnes sogar eine Mini-Fleischerschürze mit dem Logo des Unternehmens genäht. So wächst man mit einem ungeschriebenen Gesetz auf. Jedes Hinterfragen würde eine familiäre Krise, unendliche Auseinandersetzungen und völliges Unverständnis auslösen, daher lässt man das lieber. Ja, man blendet es sogar als Möglichkeit völlig aus.

Genauso bekommt man alle möglichen anderen „Selbstverständlichkeiten" eingebrannt: die Akademikerlaufbahn ebenso wie die Überzeugung, das wahrhaftige Leben bestünde aus permanenter Opferbereitschaft, oder den Glauben, eine Familie wäre nur dann eine richtige Familie, wenn man vier (oder zwei oder sechs) Kinder hätte. Weil dies alles unbewusst abläuft, denken wir zunächst gar nicht nach. Wir leben das Leben im Sinne unserer Vorfahren weiter, ohne uns im Klaren darüber zu sein, ob das tatsächlich zu uns passt. Es kann ja sein, dass die Übernahme des Familienbetriebs genau richtig ist. Es kann auch das Studium oder das Single-Dasein genau richtig sein. Wichtig ist nur, dass wir uns diese eine wichtige Frage stellen: Ist es tatsächlich mein Leben? Oder setze ich nur etwas fort aus Loyalität?

Unser Partner, unsere Partnerin ist diejenige, die uns darauf hinweist, dass etwas zu klären ist. Vielleicht tut sie das auch nicht wie in unserem Fall mit der direkten Tabu-Frage oder indem sie ihren Unmut äußert. Auch wortloses, kontraproduktives Verhalten kann Auslöser sein, etwa, wenn die Frau sich emanzipieren will und der Mann ihr Anliegen boykottiert, indem er sich vor der Hausarbeit drückt. Oder wenn wir immer wieder über ähnliche Themen streiten. Wenn wir merken, es wird unangenehm und wir würden gern ausweichen, dann ist das ein untrügliches Zeichen: Hier gehört etwas getan! Außerhalb von Komfortzonen ist es immer unbequem. Die Frage, ob der gewählte Job der richtige ist, kann existenzbedrohend wirken. Die Frage, was man denn eigentlich wirklich tun will im Leben, ist anstrengend zu beantworten und mit viel Nachdenken, Suchen, Zweifeln verbunden. Herauszufinden, wo unsere echten Talente liegen, kann ein langer Weg sein. Eine Handwerkerlehre statt des Studiums? Da muss man sich in einer traditionellen Akademikerfamilie schon auf ordentlichen Gegenwind gefasst machen. Es bedeutet auch herauszufinden, wo unsere Loyalitäten liegen, und sich zu überwinden, diese Loyalitäten aufzugeben und somit andere zu enttäuschen. Im Fall der Familie Bösel war es auch insofern herausfordernd, als schon Vater Bösel den Betrieb von seinen Eltern übernommen und das nicht hinterfragt hat – und nun soll der Sohn sich eine Freiheit nehmen, die der Vater und der Großvater sich nicht zugestanden haben? So etwas ist nicht einfach!

Die Frage lautet also: Möchte ich meine Tradition fortsetzen? Das gilt nicht nur für so große Themen wie die Berufswahl, sondern für alle Veränderungen; von der Überwindung, endlich Sport in den Alltag zu integrieren, bis zum Finden einer Lösung, wie die Hausarbeit gut auf beide aufgeteilt werden kann.

Wir müssen unserer Partnerin, unserem Partner dankbar sein für die Konfrontation. „Danke, Schatz", sollten wir sagen, „dass du mich aus der Komfortzone bringst." Aus unserer Sicht sind nämlich jene Beziehungen besonders gefährdet, die sich mit dem Status quo abgefunden haben. Die zwar unglücklich sind über die fehlende Sexualität, dabei aber nur noch ein müdes Schulterzucken übrighaben und sich die Situation schönreden. Mit über 50 braucht man keinen Sex mehr, sagen sie dann. Oder: Ist mir eigentlich eh lieber so. Was dabei sukzessive versiegt, ist die Lebenskraft und Vitalität – oder sie sucht sich einen neuen Kanal, den wir dann nicht mehr kontrollieren können und der möglicherweise zur Trennung führt.

Achten Sie also regelmäßig auf Ihre Komfortzonen – auf Ihre eigene und die Ihrer Partnerin. Sprechen Sie an, was Sie beobachten und fühlen, und setzen Sie neue Entwicklungsschritte. Wenn Sie Herzklopfen dabei bekommen: Das ist ein gutes Zeichen der Vitalität! Betrachten Sie es wie ein Kind, das auf einer Schaukel immer höher und noch ein Stück höher schaukeln will. Es empfindet dabei vielleicht Angst – und auch viel Lust! Unsere Partner sind diejenigen, die uns sagen, dass wir höher schaukeln sollen. Sie sind dann auch diejenigen, die sagen, wenn es genug ist und wir Pause und Kontemplation brauchen.

Und was brauchen wir, wenn wir die Komfortzone verlassen? Wir brauchen Rückenstärkung. Kein „Ich hab's dir ja immer schon gesagt" oder „Das kann doch jedes Kind", denn damit verstärken wir die Angst und die Vorbehalte nur. Wenn wir uns auf dieses Abenteuer einlassen, brauchen wir jemanden, der uns auffängt, wenn wir stolpern, der uns weiter ermutigt und anfeuert, wenn wir straucheln: „Du hast es gewagt, wage es noch einmal, du wirst sehen, es wird dir jedes Mal besser gelingen." Kleine Schritte machen den Meister.[10]

---

10 siehe Impuls Nr. 16

15. Veränderungen sind besser als ihr Ruf

Über die Angst vor dem Ungewissen und wie wir Lust auf Neues entwickeln können.

Sie (am Telefon): Hey, stell dir vor, ich habe gerade Elvira und Peter getroffen. Ich habe mit ihnen vereinbart, dass wir mit ihnen in einer Stunde in der Innenstadt Schnitzel essen gehen.

Er: Ich glaube, du tickst nicht richtig! Wir gehen doch heute wie jeden Samstag immer zum Vegetarier. Du weißt, wie wichtig mir das Ritual ist!

Sie: Ich habe Elvira und Peter aber schon zugesagt!

Er (zornig): Na bravo. Wie komme ich da jetzt aus der Nummer heraus? Du verdirbst mir das ganze Wochenende!

Wir kennen es alle, das beklemmende Gefühl, wenn wir unsere vertrauten Pfade verlassen sollen. Unsicherheit und je nach Situation auch Ängste regieren unser Verhalten. Es ist kein Zufall, dass es meistens unsere Partner sind, die uns herausfordern und für Chaos sorgen. Man könnte es auch liebevoller formulieren: Sie sorgen für Schwung, Lebendigkeit, Bewegung und Abenteuer! Wenn da nicht das große Bedürfnis nach Sicherheit wäre, die das Ritual, das Regelmäßige, das sich nicht Verändernde uns gibt.

Es liegt in unserer Natur, dass wir beides brauchen, die Sicherheit und das Abenteuer. Nur wenn wir eine sichere Basis haben, können wir bereit sein, uns auf Neuland einzulassen. Und wer sich auf Neuland einmal eingelassen hat, braucht Sicherheit und Ruhe, um sich zu erholen und die neuen Eindrücke zu verarbeiten. Wir brauchen eine Ausgewogenheit dieser beiden Pole, um zu lernen und uns weiterzuentwickeln. Haben wir zu wenig Bewegung und Lebendigkeit, lernen wir nichts dazu. Inspiration, Kreativität und Entwicklung werden stillgelegt. Haben wir zu viel davon, können wir das Neue nicht verarbeiten und empfinden negativen Stress.

Diese Ausgewogenheit von Sicherheit und Abenteuer brauchen wir auch in unserer Liebesbeziehung. Bei zu viel Sicherheit erstarrt die Beziehung. Sie schläft ein und beide leben nebeneinander her. Bei zu viel Abenteuer gerät die Beziehung aus den Fugen, sie verliert ihr Fundament und es kann ihr die Luft ausgehen. Nur bei einem guten Gleichgewicht kann sie gut leben, sich verändern und sich weiterentwickeln.

Schon als Baby wollen wir jeden Tag über uns hinauswachsen, unser Potenzial entdecken. Das setzt sich fort im Erwachsenenleben und gilt genauso, wenn wir alt sind. Wenn wir ältere Menschen nicht fordern, verkümmern ihre Potenziale. Die Neuronen im Gehirn werden nicht ausreichend befeuert, sie verkümmern und verschwinden. Denken Sie nur an betagte Menschen, denen bei übermäßiger Pflege alles abgenommen wird, im Glauben, sie könnten es nicht mehr. Am Ende werden sie es tatsächlich verlernt haben und bedürftiger sein denn je.

Für ein kleines Kind sind Mama und Papa der Sicherheitsanker. Es rutscht vom Schoß des Papas, um die Welt zu erkunden. Es tapst ins Nebenzimmer und erlebt wahre Abenteuer beim Aufziehen verschiedener Laden. Wenn es zurückkrabbelt zu den entspannten Eltern, lernt es: Es ist gut, die Welt zu erforschen und Abenteuer zu erleben, denn ich habe eine sichere Basis. Kommt das kleine Kind aber zurück zu den Eltern und die Eltern nehmen es gar nicht wahr, weil sie streiten, kann es etwas ganz anderes lernen: Abenteuer sind gefährlich, weil alles anders ist, wenn ich zurückkomme.

Es könnte sein, dass der Mann in unserer Einstiegsszene ein solches Kind ist. Er meidet Neues und hält an Ritualen fest, weil sie ihm ein sicherer Anker sind. Doch es ist nie zu spät, für sich ein neues Gleichgewicht zwischen Sicherheit und Abenteuer zu finden. Der Partner, die Partnerin ist dabei die beste Wegbegleiterin. In unserer Szene hat sie ihn ein bisschen arg herausgefordert, sie hätte sich mit ihm vielleicht abstimmen sollen, bevor sie den Freunden zugesagt hat. Doch vielleicht hat sie es auch genau richtig gemacht und ihn aus der Reserve gelockt, weil er sonst ohnehin bestimmt Nein gesagt hätte. So sieht er sich gezwungen, weil er nicht kneifen will, und entdeckt vielleicht, dass es Spaß macht, ein neues Lokal auszuprobieren.

Ein Mensch mit einem großen Sicherheitsbedürfnis lässt sich am besten mit viel Sicherheit dazu bewegen, etwas Neues zu wagen. Das heißt: Er braucht ein Angebot von Sicherheit. „Ich weiß, dass dir das Ritual am Samstag wichtig ist. Wir haben beim Vegetarier schon sehr viel Gutes gegessen. Gleichzeitig bitte ich dich, mit mir etwas Neues auszuprobieren. Wir können danach entscheiden, ob wir das neue Lokal wieder besuchen wollen oder nicht." Zum Glück haben wir Menschen die Fähigkeit, unser Hirn einzuschalten und Veränderungen, die uns nicht in den Kram passen, mit der Brille der Partnerin, des Partners zu betrachten und neu zu bewerten.

So, wie der risikofreudige Partner in der Beziehung Rücksicht auf das Sicherheitsbedürfnis des anderen nimmt, so ist es wichtig, dass der sicherheitsfreudige Partner die Chance auf Wachstum anerkennt und dankbar ist für die Lebendigkeit, die der andere in die Beziehung bringt. Umgekehrt ist es für die Abenteuerlustige gut wertzuschätzen, dass sie daheim einen

„Fels in der Brandung" hat, an den sie sich lehnen kann, wenn das Leben ein bisschen zu viel Veränderungen bringt. Picasso sagte: „Wir sind geborgen im Ungewissen." Das Ungewisse ist genauso sicher wie das Gewisse. Deshalb ist auch die Selbstfürsorge an dieser Stelle ein wichtiger Punkt: Gerade wenn Veränderungen uns zu überschwemmen drohen, können wir den Partner, die Partnerin um Hilfe bitten.

Die Spannung zwischen Geborgenheit und Ungewissheit in uns zu managen, sprich, sich etwas bewusst zu machen und zu reflektieren, schafft allein schon Sicherheit in der Beziehung. Sie ist auch Basis für Leidenschaft und damit für Sexualität und Intimität. Wir haben unseren Kindern zuerst Wurzeln gegeben und dann Flügel. Als Erwachsene sind wir gefordert, auch bei uns selbst darauf zu achten. Und wenn wir uns verlaufen und verheddern im Alltag, dann ist es gut, einen Partner, eine Partnerin zu haben, die uns hilft, wieder ein Gleichgewicht zwischen Sicherheit und Abenteuer zu schaffen.

16. Den inneren Schweinehund austricksen
Wie Veränderung möglich wird, wenn wir die Strategie der kleinen Schritte wählen.

Sie: Liebling, du hast schon vor einem halben Jahr versprochen, alle deine Fachmagazine, die im ganzen Haus verstreut sind, zu entsorgen.

Er: Jaja, ich mach's am Wochenende.

Sie: Versprochen? Beim letzten Versprechen warte ich bis heute auf die Einlösung!

Er: Ich muss nur noch ein paar Hefte durcharbeiten. Ich suche einen wichtigen Artikel von diesem Referenten aus London, du weißt schon. Den brauche ich, damit ich an meinem Konzept weiterarbeiten kann, das ich meiner Chefin bald präsentieren will.

Sie (seufzt): Wir gehen unter in deinem Chaos, bitte mach das endlich!

Der innere Schweinehund ist ein Haustierchen, das sich großer Berühmtheit erfreut, obwohl es doch alles andere als beliebt ist. Er ist ein Synonym für die (vermeintliche) Willensschwäche, die uns regelmäßig befällt, immer wenn wir etwas tun sollen, das uns unangenehm ist. Wir fühlen uns oft machtlos ihm gegenüber, was daran liegt, dass wir nicht genau wissen, was dahintersteckt. Er macht nicht nur uns selbst das Leben schwer, sondern belastet auch unsere Beziehung immer dann, wenn eine Verhaltensänderung notwendig wäre, die dann nicht passiert.

Oft vermuten wir die Bequemlichkeit als seinen Verursacher, und bestimmt hat es etwas mit der Rigidität zu tun, die so typisch für uns Menschen ist. Veränderung passiert meist nur sehr langsam und widerstrebend, da brauchen wir nur einen Blick auf die Entwicklung der Menschheit werfen.

Tatsächlich ist der innere Schweinehund ein Komplize der Angst. Veränderung heißt, dass wir unsere Komfortzone verlassen müssen, und wer weiß schon, was außerhalb dieses vertrauten Terrains alles passieren kann! Diese Angst sorgt dafür, dass wir eine große Abneigung gegenüber bestimmten Veränderungen haben, die sich manchmal zu einem richtigen Widerstand auswächst. Damit wir mit dieser Angst gut umgehen können, kommt uns der innere Schweinehund gelegen: Er ist sehr kreativ und kann super begründen, warum Veränderung gerade jetzt nicht angesagt ist – und er hat viele Ideen, was man stattdessen besser tun könnte.

Da möchten wir, wie im Beispiel oben, endlich die vielen Fachzeitschriften wegräumen, um der Liebsten entgegenzukommen. Wir erheben uns vom Sofa mit den besten Absichten, doch auf dem Weg zum Zeitschriftenstapel auf dem Esstisch fällt uns ein: Vorher tragen wir den Müll raus. Dann erledigen wir noch schnell dieses eine Telefonat, das plötzlich wichtig ist. Sogar das Bad putzen wir, obwohl wir Putzen doch hassen.

Außerdem kriecht der innere Schweinehund uns den Rücken hoch, setzt sich in den Nacken und wispelt uns ins Ohr: Nur nichts verändern! Da kann ja jeder kommen. Wenn du deine Fachzeitschriften fertig durchgeackert und dein Konzept für die Chefin fertig hast, werden deine Kollegen neidig sein. Das gehört sich nicht, sich so aufzuspielen. Oder er sagt: Deine Mutter durfte auch nicht Karriere machen, warum also du? Oder: In unserer Familie ist das verboten. Oder: Deinen Geschwistern geht es viel schlechter als dir, und du denkst an deinen nächsten Karrieresprung, damit es dir noch besser geht.

Es ist Ihnen bestimmt geläufig, Angst vor Misserfolgen, vor dem Scheitern zu haben. Doch wenn der innere Schweinehund uns plagt, hindert er uns eher daran, ja nicht in unsere Größe zu kommen. Wir haben in Wahrheit Angst, uns mit all unseren Ressourcen zu zeigen, mit unserer Mächtigkeit. Wir haben Angst, dass man uns als das sieht, was wir sind: ein Mensch mit Potenzial, der etwas schaffen kann! Wenn es unseren Geschwistern schlecht geht, dann ist es so etwas wie eine unbewusste Loyalität ihnen gegenüber, die uns daran hindert, noch mehr Glück im Leben zu haben. Wenn wir uns selbst klein halten, hoffen wir, dass unsere Geschwister größer wirken und sie sich besser fühlen. Das ist natürlich ein Irrglaube. Denn wenn wir ein gelungenes Leben haben, ziehen wir vielleicht unsere Geschwister mit, geben ihnen Mut, dranzubleiben.

Den inneren Schweinehund könnte man auch mit einer Radaranlage vergleichen, die sich sofort einschaltet, sobald wir auch nur beabsichtigen, etwas Neues auszuprobieren, vielleicht sogar eine neue Familientradition zu begründen. In dem Moment, wo wir vom Sofa aufstehen, um zu den Fachzeitschriften zu gehen, schaltet sich das Radar ein und signalisiert Gefahr. Und die hält uns davon ab, zu tun, was wir tun wollten.

Doch Sie wissen: Man kann ein Radar auch austricksen. Die Geheimdienste kennen sich da aus, sie fliegen beispielsweise mit ihrem Hubschrauber unter der Radargrenze, sodass das Radar nicht argwöhnisch wird. Das können wir uns zum Vorbild nehmen und uns nur ganz winzig kleine Schritte vornehmen. Wir nehmen unser Ziel wahr – das Konzept für die Chefin – und überlegen uns, was die kleinstmögliche Einheit wäre. Von diesem Stapel auf dem Esstisch beispielsweise nur die oberste Zeitschrift zu nehmen und durchzuarbeiten. Dieses

Vorhaben ist so winzig klein im Vergleich zu den zwei Meter hohen Stapeln, dass das Radar nicht anschlägt. Unser innerer Schweinehund hegt keinen Argwohn und lässt uns gewähren.

Wichtig ist, dass diese winzigen Schritte alle Kriterien eines gut umsetzbaren Ziels erfüllen, also beispielsweise: diese eine Zeitschrift durcharbeiten in der nächsten halben Stunde, und wenn wir fündig werden, eine Notiz machen. Kurz gesagt, ein Schritt sollte positiv, messbar und spezifisch sein. Das hilft uns, Orientierung zu bekommen und am Ende eindeutig zu erkennen, dass wir es geschafft haben – und dieses Erfolgserlebnis ist wichtig. Würden wir uns vornehmen, „nicht alle Zeitschriften" durchzuschauen, also negativ zu formulieren, wäre die Frage: Was genau ist „nicht alle"? Würden wir sagen „ein paar davon", wäre unklar: Wie viele sind ein paar? Würden wir sagen „demnächst", tja, dann wären wir wieder im Schlamassel. Denn wann wäre das denn?

Zehn kleine Schritte sind oft viel mehr als ein großer Schritt. Bei einem großen Schritt kann man ausrutschen oder sich den Fuß verstauchen. Bei Minischritten kann das kaum passieren. Außerdem: Zehn kleine Schritte führen dazu, dass wir sie viel besser zu einer Gewohnheit machen können, dass sie sich manifestieren. Das Tolle ist, dass wir mit jedem kleinen Schritt ein Stück mehr mit jenem Teil in uns in Kontakt kommen, der sagt: Ich will so gerne dieses Konzept schreiben, das macht viel Freude! Unser Forschergeist, unsere Neugierde wird geweckt, und all das liefert Energie und Lebenskraft und wir landen mitten im Flow. Wenn wir im Flow sind, gehen wir auf in der Sache, sie zieht uns magisch an und es kann uns passieren, dass wir so konzentriert werden, dass wir alles drumherum vergessen. Im Flow haben wir keine Angst, sondern wir empfinden angenehme Anstrengung und Konzentration. Wir handeln mit Hingabe – und wenn wir aus dem Flow wieder auftauchen, fühlen wir uns gestärkt, zufrieden und froh.

In unserem Beispiel zu Beginn sehen wir außerdem ganz deutlich, welch unschätzbaren Wert es hat, wenn die Partnerin „lästig" ist: Sie zupft ihn genau an der richtigen Stelle. Er würde ja gerne, doch wenn er an den ganzen Stapel denkt, vermeldet sein Radar Gefahr. Auch die Idee, alle – womöglich wertvollen – Zeitschriften wegzuwerfen, lässt den inneren Schweinehund hochaktiv werden. Genau da setzt Beziehung an, und genau deswegen lieben wir es, Paare zu begleiten: weil sichtbar wird, dass unser Partner ein sehr aktiver Verbündeter unserer heimlichen, geträumten, sehnsuchtsvollen Ziele ist, der signalisiert, in welche Richtung es gehen könnte.

Mag sein, dass unsere Partner manchmal übers Ziel hinausschießen. Doch erst durch die Verstärkung wird der innere Schweinehund so gut sichtbar. Im Bewusstsein, gemeinsam unter dem Radar zu fliegen, machen gemeinsame Schritte absolut Sinn. Hand in Hand lässt sich ein Abenteuer viel besser bestehen. So sind wir nicht nur mutiger, sondern wir fühlen uns auch sicherer.

Wenn die eine zupft und der andere sich darauf einlässt, kommt oft Erstaunliches heraus. In unserem Beispiel hat er sich zu zehn kleinen Schritten durchgerungen: an zehn Tagen täglich eine Zeitung zu nehmen und eine halbe Stunde durchzuarbeiten. Zu Beginn dachte er, eine halbe Stunde wäre viel zu wenig. Er hat sich sehr verschätzt, denn es stellte sich heraus, dass er in der Zeit sogar zwei Zeitschriften schaffen konnte. Der Stapel wurde kleiner und kleiner und am Ende war die Freude über das Gelingen sehr groß.

Nun wissen Sie auch, warum Neujahrsvorsätze meist nicht gelingen: Sie sind zu groß gefasst und nicht gut vorbereitet – und meist denken wir nicht daran, unseren Partner, unsere Partnerin um Unterstützung zu bitten, die doch eigentlich unsere stärkste Ressource ist!

17. Vom Nutzen des Nervigen

Ein hilfreiches Werkzeug für Veränderung ist, eigene Impulse mit Fähigkeiten aus anderen Lebensbereichen zu etwas Nützlichem zu verknüpfen.

> *Er: Kommst du endlich? Du hast vor einer Viertelstunde schon gesagt, dass du fertig bist. Wir kommen zu spät!*
> *Sie: Jaja, ich komme ja schon. Reg dich nicht so auf.*
> *Er: Ich warte schon die ganze Zeit. Was hast du denn jetzt schon wieder gemacht?*
> *Sie: Ich habe meine Schlüssel gesucht.*
> *Er: Nie kommen wir pünktlich, weil du immer so trödelst. Wir kommen zu spät in die Tanzschule!*

Wir alle haben Macken. Wir kommen zu spät, wir unterbrechen andere beim Reden, wir fummeln beim Nachdenken an der Nase herum. Ein Klassiker ist das Zuspätkommen wie in der Eingangsszene. „Immer bist du zu knapp dran", sagen wir dann gern, „kannst du nicht endlich einmal pünktlich sein!" Und die andere Seite kontert mit „Du bist so ein Spießer!" oder „Ich lass mir doch nicht vorschreiben, wann ich was zu tun habe!"

Manche dieser Macken nerven den anderen und führen dann zu kleinen Scharmützeln. Oder man nimmt sie genervt hin und fügt sich augenverdrehend dem Schicksal. Wir finden, das muss nicht sein. Denn man kann sie sich zunutze machen. Utilisieren nennt man das in unserer Fachsprache, und das heißt nichts anderes, als sich die Macke der Angebeteten als Werkzeug für eigene Verhaltensänderungen herzunehmen. Davor sollten Sie jedoch eine wichtige Sache klären: Ist es wirklich nur eine Macke, um die es geht, oder ist es vielmehr eine echte Frustration? Denn bei Letzterem empfehlen wir dringend, der Sache auf den Grund zu gehen. Nur bei einer Macke lässt es sich gut utilisieren. Woran erkennen Sie den Unterschied? Nun, eine Macke nervt, eine Frustration geht tiefer und löst persönliche Betroffenheit aus. Wenn wir beim Beispiel des Zuspätkommens bleiben: Wenn Sie merken, dass Sie sich dabei missachtet und in Ihrem Bedürfnis nach Pünktlichkeit nicht ernst genommen fühlen, dann haben Sie es mit einer Frustration zu tun. Erst recht bei groben Verletzungen. Wenn Ihr Partner fremdgeht, dann ist das bestimmt keine Macke, die Sie so belassen sollten, denn dabei fühlen Sie sich zutiefst verletzt. Sie würden in Ihrer Beziehung auf jeden Fall etwas verändern wollen, um diesen Frust loszuwerden.

In diesem Impuls soll es jedoch um die kleinen Wunderlichkeiten gehen, die nerven, aber Ihre Beziehung nicht wirklich gefährden. Ob eine Sache eine Macke oder tiefe Frustration für Sie ist, können Sie nur selbst bewerten. Wenn der Liebste scheinbar aus Prinzip fünf Minuten zu spät ist, kann Sie das nerven – oder tief frustrieren, weil Sie das als ein Zeichen seiner Geringschätzung empfinden. Ist es Letzteres, sollten Sie der Sache auf den Grund gehen. Im Fall der Macke können Sie ihn natürlich bitten, doch zu lernen, pünktlicher zu sein. Meist wird das nicht viel nützen. Hier wollen wir Ihnen daher eine Idee liefern, wie Sie mit den lästigen Macken Ihres Partners bzw. Ihrer Partnerin besser umgehen können.

Was Sie tun können, ist Folgendes: Im ersten Schritt identifizieren Sie die Irritation – das Warten, weil die Partnerin nicht rechtzeitig fertig ist; das dreimalige Wiederholen desselben Satzes, obwohl Sie ihn schon beim ersten Mal verstanden haben;

das ständige Befeuchten der Lippen, auch wenn sie gar nicht trocken sind; die fast schon legendäre Orientierungslosigkeit, derentwegen Sie sich jedes Mal verfahren, wenn Sie ein neues Ziel anzupeilen haben.

Im zweiten Schritt überlegen Sie, was Sie in diesen Situationen tun können, anstatt sich zu ärgern: Kopfrechnen üben als Gedächtnistraining; Übungen für die Schultern, die Ihnen der Physiotherapeut nahegelegt hat; Nachrichten am Handy checken, um sich später diese Arbeit zu ersparen; eine Kleinigkeit entrümpeln im Sinne einer Feng-Shui-Aktion.

Das läuft dann so ab: Nehmen wir an, Ihr Partner neigt zu lauten Selbstgesprächen, immer wenn er am Computer arbeitet. Jedes Mal, wenn Sie im Raum sind, glauben Sie, er spricht mit Ihnen, und jedes Mal zanken Sie sich. Das soll nun anders werden. Ab sofort utilisieren Sie. Wenn Ihr Mann wieder einmal seine Selbstgespräche führt und Sie Irritation aufsteigen spüren, entrümpeln Sie. Anstatt auf seine Selbstgespräche zu reagieren, gehen Sie in einen anderen Raum und entrümpeln – einmal die Pullover, ein anderes Mal den Vorratsschrank oder die Lade im Vorzimmer, in die alles hineinkommt, das sonst nirgendwo zuordenbar ist.

Das Tolle am Utilisieren ist, dass es Sie frei macht. Anstatt des Ärgers entscheiden Sie sich für etwas, das Ihnen guttut und Ihnen persönlich nützlich ist. Endlich bekommen Sie im Kleiderschrank ein bisschen mehr Platz und finden das Maßband, das Sie schon lange vergeblich für Ihre Schneiderkünste gesucht haben. Und Ihre Schultern freuen sich, wenn Sie immer wieder Anlass haben, Ihre Übungen zu machen und so die Verspannungen loszuwerden.

Doch nicht nur Sie werden diese Freiheit spüren. Auch

der- oder diejenige mit der Macke, die sich plötzlich „seltsam" verhalten kann, ohne eine genervte Reaktion hervorzurufen, die oft auch verletzend ist. Bleiben wir beim Beispiel des Zuspätkommens. Dieses Verhalten hat – wie jedes andere auch – einen geschichtlichen Hintergrund. Wer sich beispielsweise als Kind immer gedrängt fühlte und wenig Raum fürs eigene Tempo hatte, kann eine Haltung entwickeln, die sich unter „Ich lasse mich nie wieder so antreiben" subsummieren lässt. Jedes „Du bist immer zu spät" vom Partner drückt auf diesen wunden Punkt und sorgt dafür, dass die Wunde offen bleibt. Wenn der Partner aber das Zuspätkommen utilisieren kann und nicht mit Vorwürfen reagiert, entsteht eine neue Freiheit. Plötzlich ist es nicht schlimm, zu spät zu kommen. Die Wunde kann sich beruhigen und man kommt drauf: Eigentlich ist das ja wirklich ein komisches Verhalten, dass ich mir die Zeit nicht besser einteilen kann. Und so bekommt man die Freiheit und die Motivation, sein Verhalten neu auszurichten.

Das soll nun aber nicht heißen, dass man das Utilisieren ausnützen soll. Zu sagen „Gut, dass ich zu spät gekommen bin, sonst hättest du deine Übungen nicht machen können", ist zynisch. Wertschätzung ist hier viel angebrachter: „Danke, dass du so großzügig bist. Schön, dass du die Zeit so positiv für dich nützt. Und ich will lernen, mir meine Zeit besser einzuteilen." Manchmal tut auch ein Schuss Humor gut, denn das bringt Leichtigkeit ins Spiel.

Utilisieren gelingt vielleicht beim ersten Mal noch nicht, doch wenn Sie dranbleiben, wird es zum Automatismus. Der Bus hat Verspätung? Gut, dann mache ich meine Übungen. Der Autofahrer vor mir hat beim Abbiegen nicht geblinkt? Es ist ja nichts passiert, also übe ich mich darin, die kleinen Schönheiten des Alltags zu sehen, und suche ein hübsches Detail. In der Straßenbahn telefoniert wieder einmal jemand viel zu laut? Egal, ich nütze die Gelegenheit und halte mir vor Augen, was für ein schönes Leben ich habe.

18. Bewegung, Bewegung, Bewegung

Ein Plädoyer für mehr körperliche Bewegung im Leben, die für Bewegung in der Beziehung sorgt.

Er: Schatz, gehst du mit mir in die Stadt? Ich muss mich unbedingt ein bisschen bewegen und dir täte das sicher auch gut.

Sie: Geht nicht. Ich muss die Schularbeiten für morgen verbessern.

Er: Aber Bewegung ist so wichtig! Lass uns rausgehen.

Sie (seufzt): Na gut, dann gehen wir. Da können wir auch gleich darüber reden, warum wir gestern eigentlich gestritten haben.

Er: Ähm. Vielleicht ist es doch besser, du verbesserst deine Schularbeiten. Ich glaube, ich habe eh auch noch etwas zu tun.

Mediziner, Sportwissenschafter, Psychologen – sie alle sind sich einig, dass Menschen, die sich täglich bewegen und Sport treiben, in der Regel gesund sind, und zwar sowohl körperlich als auch geistig und psychisch. Es gibt zwischen physischen und psychischen Erkrankungen nachweislich eine unmittelbare Verbindung. „Mens sana in corpore sano" wusste schon der römische Satiriker Juvenal vor etwa 2000 Jahren: Ein gesunder Geist steckt in einem gesunden Körper.

Je nach Intensität der Bewegung – vom Spaziergang bis zur ambitionierten Mountainbike-Tour – kommt der Kreislauf in Schwung, es wird mehr Blut in den Körper gepumpt und man wird mit mehr Sauerstoff versorgt. Stresshormone werden abgebaut. Die verbesserte Durchblutung des Gehirns sorgt für Nervenwachstum und stimuliert Synapsen – unser Gehirn wird wacher und leistungsfähiger. Und es ist wissenschaftlich bewiesen, dass Sport genauso gut gegen Depressionen wirkt wie diverse Medikamente. Da versucht man es doch besser zuerst mit dem nebenwirkungsfreien Mittel, bevor man zur Chemie greift, oder? Bessere Argumente für regelmäßige Bewegung kann es doch gar nicht geben!

Tatsache ist, dass sich bei ausreichender Bewegung unsere Wahrnehmung verändert. Wenn wir beispielsweise lange genug laufen, kommen uns zunächst tausend Gedanken. Irgendwann verblassen diese Gedanken und wir kommen in eine Art meditativen Zustand, in einen Flow. Unser Stresssystem beruhigt sich. Plötzlich sehen wir in den graubraunen Feldern, an denen wir vorbeilaufen, grüne Triebe und vielleicht sogar einen Hasen. Der Schanigarten, der uns zu Beginn des Laufs wegen des Lärms genervt hat, gefällt uns beim Zurücklaufen wegen seines bunten Treibens. Und so hebt sich die Stimmung Schritt für Schritt. Wenn wir uns in der Natur bewegen, verstärkt sich die Wirkung: Die Farbe Grün beruhigt und belebt uns und wir spüren, dass wir Teil eines großen Ganzen sind.

Manche von Ihnen nützen den positiven Effekt der Bewegung vermutlich instinktiv im Alltag: Da arbeiten Sie an einer komplizierten Präsentation, und weil Sie feststecken, stehen Sie vom Computer auf, strecken sich und gehen zum Fenster oder schnappen Ihre Jacke, um im Park Ihr Gehirn ein bisschen durchzulüften. Manche Mediatoren, die geschult sind, Streitfälle gut zu begleiten, empfehlen den Kontrahenten, vom Verhandlungstisch aufzustehen und eine kurze Pause in der Teeküche zu machen, wenn die Verhandlungen zäh laufen. Wenn sie wieder zurückkommen, läuft es plötzlich wieder gut weiter. Bewegung schafft einen Perspektivenwechsel, und das führt dazu, dass man plötzlich neue Möglichkeiten erkennt, für die man zuvor schon viel zu festgefahren war.

Als Paar haben Sie immer wieder Dinge zu besprechen oder Themen zu reflektieren, offene Fragen zu klären. Unsere erste Idee ist dann meistens, dass wir uns zusammensetzen. Das ist auch eine gute Idee, weil Sie dabei Augenkontakt halten können. Unser wichtigstes Kommunikationsmittel in der Imagotheorie ist der Dialog, bei dem wir einander gegenübersitzen, möglichst auf Tuchfühlung, und einander in die Augen schauen. Auf diese Weise schaffen wir Sicherheit, denn der Augenkontakt signalisiert: Ich bin bei dir, ich höre dir zu. Es gibt viele Gespräche und Dialoge, bei denen ein Gefühl der Sicherheit entscheidet, ob wir bereit sind, uns zu öffnen, und ob wir uns darauf einlassen wollen und können. Viele tiefgehende und intime Themen sind in einer solchen Konstellation auf jeden Fall besser aufgehoben.

Und doch gibt es aus unserer Erfahrung auch viele Themen, die viel besser in der Bewegung besprochen werden. Wenn wir uns als Paar gemeinsam bewegen, fangen wir zwei Fliegen mit einer Klappe: Jeder baut für sich Stress ab und beruhigt das Gemüt, sodass das Gespräch konstruktiver verläuft. Gleichzeitig regt das Gehen den Kreislauf an, wir werden wacher und damit auch kreativer, sodass wir mehr Ideen und Lösungsansätze finden.

Wenn es darum geht, dass Sie gemeinsam Ihre Paarvision entwickeln wollen[11] oder eine neue Expertise aufbauen möchten – zum Beispiel, wenn es um die Urlaubsplanung geht oder die Überlegungen, auf welche Schule Sie Ihr Kind schicken wollen –, dann kann ein Spaziergang oder eine Wanderung ideal sein. Einen Machtkampf, bei dem Sie gerade darüber streiten,

---

11 siehe Impuls Nr. 51

dass einer von Ihnen letzte Nacht nicht nach Hause gekommen ist, führen Sie vermutlich besser mit Augenkontakt. Es sei denn, bei Ihnen sind die Fronten bereits dermaßen verhärtet, dass Sie sich ohnehin nicht mehr in die Augen schauen können. Dann trägt so ein Spaziergang allein schon dazu bei, dass sich die Verhärtung ein wenig aufweicht.

Jedes Jahr im Juli leiten wir ein Paarseminar mit einer Gruppe von Paaren auf einer Hochalm in Osttirol. Wir gehen mit den Paaren wandern oder auch nur spazieren – und siehe da, es beginnen sich Ressourcen aufzutun und zu entwickeln, ohne dass wir viel therapeutisch intervenieren. Was uns nicht weiter verwundert, schließlich haben auch viele der großen griechischen und römischen Denker ihre Philosophien in der Bewegung entwickelt.

Es muss nicht immer das Gespräch sein, durch das Sie entscheidende Impulse finden und neue Gedanken in Gang setzen. Manchmal reicht auch die Bewegung, damit Sie danach wieder klarer sehen. Fragen Sie Läufer, wie gut es sich anfühlt, beim Laufen das Hirn frei zu bekommen, um danach gut durchgelüftet besser denken zu können. Das gilt wohl fürs Schwimmen, Radfahren und jede andere Sportart genauso. Selbst im Fitness-Center, wo Sie sich beim Training auf den Geräten gut auf Ihre Muskeln konzentrieren müssen, findet Ihr Gehirn Entspannung und gleichzeitig Anregung, um nachher bessere Ideen zu haben.

Wenn Sie Bewegung in Ihre Beziehung, in Ihre persönliche und gemeinsame Entwicklung bringen wollen, brauchen Sie Antworten. Die sind in der Bewegung oft leichter zu finden. Im Sitzen, in der Ruhe drehen Sie sich oft im Kreis. Der französische Philosoph Charles Pépin schreibt: „Im Moment der

Entspannung geht uns meist ein Licht auf. Dann begreifen wir, dass wir uns selbst vertrauen können. Die Antwort ist da, in uns. Es braucht nur einen Rahmen, damit wir sie vernehmen können."[12] Dieser Rahmen kann oft die Bewegung sein, die zur Entspannung führt.

12 Charles Pépin: Sich selbst vertrauen. Kleine Philosophie der Zuversicht, Hanser 2019

19. Wer ist hier der Chef?

Viele unserer Verhaltensweisen passieren unwillkürlich, also am bewussten Denken vorbei. Dabei kommen wir uns oft selbst in die Quere. Wie wir unseren inneren Chef mit mehr Kompetenz ausstatten.

Sie schiebt ihr Fahrrad den Gehsteig entlang, schaut sich um, und als sie weit und breit niemanden sieht, steigt sie auf und fährt verbotenerweise auf dem Gehsteig.

Passant (aufgebracht): He, Sie, das ist verboten!

Sie: Entschuldigung, ich habe Sie doch gar nicht gefährdet.

Passant: Nein, aber das ist doch egal. Es ist verboten!

Sie: Wenn alles gut ist, warum regen Sie sich dann so auf?

Situationen wie diese gibt es wohl abertausende täglich. Man regt sich auf, weil einer bei fast Gelb noch in die Kreuzung hineinfährt. Der friedlichste Ehemann von allen hüpft vor Schreck zur Seite, weil seine genauso friedliche Frau ihm beim Abtrocknen eines scharfen Messers mit der Messerspitze ein bisschen zu nahe kommt. Die Tochter stößt ihren Bruder grob und schimpft böse, weil er sie im Scherz hinter der Ecke erschreckt hat.

Im Nachhinein wundern wir uns vielleicht selbst über unser Verhalten. Bei Gelb sind wir bestimmt schon selbst über die Kreuzung gefahren, also müssten wir doch toleranter reagieren. Der Ehemann weiß, dass seine Frau ihn bestimmt nicht verletzen will, und könnte sich eigentlich sicher fühlen. Und die Tochter muss später selber lachen, weil sie so überreagiert hat.

Es ist das Unwillkürliche, das in solchen Situationen regiert. Es sind Verhaltensweisen, die wir ganz schnell abrufen können, viel schneller, als wir denken können, ausgelöst durch einen Trigger. Unser Unwillkürliches wurde durch die Evolution über Jahrtausende geprägt. Wir haben es in Form von Bildern, Gerüchen, Geschmäckern, Geräuschen und Empfindungen abgespeichert. Unser Gehirn macht unwillkürlich in jeder Situation einen Abgleich – und wenn es Ähnlichkeiten entdeckt, reagiert es augenblicklich auf diesen Trigger und aktiviert eine Reaktion: Angreifen, Flüchten, Erstarren oder Unterwerfen. Das alles passiert in Millisekundenschnelle.

In diesen Situationen ist unser gesamter Organismus auf Überleben gebürstet und eine bewusste Begegnung auf Augenhöhe ist nicht möglich. Wir reagieren inadäquat: Wir schreien den anderen an oder rempeln ihn (Angriff), hüpfen zur Seite (Flucht), erstarren vor Schreck zur Salzsäule (Erstarrung) oder entschuldigen uns, obwohl doch eigentlich der andere uns erschreckt hat (Unterwerfung). Erst im Nachhinein erkennen wir, dass es gar keinen wirklichen Grund dafür gab.

Wir erlebten einmal in einem Seminarhotel auf dem Land, welche Macht das Unwillkürliche über uns haben kann. In einer gruppentherapeutischen Sitzung führte gerade ein älterer Mann mit seiner Frau einen Dialog, in dem es um ihre Zukunft ging. Da heulte plötzlich eine Sirene los. Der Mann begann auf der Stelle zu schwitzen und zu zittern, er wurde bleich und war fast nicht ansprechbar. Wir alle wussten sofort, dass das die Testsirene war, die jeden Samstag zu Mittag losging, und als der Mann sich wieder beruhigen konnte, wusste er das natürlich auch. Nur in diesem Augenblick hat ihm sein Unwillkürliches einen Streich gespielt. Er erzählte uns, dass er als Baby im 2. Weltkrieg bei Fliegeralarm mit seiner Mutter in den Luftschutzkeller flüchten musste. Seine heftige Reaktion war eindeutig durch Bilder aus der Vergangenheit determiniert.

Genauso kann das Unwillkürliche bei jedem anderen harmlosen Trigger überreagieren. Wir fahren unsere Geschütze auf – dabei will unsere Partnerin nur reden. Wir beschweren uns über eine Bevormundung – dabei will unser Partner uns nur auf etwas hinweisen. Im Nachhinein ist es uns oft unangenehm und wir fühlen uns dann verleitet zu sagen „Das war ich nicht" oder wir rechtfertigen uns, um unser Selbstbild wieder zurechtzubiegen. Denn sonst müssten wir uns für unser Verhalten schämen. Doch weil wir Angst vor der Scham haben, gehen wir in die Verleugnung.

Was hilft uns? Es hilft anzuerkennen, dass wir manchmal von einem verschreckten Tier dominiert werden und es im Moment nicht kontrollieren können. Dann, wenn wir wieder klar denken können, ist es gut, das Verhalten zu reflektieren und vielleicht auch dem oder der anderen zu sagen, dass es uns leidtut. Wenn wir unsere Erkenntnisse aus der Reflexion auch noch mit unserem Partner teilen, dann hat auch der Partner die Möglichkeit, passend zu reagieren oder zumindest in der Nachbetrachtung zu verstehen, warum sich der oder die andere so verhält. Es hilft, sich nicht zu beschweren und einen Streit zu evozieren, sondern Zeit verstreichen zu lassen, bis der andere sich beruhigt hat und eventuell erst nachher darüber zu reden und die Sache aufzulösen.

Es ist ein schöner Schritt in die persönliche Weiterentwicklung, wenn Sie für Ihr verschrecktes Tier selbst Verantwortung übernehmen, anstatt die Verantwortung an der Garderobe abzugeben, indem Sie sagen: „So bin ich nicht." Erkennen Sie an, dass das Unwillkürliche Sie bei bestimmten Themen bzw. in bestimmten Situationen dazu bringt überzureagieren. Packen Sie das Thema bei der Wurzel! Sie können Ihre Gene nicht ändern, Ihre Überzeugungen jedoch schon.

Indem Sie immer wieder Ihr unwillkürliches Verhalten reflektieren, können Sie es Schritt für Schritt abbauen.

Wir müssen reden

Wir reden aneinander vorbei, fühlen uns missverstanden oder beklagen uns immer über dieselben Dinge, ohne dass sich etwas ändert.
Über die Kommunikation als Bindeglied und wie wir es schaffen, einander wirklich zuzuhören.

20. Spieglein, Spieglein an der Wand
Was die Kommunikationstechnik des Spiegelns bewirkt.

Sie (im Restaurant): Ich hätte gern einen gemischten Salat als Vorspeise, aber bitte ohne Paprika. Und als Hauptspeise das Gemüserisotto.

Kellner: Gern!

Fünf Minuten später kommt der Kellner an den Tisch.

Kellner: War das ein Gemüserisotto, was Sie bestellt haben, oder der gebackene Ziegenkäse?

Sie: Das Gemüserisotto.

Eine Viertelstunde später bringt der Kellner die Vorspeise.

Sie: Ich habe den Salat aber ohne Paprika bestellt.

Kellner: Oje, das habe ich vergessen. Ich bringe ihn zurück in die Küche.

Sie: Lassen Sie nur, ich lasse ihn übrig. (Und denkt: Na, Trinkgeld bekommt der heute aber keines!)

In verschiedenen Untersuchungen hat man festgestellt, dass Kellner mehr Trinkgeld bekommen, wenn sie die Bestellung nach der Aufnahme wiederholen. „Gnädige Frau", hätte unser Kellner oben sagen müssen, „Sie wünschen einmal den gemischten Salat ohne Paprika und danach das Gemüserisotto. Passt das so?" Damit hätte er laut diesen Studien nicht nur mehr Trinkgeld bekommen. Er hätte mit viel größerer Wahrscheinlichkeit auch das Richtige serviert.

Spiegeln nennt man diese Kommunikationstechnik, bei der man wiederholt, was der oder die andere gesagt hat, um sich zu vergewissern, dass man richtig gehört hat. Das hat – psychologisch betrachtet – vier große Effekte: Zum einen fühlt sich die Person, die gesprochen hat, viel besser wahrgenommen. Zum anderen hilft es, mögliche Missverständnisse gleich auszuräumen. Drittens: Wenn ich zu hören bekomme, was ich gerade gesagt habe, wird mir bewusster, was ich eigentlich bestellt habe. Manchmal kommt man auch drauf: Nein, Spaghetti Carbonara ist doch keine gute Idee, da bekomme ich Sodbrennen. Ich will etwas anderes. Und viertens wird die zuhörende Person durch das Wiederholen des Gehörten den Inhalt besser memorieren und verarbeiten können. Denn durch das aufmerksame Zuhören ist sie gezwungen, ihr eigenes Gedankenkarussell oder auch andere Ablenkungen einmal zur Seite zu stellen und sich nur auf das zu konzentrieren, was der oder die andere gerade sagt.

In vielen Sprachen gibt es verschiedene Wörter für Hören und Zuhören. Im Französischen sagt man *entendre*, wenn man sich beschallen lässt, und *écouter*, wenn man zuhört. Auch das Englische unterscheidet zwischen *to hear* und *to listen*. Zuhören ist immer ein aktiver Prozess, bei dem man dem anderen sein Ohr leiht. Deshalb heißt unser erstes Buch auch so: „Leih mir dein Ohr und ich schenk dir mein Herz."[13] Denn wenn wir einander unser Ohr leihen, hat der oder die andere das gute Gefühl, ungeteilte Aufmerksamkeit zu bekommen, und da ist der Weg nicht mehr so weit zu Zuneigung und Liebe – oder zumindest zur Sympathie in Form von Trinkgeld.

In der Realität reden wir oft miteinander, doch wir lassen uns nur beschallen und haben dann die Hälfte nicht mitbekommen. Weil wir nämlich die halbe Zeit in unserem eigenen Kopf herumkramen, anstatt aufmerksam zuzuhören: Wir

---

13 Orac, 2010

überlegen, welche Meinung wir zu dem haben, was der andere gerade sagt, welches Argument wir dagegen anführen können, ob wir in unseren Gehirnwindungen einen Tipp finden oder mit einer ähnlichen Geschichte aus unserem eigenen Leben aufwarten können. Unser Gehirn kramt im sogenannten Limbischen System, ob es dazu schon Informationen gespeichert hat. Das Limbische System ist, vereinfacht gesagt, unser emotionales Erfahrungsgedächtnis. Wir schauen also nach, ob wir das, was wir hören, schon kennen oder nicht. Daher sind wir auch so schnell zur Stelle mit eigenen Meinungen und Tipps.

Gerade heute, wo alles schnell-schnell gehen soll, nehmen wir uns oft nicht die Zeit, wirklich zuzuhören. Dabei kann das sogar lebensrettend sein. Im Flugverkehr ist daher in den Sicherheitsvorschriften das Spiegeln vorgeschrieben. Wenn eine Pilotin über Funk Koordinaten durchgesagt bekommt, wiederholt sie das, was sie gehört hat. So ist sichergestellt, dass die Angaben auch richtig durchkommen, ansonsten könnte eine Katastrophe passieren! Genauso ist es auch in Beziehungen: Wir hören einander oft nicht zu, und das kann zur Katastrophe führen, nämlich zur Scheidung. Und bedenken Sie: Nur weil Sie viel miteinander reden, heißt das nicht, dass Sie auch gut kommunizieren! Es ist tatsächlich nicht die Menge des Gesprochenen, die zählt, sondern die Qualität des Zuhörens und die Bereitschaft, sich zumindest für eine Weile ganz im Land des anderen umzuschauen.

„Wie soll ich wissen, was ich denke, bevor ich höre, was ich sage?" Die deutsche Schauspielerin Grethe Weiser sagte das. Denn wenn wir gespiegelt werden, hören wir uns quasi selbst. Wird meine Essensbestellung wiederholt, kann ich prüfen, ob das, was gerade meinen Mund verlassen hat, auch das ist, was ich denke und mir in meiner Fantasie ausgemalt habe beim

Lesen der Speisekarte. Das erfordert natürlich, dass die Sprechende beim Hören der Wiederholung genauso aufmerksam ist wie der Zuhörende vorher. Für manche mag diese Praxis des Spiegelns wie Zeitvergeudung klingen, doch in Wahrheit sind wir unter dem Strich sogar schneller, weil Missverständnisse vermieden werden. Im Fall unseres Kellners sehen wir ja die Auswirkung seiner Schnell-schnell-Taktik.

Das Spiegeln haben wir schon seit vielen Jahren in unserem täglichen Gebrauch, sowohl beruflich in der Paartherapie als auch privat, und wir sind Carl Rogers sehr dankbar, dass er als einer der Ersten nicht nur das Spiegeln selbst, sondern auch den Goldschatz in dieser Technik entdeckt hat. Harville Hendrix, der Erfinder der Imagotherapie, die wir anwenden, hat sie als ein wesentliches Tool eingebaut.

Wie geht nun das Spiegeln speziell für Paare? Das passt ganz wunderbar zur Frage unseres Buchtitels: „Liebe, wie geht's?" Denn Spiegeln ist nicht nur eine Technik, sie ist viel mehr. Sie ist auch eine Haltung dem Partner, der Partnerin gegenüber, die die Liebe zum Fließen bringt. Unsere Erfahrung ist: Auch wenn es zu Beginn ein wenig Überwindung braucht, so erkennt man bald, dass diese einfache Sache oft wahre Wunder wirken kann. Die Skeptiker meinen oft, das wäre ja wie das Nachplappern eines Papageis, doch dieser Vergleich hinkt an allen Ecken: Der Papagei plappert nach, ohne den Inhalt zu verstehen. Wir Menschen können hingegen den Inhalt kognitiv aufnehmen und mentalisieren.[14] Wenn wir spiegeln, gehen wir zunächst in Resonanz und erzeugen dann beim Wiederholen beim anderen eine Resonanz.

---

14 siehe auch Impuls Nr. 49

Das ist das große Geschenk, das wir unserem Gegenüber damit machen. Wenn uns jemand von seinem Problem erzählt, glauben wir meistens, dass wir eine Lösung parat haben müssten. Doch das eigentlich Wohltuende ist zunächst die Tatsache, dass ich mich durch das Spiegeln in einem Resonanzraum wiederfinde und ein Stück Sicherheit erfahre – die Sicherheit, dass der andere wirklich bei mir ist und empathisch aufnimmt, was mich bedrückt, anstatt in irgendwelchen anderen Sphären nach einer Lösung zu suchen. Das Spiegeln hilft dem Sprechenden, Gedanken zu sortieren, neue Ideen zu entwickeln und eine Neuorientierung zu finden. Sehr oft geht es dabei auch um das Auflösen von Ambivalenzen.[15] Wenn wir ein wohlwollendes, geduldiges Vis-à-vis haben, finden wir selbst Antworten und Lösungen, das passiert oft ganz von alleine. Das Tolle daran: Diese Lösungen sind dann zu hundert Prozent für uns passend.

Probieren Sie es einmal aus! Wir empfehlen Ihnen dazu, dass Sie sich auf zwei Stühlen gegenübersetzen, doch Sie können natürlich auch gegenüberstehen. Laden Sie Ihre Partnerin, Ihren Partner ein: „Möchtest du mir etwas erzählen?" Dann bitten Sie sie zu erzählen, und zwar in Häppchen, sodass Sie gut wiederholen können. Sagen Sie dann: „Ich höre, du sagst …" Dabei wiederholen Sie so gut wie möglich die Worte, die Ihr Gegenüber verwendet hat. Viele wollen gerne in eigenen Worten zusammenfassen, doch das ist nicht dasselbe. Sagt die Senderin beispielsweise „Das hat mich ganz durcheinandergebracht" und Sie sagen „Ich höre, du sagst, dass du ganz chaotisch wurdest", geht das in eine andere Richtung. Durcheinander zu sein muss ja nicht gleich Chaos bedeuten.

---

15 siehe Impuls Nr. 35

Wenn Sie alles wiederholt haben, fragen Sie: „Habe ich dich gehört?" Ihr Gegenüber sagt daraufhin: „Ja, du hast mich gehört" oder er oder sie ergänzt oder präzisiert, wenn die Wiederholung nicht stimmt – je nachdem. Hier geht es nicht ums Rechthaben, sondern nur darum, ob sich die Senderin gehört fühlt. Wiederholen Sie also das Fehlende oder Unkorrekte, auch wenn Sie meinen, Sie hätten doch alles richtig gemacht. So setzen Sie den Dialog fort, bis die Senderin alles erzählt hat. Und wenn die Senderin zögert und nicht weiterweiß, sagen Sie: „Ich höre dir zu, ich bin bei dir. Ich habe alle Zeit der Welt für dich."

Zwei Aspekte sind noch wichtig, damit Ihr Dialog, Ihr Spiegeln bestmöglich gelingen kann. Zum einen ist es die Haltung, mit der Sie in diese besondere Form der Kommunikation hineingehen. In unserem ersten Buch[16] haben wir sie als einen Besuch im Land des anderen, als „Beziehungstourismus" bezeichnet. Mit genau dieser Haltung gehen Sie in das Gespräch, mit leichtem Gepäck und Interesse für das Neue. Leichtes Gepäck bedeutet, was wir bereits ausgeführt haben: Lassen Sie alle eigenen Gedanken, Sichtweisen, Meinungen draußen. Zum anderen gibt es noch eine Magie, von der wir Ihnen erzählen können: Halten Sie beim Gespräch Augenkontakt. Augenkontakt, das hat die Wissenschaft bewiesen, sorgt dafür, dass im Gehirn auch noch weitere Entwicklungen passieren, die die Verbindung und die Sicherheit stärken.

Spiegeln mit Augenkontakt, nur mit leichtem Reisegepäck, das können Sie nicht nur in Ihrer Liebesbeziehung immer dann praktizieren, wenn einem von Ihnen etwas auf der Seele liegt

---

16 Leih mir dein Ohr und ich schenk dir mein Herz, Orac 2010

oder ein Problem auftaucht. Auch mit den Eltern und Großeltern und ganz besonders mit Ihren Kindern ist Spiegeln eine ganz wunderbare Form der Kommunikation. Eigentlich müssten Kinder das in der Schule lernen. Stellen Sie sich nur vor, wie niedrig die Scheidungsraten wären und wie viel weniger Kriege es gäbe, hätten wir alle diese Kompetenz als Selbstverständlichkeit in unserem Repertoire!

21. Let's Talk About Monsters

Alle haben ein schönes Leben, nur ich hab dauernd Probleme?
Wie wir es anstellen, mit existenziellen Ängsten und schwarzen
Wolken nicht alleine dazustehen.

*Sie (steht im Badezimmer, um sich zu schminken. Fahrig greift sie
zur Wimperntusche und wirft dabei einen Becher mit verschiedenen Utensilien um. Als sie die Tuschebürste zu den Wimpern hält,
merkt sie, dass sie zittert. Im Kopf wütet ein Gedankenkarussell):
Morgen ist es so weit. Morgen wird er operiert. Eine fünfstündige
Operation! Ein Tumor am Dünndarm. Vollnarkose! Ich habe so
Angst, dass es schiefgeht. Panik! Was, wenn der Tumor bösartig
ist? Die Tränen stecken mir dauernd im Hals. Aber es wird nicht
schiefgehen. Es muss gut ausgehen. Es wird gut ausgehen. Ich
muss positiv denken. Wenn ich ihn heute Abend besuche, muss
ich Optimismus vermitteln. Er hat bestimmt auch Angst. Wenn
ich da mit meiner Angst auch noch daherkomme, das kann ich
ihm nicht antun. Ich muss ihm guten Mut vermitteln.*
*Später, im Krankenhaus. Sie begrüßen und umarmen sich, dann
setzt sie sich an sein Bett.*
*Sie: Stell dir vor, was heute in der Praxis passiert ist. Dieses
eine Paar, du weißt schon, die vor drei Wochen so sicher waren,
dass sie sich trennen werden. Sie waren heute wieder in einer
Sitzung – und sie waren wie ausgewechselt! Ich habe mich so
gefreut!*
*Er: Das ist ja toll, wie schön! Aber sag, wenn ich dich so an-
schaue, merke ich, dass es dir gar nicht gut geht. Du sagst, du
freust dich, aber dein Gesicht und dein Körper sprechen eine ganz
andere Sprache.*

Sie lacht und erzählt weiter, dann hält sie inne und beginnt nach ein paar Minuten gemeinsamen Schweigens zu weinen.

Er: Komm, machen wir doch einen Mini-Dialog. Erzähle mir von deinen größten Ängsten und ich spiegle dich.[17] Dann machen wir es umgekehrt.

Sie zögert, doch dann nehmen sie sich an den Händen, schauen sich tief in die Augen und es entsteht ein ganz feinfühliger, liebevoller, zärtlicher Dialog. Am Ende umarmen sie sich.

Er: Danke, dass du deine Ängste mit mir geteilt hast. Und danke, dass du mir zugehört hast. Ich fühle mich mit dir jetzt so verbunden, und weißt du was? Erst jetzt fühle ich mich gut vorbereitet auf die OP.

Wenn wir von existenziellen Ängsten geplagt werden, fühlen wir uns oft allein. Der Single, der aus Scham mit niemandem darüber spricht, dass er Angst hat, er würde bis ans Lebensende allein sein. Die Frau, die Angst um ihren Mann hat, weil er möglicherweise Krebs haben könnte und es für sich behält, um ihrem Mann nicht zur Last zu fallen. Der Vater, der permanent in der Angst lebt, seine Tochter könnte ins Drogenmilieu abrutschen, und das niemandem erzählt, weil er fürchtet, nicht ernst genommen zu werden. Sie alle fühlen sich allein mit ihrer Angst – und weil sie mit niemandem darüber reden, fühlen sie sich noch mehr allein und die Panikspirale verstärkt sich.

Doch es muss nicht immer das große, existenzielle Problem sein. Schwarze Wolken können uns auch umhüllen bei Sorgen aller Art. Die Freiberuflerin, die zu viele Aufträge angenommen hat, die sie nicht rechtzeitig fertigstellen kann. Beim Gedanken

---

17 siehe Impuls Nr. 20

daran, dass sie ihre Kunden enttäuschen könnte, schnürt es ihr den Hals zu. Der begeisterte Beach-Volleyballspieler, der beim Anblick der kürzer werdenden Tage und der sportfreien Zeit traurig und deprimiert wird. Viele versuchen, mit diesen Sorgen und Ängsten alleine fertig zu werden. Doch das ist wie der Versuch von Münchhausen, sich selbst aus dem Sumpf zu ziehen: Das wird schwer! Und oft genug sind wir von uns selbst genervt, weil unsere inneren Monologe immer wieder dieselbe Leier abspulen und wir uns schon selbst nicht mehr zuhören können. So werden Monster gerne entweder unter den Teppich gekehrt oder auch überbewertet. Menschen, die permanent über ihre Monster sprechen, glauben, dass es allein schon durchs Reden besser wird. Was wir hier jedoch meinen, ist, dass wir mithilfe des Dialogs ganz gezielt Plagegeister ansprechen und in weiterer Folge auflösen können.

Jeder Mensch kann sich gesegnet fühlen, wenn er in solchen Momenten Verbündete hat. Das kann eine gute Freundin oder ein guter Freund sein oder auch die Familie. Und selbstverständlich die Partnerin bzw. der Partner! Diesen Verbündeten nicht um Hilfe zu bitten, ist, als würden wir vor der vollen Schüssel beschließen, lieber zu verhungern. Geteiltes Leid ist halbes Leid, sagt der Volksmund, und er hat Recht. In dem Moment, wo wir ein Gegenüber haben, das uns zuhört, empathisch bei uns ist, uns respektiert und unsere Nöte ernst nimmt, können wir unsere Last auf den Tisch legen und dem anderen zeigen.

Wir werden dann feststellen: Wir sind gar nicht so allein. Die beste Freundin hatte schon eine ähnliche Sorge und hat sie auch niemandem erzählt, und sie ist jetzt selbst ein bisschen erleichtert, weil wir uns „geoutet" haben. Und wie wohltuend es sogar für den Mann ist, der kurz vor der Operation vermeintlich nicht noch mehr belastet werden darf, haben Sie oben im Beispiel miterlebt – dieses Beispiel ist sehr real mitten aus dem Leben gegriffen!

Gerade in der Partnerschaft ist das ehrliche Teilen von existenziellen Ängsten und schwarzen Wolken eine wichtige Basis für die Entwicklung von gegenseitigem Vertrauen. Es ist ein großes Geschenk, wenn mir zugehört wird, wenn ich Panik habe und nicht weiß, ob es ein Morgen überhaupt noch geben wird. Wenn wir uns gegenseitig unsere Ängste anvertrauen, entsteht Sicherheit, Verbundenheit und Nähe. Das ist der Nährboden für den nächsten Wachstumsschritt – für jeden selbst und für die Paarbeziehung.

Sich mit seinen Ängsten offen zu zeigen, ist nicht zuletzt eine Entscheidung, ob Sie das pure Leben bei der Tür hereinlassen oder ob Sie die Tür verschließen und das Leben aussperren. Zusammenzustehen und zusammenzuhalten, das ist, was im Hochzeitsritual mit „in guten wie in schlechten Tagen" gemeint ist. Die schlechten Tage, wo es vielleicht wirklich um Existenzielles geht, sind jene, über die man ein paar Jahre später stolz erzählen kann, dass man sie geschafft hat. Auch wenn man sich ein bisschen schwertut, eine schwere Krankheit als Abenteuer zu betrachten: Im weitesten Sinn ist das Bewältigen großer Ängste immer ein Abenteuer, das Salz in der Suppe, das unserer Beziehung die feurige Würze verleiht.

Weder durch eine Überbewertung von Ängsten noch durch eine Unterbewertung können Sie sich befreien. Wenn Sie sie verstecken, gehen Sie trotzdem mit einer schwarzen Wolke durchs Leben. Wenn Sie sie ständig vor sich hertragen und sie sich selbst oder anderen um die Ohren hauen, plustern sich die Ängste nur noch mehr auf. Denn nur, weil man eine Geschichte oft erzählt, wird sie nicht wahrer![18] Seien wir also alle Heldinnen und Helden des Alltags in Sachen Umgang mit Ängsten: Reden Sie über Ihre Monster und lassen sie sie auch wieder zur Ruhe kommen, um eine Basis für Veränderung zu schaffen.

18 Über die Wirkung von Geschichten lesen Sie mehr in Impuls Nr. 23

22. Kein Theater im Theater

Über die Wahl von Ort und Zeit, um über wichtige Themen zu sprechen.

Sie und er sind auf dem Weg ins Theater. Sie sind spät dran, erst kurz vor Beginn schaffen sie es auf ihre Sitzplätze. Erleichtert atmen sie aus, er nimmt noch schnell das Programmheft in die Hand, um wenigstens einen kurzen Blick hineinzuwerfen und sich auf das Stück einzustimmen.

Sie: Übrigens haben wir noch keinen Sommerurlaub gebucht.

Er: Jaja, eh.

Sie: Was heißt, ja eh?

Er: Ja, aber nicht jetzt.

Sie: Das ist deine Standardantwort.

Er: Wir haben noch genug Zeit, um darüber zu reden, aber jetzt möchte ich mich bitte auf das Stück einstimmen, das beginnt jeden Moment.

Sie: Ich glaube, du willst gar nicht auf Urlaub fahren.

Er: So ein Blödsinn. Aber wenn du noch weiter nervst, mag ich vielleicht wirklich nicht.

Sie: Da haben wir es wieder: Das Theater ist dir wichtiger als unser Urlaub.

Schlechtes Timing kann der Killer für jede Beziehung sein, und das gilt nicht nur beim Sex. Sogar bei Paaren, bei denen alles gut läuft, kann selbst das richtige Wort zur falschen Zeit die Beziehung ins Wanken bringen. Wir können problemlos von vielen Paaren erzählen, die sich aufgrund von falschem Timing getrennt haben. Oft ist es eine Assoziationskette, die dazu beiträgt, dass wir Themen zur falschen Zeit auf den

Tisch bringen: Vielleicht ist das Paar, das in unserer Szene im Theater sitzt, vorher an einem Reisebüro vorbeigegangen. Da ist ihr eingefallen, dass sie ja noch gar keinen Urlaub gebucht haben. Und schon übernimmt die Angst, zu kurz zu kommen, ganz unreflektiert die Führung: Wir werden keinen Flug mehr bekommen! Und bei der erstbesten Gelegenheit platzt es aus ihr heraus.

Für das richtige Timing braucht es ein bisschen Fingerspitzengefühl und auch ein Gefühl dafür, wann man selbst und wann der Partner grundsätzlich bereit ist, über bestimmte Themen zu sprechen. Um ein Uhr nachts über die Planung des neuen Gartens zu sprechen, ist wohl eher nicht anzuraten, es sei denn, Sie sind beide Nachteulen und müssen am nächsten Tag nicht früh raus. Ansonsten vereinbaren Sie besser einen Zeitpunkt am nächsten Tag, wo Sie beide die Zeit und auch den Willen für diese Diskussion haben. Der richtige Zeitpunkt ist nicht zu unterschätzen: Dasselbe Thema kann zum falschen Zeitpunkt zum Streit führen – zum richtigen Zeitpunkt lässt es sich ganz einfach besprechen und ist in ein paar Minuten erledigt.

Das falsche Timing zu vermeiden und das richtige zu finden, ist eine Angelegenheit, die beide gleichermaßen angeht. Im Beispiel oben im Theater hat sie den falschen Zeitpunkt gewählt, doch auch er hätte sich anders verhalten können. Anstatt vage nur „Jaja, eh" zu sagen, hätte er gleich klar sagen sollen, was für ihn wichtig ist: „Schatz, du hast Recht, darüber sollten wir uns wirklich bald unterhalten. Was hältst du davon, wenn wir nach der Vorstellung etwas Feines essen gehen und dabei über unseren Urlaub reden?" So hätte sie sofort gewusst: Mein Thema ist bei ihm angekommen und ich weiß, dass wir es nachher besprechen. Solang er aber in seiner Wortwahl unklar bleibt, muss er damit rechnen, dass sie nach wie vor Fragezeichen im Kopf hat und weiter bohrt. Schließlich will sie ihre Fragezeichen loswerden! Sie sehen: Selbst bei falschem Timing kann eine klare Wortwahl die Situation schnell zu Ende bringen.

Wenn Sie feststellen, dass dicke Wolken am Himmel hängen, würden Sie dann die Badetasche packen, um einen Tag im Freibad zu verbringen? Vermutlich nicht. Genauso wäre es wohl seltsam, fröhlich über Urlaubsplanung zu plaudern, wenn gerade nach einem Streit dunkle Wolken die Stimmung trüben. Gut möglich, dass das Gespräch im nächsten Streit mündet. Stattdessen bieten sich Beschäftigungen an, die für ein Cool-down geeignet sind: endlich die Wintermäntel zur Reinigung bringen oder eine Runde joggen gehen. Das schafft ein bisschen Distanz zur emotionalen Berg-und-Talfahrt des Streits, und dann ist man gleich viel besser in der Lage, über Urlaubsdestinationen zu sprechen.

Wir empfehlen Ihnen, besondere Gespräche, insbesondere auch Paardialoge, erst dann zu führen, wenn gewisse andere dringliche Dinge geregelt sind. Wer Hunger hat oder auf dem Sprung ist, weil die Kinder gleich ins Bett gebracht werden müssen, ist kaum entspannt genug, um ein gutes Gespräch zu führen.

Das führt uns zur nächsten Empfehlung, auch wenn diese für viele ein wenig seltsam klingen mag: Vereinbaren Sie Termine! Wir alle machen für so vieles in unserem Leben Termine aus, nur für die eigene Beziehung kommt uns so etwas nicht in den Sinn. Dabei gibt es viele gute Gründe, die dafürsprechen. Einer davon ist: Es ist ein Zeichen hoher Wertschätzung für die

Beziehung, wenn wir für bestimmte Themen Zeitfenster einräumen, damit sie in Ruhe und in einer sicheren Atmosphäre besprochen werden können. Paare mit Kindern oder Paare in Großfamilien brauchen ohnehin einen Kalender, um alle Familienmitglieder zu koordinieren. Auch wenn diese dann gern meinen, sie hätten gerade deshalb bevorzugt mehr Spontaneität wenigstens in ihrer Beziehung: Es schließt das eine ja das andere nicht aus. Vereinbaren Sie Termine exklusiv für Ihre Paarbeziehung und führen Sie zusätzlich einen bestimmten Tag in der Woche für ausschließlich Spontanes ein.

Apropos exklusive Paarzeit: In unserer von den Medien dominierten Welt bleibt oft wenig Zeit für die Beziehung. Gespräche werden unterbrochen, weil gerade das Handy läutet. Man möchte die Nachrichten sehen und den anschließenden Film, zwar gemeinsam, doch ist die Aufmerksamkeit auf den Fernseher gerichtet. Die Kinder wollen, dass die Eltern für sie da sind.

Daher ist es wichtiger denn je, dass Sie sich Zeitinseln schaffen, und wenn es nur eine halbe Stunde ist. Sorgen Sie dafür, dass Sie in dieser Zeit exklusiv Ihrem Partner bzw. Ihrer Partnerin Aufmerksamkeit schenken können! Diese Zeit muss nicht immer nur mit Gesprächen über Beziehungsthemen gefüllt werden. Wir erinnern uns gut an ein Paar, das über Monate hinweg enorme berufliche Herausforderungen zu meistern hatte und kaum Zeit für sich und seine Beziehung hatte. Sie haben vereinbart, dass sie an drei fixen Tagen pro Woche Sex haben wollen. Dafür haben sie sich sogar ein bestimmtes Zeitfenster vorgenommen, eine Stunde. Das mag für Sie ziemlich unromantisch klingen. Doch wenn im Alltag der Sex gar keinen Platz mehr bekommt, ist das doch eine wunderbare Idee. Noch einen Vorteil hat geplanter Sex: die Vorfreude!

Eine wunderbare Idee für exklusive Paarzeit ist auch, für sie einen ganz besonderen Platz in der Wohnung zu schaffen. Wir kennen einige Paare, die sich ein gemütliches Eck im Wohnzimmer eingerichtet haben, in das sie sich immer dann zurückziehen, wenn sie ungestört reden wollen. Bei den ersten Malen werden die Kinder vielleicht noch kommen und auf den Schoß krabbeln. Doch sie lernen schnell, und sie lernen dabei gleich zweierlei. Erstens, dass die Eltern immer dann ein bisschen Zeit alleine verbringen wollen, wenn sie sich in diese Ecke zurückziehen. Zweitens lernen sie am positiven Vorbild ihrer Eltern, wie wichtig es ist, die Liebesbeziehung zu pflegen und ihr Raum und Zeit zu geben, damit sie sich gut entwickeln kann.

Also, legen Sie kurz einmal dieses Buch weg und vereinbaren Sie mit Ihrem Partner, Ihrer Partnerin, wann Sie sich das nächste Mal Zeit nehmen, um ein wichtiges Thema in Ihrer Beziehung zu besprechen. Tragen Sie den Termin in Ihren Kalender ein und achten Sie beide darauf, dass Sie ihn auch einhalten. Nur so entfalten solche Termine auch ihre Wirkung: Sie schaffen Sicherheit und Vertrauen. Wenn Sie derzeit in keiner Beziehung leben, dann vereinbaren Sie einen Termin mit sich selbst (das können wir Ihnen übrigens auch dann empfehlen, wenn Sie in einer Beziehung leben). Es ist gut und wichtig, sich regelmäßig Zeit zu nehmen für Selbstreflexion. Was ist Ihnen im Moment wichtig im Leben? Was möchten Sie jetzt erleben oder erledigen? Was möchten Sie tun, aber zu einem späteren Zeitpunkt? Denn auch die Selbstreflexion, das Nachdenken über sich selbst, braucht einen richtigen Zeitpunkt.

23. Sprache schafft Wirklichkeit

Geschichten und Legenden aus unserem Leben sind identitätsstiftend. Es macht Sinn, genau zu schauen, ob sie uns auch
wirklich guttun.

Freund: Was tut sich in der Arbeit?

Er: Es geht. Aber die Frau …!

Freund: Oje. Ist sie schon wieder anstrengend?

*Er: Das kannst du laut sagen. Das wird sich nie ändern! Seit sie
dieses Selbsterfahrungsseminar macht, ist sie komplett von der
Rolle und redet nur mehr von ihrem inneren Kind. Als hätten wir
nicht schon genug zu tun mit unserem leibhaftigen Teenager.*

*Freund: Da geht's mir besser, meine hat den Selbstfindungstrip
zum Glück noch nicht erlebt.*

*Er: Du Glücklicher! Meine will jetzt ständig reden. Da redet sie
drei Stunden und hat immer noch keine Lösung, und wenn ich
ihr in fünf Minuten eine vorschlage, ist es ihr auch nicht recht.
Typisch Frau halt.*

Die Geschichten, die wir uns und unseren Mitmenschen erzählen, halten wir für wahr. Je öfter wir sie wiederholen, desto wahrer werden sie, auch wenn sie an unserem Leben vorbeiführen.
Jede Geschichte wirkt außerdem auf uns und darauf, wie wir
unser Leben sehen. Sie sind identitätsstiftend. Auch wenn „Ich
hatte eine schlimme Kindheit" nur zur Hälfte stimmt, sorgt sie
für einen grundsätzlich traurigen Unterton in unserem Leben.
„Ich hatte eine schöne Kindheit" wäre demnach genauso zur
Hälfte richtig, doch sie würde unsere Grundstimmung ganz
anders beeinflussen. „Jeder Mensch erfindet sich früher oder
später eine Geschichte, die er für sein Leben hält", lässt Max

Frisch seine Figur Gantenbein sagen, die für sich selbst und andere immer wieder andere Lebensweisen erfindet.

Es ist wie mit dem Wetter, von dem wir alle so gerne reden. „Hast du gesehen, am Wochenende wird es schlechtes Wetter geben. Wieder kein schönes Wochenende!", sagen wir – und schaffen in dem Moment, wo wir das aussprechen, eine Wirklichkeit. Doch wenn wir genauer hinschauen, müssen wir uns schon fragen: Wer sagt, dass schlechtes Wetter automatisch zu einem schlechten Wochenende führt? Ist Regen überhaupt schlecht? Fragen Sie doch einmal eine Bäuerin vor ihrem vertrocknenden Feld! Und schließlich kommt es doch drauf an, was man Samstag und Sonntag vorhat, oder? Trotzdem beeinflussen wir uns selbst mit dem „versauten Wochenende", das gar keine Chance bekommt, schön, gemütlich und friedlich zu werden.

Vor einiger Zeit veranstalteten wir einen unserer zahlreichen Vortragsabende. Am Ende, als alle den Raum verließen, packten wir unsere Unterlagen ein, da sahen wir in der letzten Reihe eine Frau sitzen. Sie weinte. Wir setzten uns zu ihr und erkundigten uns, was los sei, da erzählte sie uns, dass sie unser Vortrag so berührt habe und sie so gerne mit ihrem Mann einen Imago-Paarworkshop besuchen wolle. Allein, ihr Mann würde das nicht wollen. Er sei ja nicht einmal zum Vortragsabend mitgekommen. Wir bedankten uns für das Vertrauen, uns das zu erzählen, und sagten ihr, dass wir es toll fänden, dass ihr die Beziehung zu ihrem Mann so viel wert sei, dass sie trotzdem den Weg zu uns auf sich genommen habe. „Lassen Sie uns ein Projekt starten", sagten wir schließlich zu ihr. „Das Projekt beinhaltet, dass Sie beide im nächsten halben Jahr zu einem Workshop kommen." Da erwiderte sie ganz entrüstet, ob wir nicht zugehört hätten, sie habe doch gesagt, dass ihr Mann ein Verweigerer sei.

In dem Moment läutet ihr Handy. Ihr Mann ist dran und er sagt ihr, er hätte sich in der Zwischenzeit unsere Website angeschaut und wäre zum Schluss gekommen, dass er doch bereit wäre. „Wenn du den Workshop machen willst, dann mache ich mit", sagte er. Die Frau erstarrte, und erst, als der Mann durchs stumme Handy nachfragte, sagte sie: „Aber du hältst doch nichts davon, hast du gesagt. Wenn du nicht dahinterstehst, will ich das nicht."

Es brauchte ein bisschen, bis wir der Frau helfen konnten, den Knoten zu entwirren. Denn was sie gerade erlebte, war so ein schönes Beispiel dafür, was passiert, wenn unsere eigenen Geschichten sich plötzlich pulverisieren, weil das reale Leben sich zeigt. Die Frau erstarrte in dem Moment, als die Geschichte, die sie seit Jahren erzählt, plötzlich einen Riss bekam. Sie konnte ihre Interpretation, die sie sich über ihren Mann zusammengebastelt hatte, nicht mehr aufrechterhalten. Dem Mann wird es wohl umgekehrt genauso gegangen sein. Seine Geschichte „Meine Frau will dauernd zur Therapie" bekam einen Riss, als sie plötzlich einen Rückzieher machen wollte.

Geschichten werden zu einem vertrauten Nest, wenn wir sie oft genug erzählen. Sie sind kuschelig und warm, denn da kennen wir uns gut aus. Selbst wenn sie negativ sind, fühlen wir uns mit ihnen irgendwie wohl. Er geht mit mir nicht zum Paarworkshop, weil er mich nicht liebt – alles klar, das ist vertraut. Dass es dafür auch eine andere Erklärung geben könnte, schließt man damit aus. Der Mann hat es auch gar nicht leicht, aus dieser Geschichte herauszukommen. Sie wird ihm zugeschrieben, und so ist sie festgeschrieben.

Genau so ist es auch mit Fertigkeiten, die wir uns versagen: Ich kann nun einmal nicht singen. Oder: Ich bin nicht kreativ. Oder: Ich kann mit Zahlen nicht umgehen. Woher nehmen wir diese Gewissheit? Sprache schafft Wirklichkeit – solange wir uns solche Geschichten immer wieder vorsagen, wird es auch nie anders sein!

Ähnlich ist das auch mit Aussagen, die Sie bestimmt schon öfter gehört haben oder vielleicht selbst getätigt haben: „Er ist ganz der Papa", sagt da die Tante, oder „Sie ist ganz nach der Mama". Genauso: Er ist fesch; sie ist so klug; er ist halt ein richtiger Querulant; sie wird nie einen finden. Mag sein, dass die Aussagen einen wahren Teil haben, doch gelten sie ausschließlich? Jeder Mensch hat so viele Seiten, da ist die Klugheit oder die Ähnlichkeit mit einem Elternteil nur ein Aspekt. Wenn wir über unsere Kinder aber so einseitige Geschichten erzählen, schreiben wir ihre Persönlichkeit fest. Wir berauben sie ihrer Vielseitigkeit und ihrer Chance, sich frei weiterzuentwickeln.

Auch Geschichten, die rund um unsere Geburt erzählt werden, beeinflussen uns. Da erwähnt die Mutter beiläufig, dass der Sohn ungeplant war und dass sie damals überlegt hat, ob sie das Kind überhaupt austragen will. Doch sie versäumt, die ganzen Umstände drumherum zu erzählen, die sie an eine Abtreibung denken haben lassen. Sie erzählt auch nicht die weitere Geschichte, nämlich dass sie sich schließlich doch für die Schwangerschaft entschieden und sich auf die Geburt sehr gefreut hat. So bleibt beim Sohn die Geschichte hängen, dass er ein ungewolltes Kind ist. So eine Geschichte mit sich herumzuschleppen, kann ganz gewaltig auf den Selbstwert drücken. Hier nachzufragen, wie es wirklich war, ist daher ganz wichtig. Wenn Sie Eltern sind, dann laden wir Sie ein, gut darauf zu achten, was Sie Ihren Kindern erzählen. So ein emotionales Erbe ist oft ganz schön schwer zu tragen. Doch Geschichten können wir verändern, vor allem jene, die uns belasten oder behindern. Ein Satz wie „Ich hatte eine traurige Kindheit" ist es immer wert, genauer betrachtet zu werden. Wer sich auf die Suche begibt nach Erlebnissen, die diese Geschichte widerlegen, wird bestimmt fündig. In dem Moment, wo wir beginnen, eine neue Geschichte zu kreieren und von einer anderen Seite auf unser Leben zu schauen, verändert sich auch ein Stück in uns. Wir müssen nur diese neue Geschichte öfter erzählen, damit sie gegen die alte ankommt, die sich schon in unser Gehirn eingebrannt hat. Erst, wenn wir sie oft genug erzählt haben, können wir sogar in Stresssituationen auf sie zugreifen.

Unsere Partnerin bzw. unser Partner und auch andere Menschen in unserem Umfeld sind dabei wieder einmal eine gute Hilfe. Die Frau, von der wir vorhin erzählt haben, hat dann tatsächlich mit ihrem Mann an so einem Paarworkshop teilgenommen. „Ich habe mich dabei immer wieder ertappt, wie ich nach Gründen gesucht habe, die meine ursprüngliche Geschichte bestätigen. Wie eine Stecknadel im Heuhaufen habe ich nach Indizien gesucht, warum er nicht gerne mit mir da ist. Mit seiner Hilfe habe ich da endlich herauskönnen. Denn ich habe den Zusammenhang mit meiner Kindheit gefunden und konnte die Geschichte dadurch neu betrachten und Schritt für Schritt auflösen."

Auch bei diversen „Unfähigkeiten", die wir uns selbst zuschreiben, hilft uns sehr oft unser Partner. Auch wenn wir überzeugt sind, nicht kreativ zu sein: Er will uns auf jeden Fall gerne singen hören oder tanzen sehen. Natürlich können Sie sich dagegen wehren und umgekehrt kann Ihr Partner aufhören, Sie immer wieder dazu anzuregen, es doch wieder einmal zu versuchen. Doch lebendige Beziehungen, die sich stets weiterentwickeln möchten, sehen anders aus. Lassen Sie sich besser ein auf diese Unbequemlichkeit. Sie müssen ja nicht gleich im Staatsopernchor singen wollen. Schauen Sie, woher Sie diese Geschichte haben. Wurden Sie in der Schule verspottet? Hat die Tante mit der ausgebildeten Stimme Sie stets zurechtgewiesen, sodass Sie der Mut verlassen hat und Sie beschlossen haben, nie mehr zu singen? Und dann führen Sie sich den neuen Aspekt vor Augen: Ihr Partner, Ihre Partnerin möchte Sie singen hören, weil er bzw. sie Sie als ganzen Menschen wahrnehmen möchte. Lassen Sie sich überreden und mitreißen, neue Aspekte auszuprobieren – es gibt, gerade was kreative Angebote anlangt, ganz viele Möglichkeiten!

Noch eine Anregung möchten wir Ihnen mit auf den Weg geben. Ins Tun zu kommen, neue Wege zu beschreiten, wie wir es gerade ausgeführt haben, ist nicht die einzige Möglichkeit, das Phänomen „Sprache schafft Wirklichkeit" zu bändigen. Verändern Sie auch Ihre Sprache selbst, da steckt der Teufel oft im Detail. Als unsere Tochter Clara im Volksschulalter war, kam sie eines Tages ganz stolz nach Hause. „Papa, ich habe ein Sehr gut in Mathematik!" – „Das ist ja unglaublich!", sagte darauf der stolze Papa. Da schaute Clara betroffen drein. „Papa, wieso glaubst du mir nicht?" So geht es wohl den meisten von uns: Wir verwenden Wörter, über deren eigentliche Bedeutung wir gar nicht nachdenken. „Wahnsinn!", rufen wir da zum Beispiel vor Staunen, oder „Ich freue mich irrsinnig drauf!" Als wären das wünschenswerte Geisteszustände!

Ja, wir müssen schon berücksichtigen, was die Worte bewirken, die wir wählen. Und zwar nicht nur, was sie bei anderen auslösen, sondern auch bei uns selbst. Die Aussage „Ich bemühe mich sehr in meiner Beziehung" hat zweierlei Haken. Erstens: Wollen Sie sich nur bemühen oder wollen Sie es auch schaffen? Zweitens: „Bemühen" hat etwas mit Mühe zu tun, mit Anstrengung. Wo bleibt da die Idee, dass es auch Spaß machen kann, mit der Partnerin etwas Neues auszuprobieren? Die geht bei dieser Wortwahl ganz verloren. „Ich traue mich, etwas Neues zu wagen" wirkt gleich viel aktiver, zuversichtlicher und hat doch viel mehr Leichtigkeit in sich, oder? Entwickeln Sie eine Sprache, die es Ihnen so leicht wie möglich macht, ins Tun zu kommen. Dann wird es auch so leicht wie möglich. Denn Sprache schafft auch ein neues Bild von Ihnen selbst, das Ihnen mehr Perspektiven und mehr Wahlmöglichkeiten bietet!

24. Immer sagst du nie etwas

Über Verallgemeinerungen in der Sprache – immer, nie, alles, nur – und was es mit uns macht.

Er: Wenn ich im Stress bin, bist du immer auf der Flucht und ich bin alleine. Komm bitte sofort her und hilf mir!

Sie: Aber das dauert dann immer so lange. Ich kann nie meine Sachen machen. Alles richtet sich immer nach dir und diesen unendlichen Bürobergen. Und ich darf mich nie wehren.

Er: Das stimmt überhaupt nicht. Schau dich doch an, wie du mich immer alleine lässt, wenn es etwas Wichtiges im Büro zu erledigen gibt. Ein ewiges Aufschieben!

Sie: Und du kommst immer vom Hundertsten ins Tausendste und lässt mich nie meine Sachen tun.

Wenn Sie sich uneinig sind, in egal welcher Sache, und Sie möchten unbedingt einen Streit vom Zaun brechen, dann verwenden Sie in all Ihren Formulierungen Verallgemeinerungen: „Nie tust du", „Immer machst du", „Alles haust du mir um die Ohren", „Es geht nur um dich". Verallgemeinerungen setzen wir meist automatisch dann ein, wenn es bei uns gerade eng wird. Dann schalten wir auf Überlebensmodus[19], weil wir glauben, dass das immer so ist und immer so bleibt. Der Hirnstamm, von dem aus unsere unbewussten Reflexe gesteuert werden, kennt kein Gestern, Heute und Morgen. Da sind wir ein wenig wie Babys, die, wenn sie Hunger haben, auch nicht geduldig darauf warten, bis die Mama fertig telefoniert hat, sondern jetzt sofort ihr Essen einfordern. Was tut die oder

---

19 siehe auch Impuls Nr. 9

der andere, wenn wir mit Verallgemeinerungen daherkommen? Sie oder er reagiert ebenfalls im Überlebensmodus und tut, was sie oder er im Repertoire hat: angreifen, flüchten, unterwerfen oder erstarren.[20] Der Vorwurf „Nie kümmerst du dich um unsere Beziehung" wird uns wie ein Fehdehandschuh hingeworfen und wir nehmen ihn in 95 Prozent der Fälle auf. Wir wollen schließlich differenziert wahrgenommen werden. Es ist doch falsch, dass wir uns „nie" kümmern! Wir waren vielleicht in letzter Zeit nachlässig, doch niemals „nie"! „Das stimmt überhaupt nicht", rufen wir dann empört und werfen den Fehdehandschuh mit einer eigenen Verallgemeinerung wieder zurück. „Du übertreibst immer so!"

Verallgemeinerungen sind Verbündete, wenn es dicke Luft gibt. Da wurde zunächst vieles, was wir nicht besprechen wollten, unter den Teppich gekehrt und müffelt dort vor sich hin. So lange, bis es zu viel ist. Dann hilft uns die Verallgemeinerung, die wir zünden wie eine Zündschnur, und wenige Augenblicke später kommt es zur Explosion. Das mag eine Bereinigung dessen sein, was unter dem Teppich liegt, und erleichternd wirken – doch die Gefahr, dass es eskaliert, ist viel zu groß. Am Ende kommt es zu neuerlichen Verletzungen und Sie haben Mühe mit den zusätzlichen Aufräumarbeiten, für die dann womöglich keiner mehr die Zeit aufbringen will.

So ein „immer" oder „nie" geht recht leicht über die Lippen. Selbst mit bester Absicht drängt es sich in den Vordergrund. Wenn es dann einmal draußen ist und wir bemerken, was wir damit angerichtet haben, haben wir schon viel gewonnen, weil wir dann noch rechtzeitig zurückrudern können: „Es tut mir

---

20 siehe dazu auch Impuls Nr. 9 und 11

leid, ich habe überzogen reagiert. Ich stehe zum Inhalt, auf diese Situation gerade bezogen. Meine Verallgemeinerung ist falsch, das hast du nicht verdient."

Die Szene zu Beginn des Impulses ist aus unserem Leben gegriffen. Da sind wir beide aneinandergeraten, weil unsere alten Monster uns im Stress eingeholt haben: Roland, der es aus seiner Kindheit so gut kennt, allein gelassen zu werden und so vieles alleine stemmen zu müssen, und Sabine, die so oft gehört hat, dass das, was sie tut, nicht genug oder falsch ist und sich deshalb schnell schuldig fühlt, wenn es jemand anderem schlecht geht. Wir hätten besser so miteinander gesprochen: „Sabine, ich habe wieder einmal das Gefühl, dass mir die Arbeit zu viel wird. Kannst du mir bitte im Büro helfen?" – „Ich wollte gerade etwas essen, weil ich großen Hunger habe. Vorschlag: Wir schauen, was du heute zu tun hast, und ich sage dir, was ich übernehmen kann und wo ich denke, dass es noch bis morgen Zeit hat. In einer halben Stunde möchte ich dann bitte etwas essen." Selbst wenn Roland seine zündenden Worte gesagt hätte, hätte Sabine die Eskalation verhindern können: „Stimmt, Roland, ich war schon wieder auf der Flucht. Ich mache dir einen Vorschlag ..."

Zugegeben, dafür braucht es schon ein Maß an Selbstreflexion und Erfahrung, um so differenziert zu kommunizieren. Doch Sie erkennen deutlich, was den großen Unterschied ausmacht: Sich auf die konkrete Situation zu beziehen, verringert die Gefahr einer Eskalation beträchtlich. Oft ist es schon ausreichend, diese Killer-Wörter zu ersetzen: „manchmal" statt immer, „selten" statt nie, „oft" statt dauernd, „vieles" statt alles. Das allein hilft schon ein wenig, dass Sie eine Verbindung zueinander aufrechterhalten können, denn diese Verallgemeinerungen führen im Regelfall dazu, dass Ihre Verbindung abreißt und Sie beide, sich allein fühlend, um Ihr Überleben rangeln.

Eine weitere große Hilfe, um die Verbindung aufrechtzuerhalten, ist das Formulieren in Ich-Botschaften: „Ich ärgere mich gerade, weil du …" statt „Du machst immer …" oder „Ich bin verletzt, weil gestern … passiert ist" oder „Ich bin genervt, weil du mich unterbrochen hast" statt „Immer unterbrichst du mich". Ich-Botschaften vermitteln dem anderen, was sein Verhalten mit mir persönlich macht, und das kann mein Gegenüber viel besser hören.

Wir haben in der Imago-Ausbildung bei unserer Trainerin Hedy Schleifer eine sehr interessante Übung dazu gemacht und wir laden Sie ein, diese auch einmal zu versuchen, weil sie zeigt, dass die Empörung grundsätzlich okay ist. Es sind die Worte, die verletzen und zur Eskalation führen. Sie geht so: Sie bringen Ihren Vorwurf in einer Fantasiesprache, Hedy Schleifer nannte sie „Gibberisch", die sich anhört, als ob Babys brabbeln. Das heißt, Sie haben keine Worte, sondern nur Ihre Stimme und Ihren Körper, um Ihren Vorwurf auszudrücken. Sie brabbeln und erheben erbost Ihren Finger oder gestikulieren wild. Regen Sie sich so richtig lustvoll auf! Die andere Person reagiert genau so, spricht Gibberisch und vermittelt mit Körper und Stimme, dass sie nicht damit einverstanden ist, was da gerade läuft. So machen Sie dem Ärger Luft, ohne dass Porzellan zerschlagen wird, und es kann passieren, dass Sie aus dem Ärger heraus in ein Lachen kommen, weil Sie den Ernst der Situation nicht mehr aufrechterhalten können. Für jene, die im Konflikt dazu neigen, sich zurückzuziehen, ist es gut, dabei zu erfahren, wie die Energie rausgelassen wird. Den Ärger zu schlucken, ist schließlich ungesund. Und für die Hagelstürme unter Ihnen:

Sie können erkennen, dass Sie Auslöser und nicht Schuldiger sind. Mit Ihrer laut gewordenen Empörung sind Sie schon auf dem richtigen Weg, weil Sie einen Missstand aufzeigen.

Was Sie in Zusammenhang mit Ärger und Frustrationen wissen sollten: Frust und Ärger sind Zeichen dafür, dass Sie einander wichtig sind. Wäre es nicht so, würde der Ärger höchstens kurz sein – denken Sie an diverse Situationen im Straßenverkehr beispielsweise: Wir ärgern uns über einen anderen Autofahrer, doch dieser Ärger ist bald wieder weg. Weil Ihnen dieser andere Mensch schlicht egal ist, Sie kennen ihn ja nicht einmal und haben keine Verbindung zu ihm. Zu Ihrer Partnerin, Ihrem Partner jedoch haben Sie sehr wohl eine Verbindung, eine starke noch dazu, und die ist Ihnen wichtig. Ihre Beschwerde (die Sie künftig vielleicht nicht mehr in Verallgemeinerungen ausdrücken müssen) ist letztlich ein Protest dagegen, dass Sie gerade keine Verbindung haben – zu Ihrem Partner nicht und zu sich selbst auch nicht.

Wir alle haben die Aufgabe zu lernen, unsere Bedürfnisse, Verletzungen, Anliegen zu kennen und zu verstehen. Und wir haben die Aufgabe zu lernen, diese in einer Form zum Ausdruck zu bringen, die unser Gegenüber auch wirklich hören und annehmen kann. Auf diese Weise entsteht eine Verbindung und Sie können Ihren Ärger auflösen.

25. Bitte dieses Kapitel vielleicht nicht lesen
Über das Nicht, das Aber und andere Komplikationen in der Sprache und wie wir unsere Kommunikation klarer und verständlicher machen.

Sie: Das hat mich gestern nicht sehr gefreut, dass du so grantig warst, als ich die Morgenzeitung gelesen habe.

Er: Echt? Ich kann mich gar nicht mehr erinnern.

Sie: Bitte, wenn ich in Zukunft die Morgenzeitung lese, nörgle nicht.

Er: Immer redest du vom Nörgeln. Wer nörgelt denn?

Sie: Na du! Aber ich möchte ja, dass du nicht nörgelst.

Er: Warum redest du dann davon?

Warum einfach, wenn es kompliziert auch geht, nicht wahr? Es liegt uns Menschen offenbar im Blut, dass wir in unserer Sprache gern das Wort „nicht" verwenden, was auch verständlich ist: Wir identifizieren, was uns missfällt, und die schnellste Möglichkeit, unser Missfallen auszudrücken, ist, ein Nicht davorzustellen. Und so wollen wir „nicht dick" und „nicht faul" sein und wünschen uns, dass unser Partner „nicht nörgelt" und unsere Partnerin „nicht so viel trinkt".

Das Schwierige an der Negation liegt auch darin, dass das Anliegen, das wir zum Ausdruck bringen wollen, leicht verloren geht. Die Neurowissenschaft und auch Sprachwissenschaftler haben sich damit beschäftigt und sind zur Erkenntnis gekommen: Sätze, die ein „Nicht" enthalten, sind schwerer verständlich. Allerdings sind wir überzeugt: Alles auf dieser Welt hat einen Sinn, und so auch das Wörtchen „nicht". Wir sollten es deshalb auch in unserem Wortschatz behalten. Worum es uns geht, ist jedoch ein sorgsamer Umgang damit, und das erfordert, dass wir verstehen, welche Wirkung es auf uns hat. Unser Gehirn muss bei einer Negation um die Ecke denken, und das braucht ein bisschen mehr Zeit. Die beiden österreichischen Kabarettisten Michael Niavarani und Otto Schenk haben es ganz wunderbar auf die Spitze getrieben: „Wenn es dir nicht schlecht geht, geht es dir nicht gut" haben sie in einer Doppelconference gemeint und dann eine Zeit lang geschwiegen, um zu verstehen, was sie gerade gesagt haben. Denn wenn es einem „nicht schlecht" geht, meint er eigentlich, dass es ihm gut geht – und für einen typischen Wiener kann das nicht gut sein, weil er sonst ja nichts zu jammern hat. Schwierig, schwierig!

Die Herausforderung beim „Nicht" liegt in zweierlei Richtungen. Erstens bestätigen uns die Neurowissenschaftler, dass das Wörtchen „nicht" im Gehirn schwächer wahrgenommen wird und wir länger brauchen, um den Inhalt zu decodieren. Aus diesem Grund hört unser Mann in der Einstiegsszene auch hauptsächlich „nörgeln" und greift es auf – mit dem Effekt, dass dann erst recht genau über das gesprochen wird, was eigentlich vermieden werden soll.

Zweitens ist der Empfänger solcher Aufforderungen gefordert zu entschlüsseln, was stattdessen zu tun wäre. „Nicht nörgeln" heißt genau was? Was ist das Gegenteil von Nörgeln? Lieb sein? Schweigen? Etwas Nettes sagen? Wobei dann immer noch unklar ist, ob das im Sinne der Frau ist! Sehr viel besser wäre es also, die Frau würde von vornherein klar formulieren: „Schatz, wenn ich am Morgen die Zeitung lese, wünsche ich mir, dass du dich in der Zeit mit dir selbst beschäftigst und mich in Ruhe lesen lässt."

Sie merken vielleicht gerade, dass die positive Formulierung oft länger ist als jene mit „nicht". Ja, und dazu kommt noch: Wir müssen auch noch ganz konkret nachdenken, was wir ausdrücken wollen, weil die Negativformulierung viel zu vage ist. In unserem Beispiel geht es also auch darum, sich selbst klar zu sein, was man sich stattdessen wünscht. Und es lohnt sich. Denn nicht nur Ihr Gegenüber hat dann ein klares Bild, wohin die Reise gehen soll. Sie schaffen dieses klare Bild auch für sich selbst! Stellen Sie sich beispielsweise eine junge Frau vor, die gerade die Schule abgeschlossen hat. Auf die Frage nach ihren Berufsvorstellungen sagt sie: „Keine Ahnung, was ich arbeiten möchte. Ich weiß nur, dass ich nicht Sekretärin werden will." Was meinen Sie, wird sie wohl werden? Die Wahrscheinlichkeit ist groß, dass sie Sekretärin wird. Warum? Weil es den Beruf „Nicht-Sekretärin" nun einmal nicht gibt. Es fehlen die konkreten, positiven Berufsbilder, die sie anstreben könnte.

Aus einem ähnlichen Grund ist es auch gut, wenn Sie Erfolgserlebnisse positiv formulieren. Wenn ein Paar nach einigen Therapiestunden zu uns sagt „Es war in letzter Zeit viel besser, wir haben nicht gestritten und uns nicht mehr beschimpft", dann ist zwar klar, dass etwas besser wurde. Doch es gehen die Kraft, die Wirkung der guten, angenehmen Gefühle, der Stolz und die Freude verloren, weil die Aussage sich auf ein Defizit bezieht und nicht auf das, was gelungen ist. „Wir freuen uns über die guten Gespräche und darüber, dass wir viele schöne Stunden und Spaß hatten" klingt gleich komplett anders. Der Satz ist völlig frei von „Altlasten" und beschreibt, was gut gelungen ist. Da ist es ganz leicht, sich über das Gelingen zu freuen!

Besonders wirksam ist eine positive Formulierung, wenn Sie sich Wertschätzung und Anerkennung geben. Wenn Sie sagen „Mir hat es so gutgetan, dass du gestern nicht zu spät gekommen bist", so schwingt der frühere Vorwurf des Zuspätkommens trotz der gutgemeinten Wertschätzung immer noch mit. Ihr Gegenüber wird dementsprechend auch verstehen, dass er oder sie „normalerweise" zu spät kommt. Viel besser ist, wenn Sie sagen: „Mir hat es so gutgetan, dass du gestern wie vereinbart um 18 Uhr zu Hause warst." Und wenn Sie Ihre Freude noch näher beschreiben können, dann wirkt die Wertschätzung noch besser: „Du hast mit den Kindern noch ein bisschen plaudern können, bevor wir uns zum Abendessen an den Tisch gesetzt haben. Das hat meiner Seele richtig gutgetan." Oder wenn beispielsweise er sagt: „Mir hat es so gutgetan, dass du vergangenes Wochenende nicht zu deinen Eltern gefahren bist." Was wird die Partnerin hauptsächlich hören? Dass es ihm zu viel ist, wenn sie so oft bei den Eltern ist, und sie wird gleich wieder an ihre Eltern denken und vielleicht ein schlechtes Gewissen obendrein bekommen, weil sie das Gefühl hat, sich zu wenig um ihre alten Eltern zu kümmern. So geht der Kontakt zwischen den beiden, der durch die Wertschätzung aufgebaut werden wollte, gleich wieder verloren. Besser wäre, er würde sagen: „Es war so schön, dass du dieses Wochenende mit uns verbracht hast. Ich weiß, du tust viel, um deine Eltern zu unterstützen, und ich schätze das sehr. Und ich freue mich, dass du dich dieses Wochenende für uns entschieden hast und wir diesen schönen Ausflug machen konnten."

Speziell in Sachen Wertschätzung gibt es übrigens noch einen kleinen Bruder des „Nicht": das „Aber". Sprachwissenschaftlich wird das „Aber" eingesetzt, um einer Aussage etwas entgegenzustellen. „Hart, aber herzlich" bedeutet, dass jemand doch nicht so hart ist. Wenn Sie das nun auf Wertschätzungen übertragen, ist das Prinzip dasselbe. „Danke, dass du die Küche aufgeräumt hast. Aber gestern hast du leider wieder einmal deine Socken im Vorzimmer liegen lassen." Der zweite Satz schwächt den Erfolg, der im ersten Satz steckt, gleich wieder ab und beim anderen bleibt hängen, dass er schon wieder nicht gut genug war.

Dieses „Aber" kommt uns sehr leicht und schnell über die Lippen und es braucht schon einige Übung, um es sich abzugewöhnen. Versuchen Sie einmal, die „Aber" in Ihrer Sprache weitgehend durch ein „Und" zu ersetzen – Sie werden sehen, welch großen Unterschied das macht! Statt „Wir sind als Paar sehr verbunden, aber wir vergessen oft auf exklusive Zeit füreinander" sagen Sie „Wir sind als Paar sehr verbunden und es wird uns gelingen, öfter exklusive Zeit miteinander zu planen". Merken Sie den Unterschied?

Wir hören manchmal in unserer Praxis, dass den Menschen das viel zu weichgespült ist. Was wir jedoch noch schlimmer finden, ist, wenn Paare sich in Floskeln ergehen, um nur ja nicht konkret sagen zu müssen, worum es eigentlich geht? „Hast du unseren Urlaubstermin mit deiner Chefin schon geklärt?" – „Im Grunde ja." – „Was soll das heißen?" – „Ach, am Ende des Tages wird sich schon eine Lösung ergeben." Da stellt eine Partnerin eine einfache Frage und bekommt nur Bla-bla-bla als Antwort!

Vermutlich versteckt der andere sich hinter diesen Floskeln, beispielsweise weil er ein Versäumnis verschweigen will. Doch meist ist es dann so, dass wir mit solchen Ausweichmanövern erst recht festgenagelt werden. Man kann es der Partnerin nicht verübeln: Wer will sich schon mit solchen Floskeln abspeisen lassen? Hätte er gleich gesagt „Schatz, ich gebe zu, ich habe es nicht über die Lippen gebracht. Ich hatte Angst, die Chefin könne Nein sagen. Ich werde gleich morgen einen neuen Anlauf nehmen", wäre für die Partnerin alles klar und sie könnten das Thema wechseln.

Achten Sie in Zukunft öfter darauf, was Sie wie sagen. Das Spiegeln[21] ist übrigens eine wunderbare Möglichkeit, diversen Nicht, Aber und nichtssagenden Floskeln auf die Spur zu kommen, weil Sie sich dabei quasi selbst zuhören können. Probieren Sie es aus!

---

21 Darüber finden Sie Informationen in Impuls Nr. 20

26. Schreiben ist magisch, Schreiben ist grausam

Schriftliche Kommunikation ist Segen und Fluch zugleich. Es gibt Dinge, die sollten wir besser im Augenkontakt mit unserer Partnerin besprechen.

Sie: Ist das Essen schon fertig?

Er: Ich bin doch selbst erst gerade nach Hause gekommen. Was glaubst du denn?

Sie: Oh, ich habe mich schon gefreut, von dir verwöhnt zu werden.

Er: Geht's noch? Was glaubst du eigentlich? Tauchst auf und glaubst, dass alle springen?

Sie: Wie bist du denn drauf?

Es entwickelt sich ein handfester Streit, bis es ihr reicht und sie die Haustür hinter sich zuknallt. In einem Café ein paar Straßen weiter schreibt sie wutentbrannt ein Mail an ihn und schickt es ab. Dann macht sie einen langen Spaziergang, der sie beruhigt und erdet. Spätabends kommt sie heim, kuschelt sich an ihren schon schlafenden Mann und schläft schnell ein. Am nächsten Morgen will sie ihren Mann am Frühstückstisch küssen.

Er (weicht entrüstet aus): Sag, was soll das? Ich hab gerade dein E-Mail gelesen. Willst du jetzt die Scheidung, oder wie?

Sie: Was? Welches E-Mail?! (Hält kurz inne.) Oh! Oje, bitte nimm das nicht so ernst.

Er: Nicht so ernst nehmen? All diese Anschuldigungen? Du stellst die letzten zehn Jahre unserer Beziehung infrage! Ich hab das dreimal lesen müssen, weil ich es nicht glauben konnte! Ich bin total verletzt. Wie ein Giftpfeil hat mich dein Schreiben getroffen!

Sie: Ach, komm, jetzt übertreib nicht. Ich wollte ja nur meinen Zorn loswerden.

Wir lernen von klein auf Schreiben und Lesen. Was wir dabei nicht lernen, ist die Psychologie, die in der Schriftlichkeit steckt: wie ein geschriebener Text auf Lesende wirkt etwa, weil im Vergleich zum persönlichen Reden vieles allein durch Worte nicht ausgedrückt werden kann. Denken Sie nur an die Intonation beim Sprechen oder die Mimik und Gestik, die beim Reden dem Gesagten erst die richtige Richtung geben. Ob das Gemeinte auch wirklich rüberkommt, kann zumindest zum Großteil durch unmittelbares Feedback des Gegenübers geprüft werden. Beim Schreiben haben wir kein Gegenüber, aus dessen Verhalten oder Worten wir Rückschlüsse ziehen können, ob wir uns klar ausgedrückt haben. Dazu kommt, dass in der Schriftsprache anders mit Worten und Formulierungen umgegangen werden muss als beim Sprechen.

Gleichzeitig erweist uns das Schreiben viele Dienste. Es hilft uns beispielsweise, Klarheit zu bekommen, wenn wir unseren Ärger sortieren wollen. Es ermöglicht uns, Dinge zu notieren, damit wir dran denken, etwas zu tun. Es wirkt manchmal stärker als Gesagtes in dem Sinn, als wir Geschriebenem meist großes Gewicht geben. „Hier steht es schwarz auf weiß", sagen wir, um die Bedeutung zu betonen. Denken Sie nur an Liebesbriefe, noch dazu, wenn sie handgeschrieben sind! Solche Briefe drücken wir an unser Herz und heben sie ein Leben lang auf. Und wenn Sie morgens verschlafen ins Badezimmer tapsen und auf dem Spiegel ein Post-it Ihres Liebsten finden mit den Worten „Ich liebe dich", so werden Sie vielleicht den ganzen Tag voll Freude immer wieder daran denken.

Eben weil geschriebene Worte so viel Gewicht haben, können sie umgekehrt zu einer schlimmen Waffe mutieren. Beziehungen in Schriftform zu klären, das wird kaum gelingen. Das gilt nicht nur für die Liebe, auch im Beruf mit Kollegen und Kundinnen und auch unter Freunden ist es wesentlich hilfreicher, wenn Sie Beziehungsfragen persönlich oder zumindest telefonisch besprechen.

Das liegt zum einen daran, dass wir unsere Wut, Verzweiflung oder gar unseren Hass viel eher ungefiltert zum Ausdruck bringen, wenn wir unserem Gegenüber nicht in die Augen schauen. Wenn wir miteinander reden, haben wir eine Verbindung durch die physische Anwesenheit und den Augenkontakt. Beim Schreiben haben wir bloß eine Verbindung zu einer Vorstellung von unserem Partner oder unserer Partnerin, die nicht nur im Ärger verzerrt ist.

Zum anderen sparen wir beim Schreiben mit den Worten oft an der falschen Stelle oder wir formulieren mehrdeutig, sodass wir dem Empfänger unseres Textes viel mehr Interpretationsspielraum überlassen und er somit viel mehr Spekulationsfläche hat. Das führt nur zu noch mehr Missverständnissen und kann den Konflikt weiter aufheizen. Durch den fehlenden Augenkontakt blühen die Projektionen auf, durch die wir unsere Partner und Partnerinnen zu richtigen Monstern machen. Wir steigern uns hinein und haben das Gefühl, dass wir uns gegen diese Monster wehren müssen.

Zum Dritten hat die Schriftlichkeit auch noch eine zeitliche Dimension. Der Zeitpunkt, an dem die eine schreibt, und der Zeitpunkt, an dem der andere liest, kann weit auseinanderliegen und es kann dazwischen viel passiert sein. Wie in unserer Szene zu Beginn des Impulses: Zwischen ihrem Schreiben und seinem Lesen hat sie sich durch einen Spaziergang abgeregt und war sogar so weit besänftigt, dass sie sich in der Nacht an ihn gekuschelt hat. Auch er hat sich in der Zwischenzeit bestimmt weitere Gedanken gemacht. Und dann, am nächsten Morgen, wird er konfrontiert mit Worten, die bereits viele Stunden alt sind und gar nicht mehr die Gültigkeit haben, die sie zum Zeitpunkt des Schreibens hatten.

In Wien gibt es einen Spruch, der heißt: „Red's in a Sackl und stell's vor die Tür." Auf Hochdeutsch: Sprich es in eine Tasche und stelle sie vor die Tür. Man könnte in unserem Fall auch sagen „… und horch's dir später an", das wäre in jedem Fall ein guter Rat. Es ist schon gut, wenn Sie sich die Dinge von der Seele schreiben. Das schafft Ordnung im Gehirn und ist erleichternd. Doch sollte das kein Text sein, den jemand anderer zu lesen bekommt. Schreiben Sie Ihre Gedanken lieber in Ihr Tagebuch!

Wir beobachten in unserer Praxis oft, dass Paare in der Krise die Eskalationsschraube nur noch verstärken, wenn sie schriftlich kommunizieren. Krisen sind gekennzeichnet durch ein hohes Level an Emotionen, und Emotionen so in einen Text zu verpacken, dass sie genau so ankommen, wie sie gemeint sind, ist im Alltagsgebrauch kaum möglich. Emotionen brauchen den direkten Austausch mit Augenkontakt. Die Hirnforschung liefert uns viele Belege für die positive Wirkung, wenn zwei Menschen einander beim Kommunizieren in die Augen schauen. Darauf zu verzichten, wäre reine Ressourcenvergeudung!

Wenn wir im Internet ein Foto löschen wollen, poppt oft ein Fenster auf mit dem Text: „Wollen Sie es wirklich löschen?" Erst wenn man noch einmal auf Löschen gedrückt hat, ist es weg. Schade, dass die Entwickler von Mailprogrammen und WhatsApp nicht auch daran gedacht haben, vor dem Absenden von Nachrichten ein Fenster aufpoppen zu lassen. „Wollen Sie sie wirklich senden?" Und dann am besten gleich noch einmal:

„Wenn Sie diese Nachricht absenden, kann das weitreichende Folgen für Ihre Beziehung haben." Wenn Sie schon den Impuls hatten, Ihrer Liebsten eine Nachricht zu senden, dann lassen Sie diese Nachricht wenigstens über Nacht im Entwurf-Ordner liegen und lesen Sie sie dann noch einmal gründlich, wenn Ihr Ärger abgeklungen ist. Könnte sein, dass Sie sie dann doch löschen und sich lieber persönlich treffen. Eine gute Idee wäre das in jedem Fall!

27. Schubladendenken
Über die menschliche Tendenz, sich das Leben und Denken zu vereinfachen.

Sie (ruft einen Psychotherapeuten an): Guten Tag, ich habe gehört, Sie begleiten auch Männer in einer Einzeltherapie?

Therapeut: Ja, das stimmt.

Sie: Dann möchte ich bitte einen Termin für meinen Mann ausmachen. Ich bin nämlich schon länger in Einzeltherapie und meine Therapeutin hat gemeint, dass mein Mann eine narzisstische Persönlichkeitsstörung hat. Ist ja dann kein Wunder, dass wir Probleme haben. Wann haben Sie denn einen Termin frei?

Therapeut: Wie ist denn meine Kollegin zu dieser Beurteilung gekommen?

Sie: Naja, wir besprechen hauptsächlich meine Eheprobleme, und da haben wir sein Verhalten analysiert und sind zu dieser Diagnose gekommen.

Therapeut: Haben Sie schon in Betracht gezogen, eine Paartherapie zu machen? Da könnte ich Ihnen jemanden empfehlen.

Sie: Aber wenn er eine Störung hat, warum sollen wir dann gemeinsam etwas machen?

Schubladendenken ist eine praktische Sache. Es reduziert die uns oft überfordernde Komplexität und man hat das Gefühl, schnell einer Lösung näherzukommen. Und so halten wir die Tradition aufrecht und teilen Menschen gern ein in Täter und Opfer, Schuldige und Nichtschuldige, Kranke und Gesunde. Täter müssen sich verändern, Opfer nicht. Schuldige müssen büßen, Nichtschuldige werden entschädigt. Kranke brauchen eine Therapie, Gesunde nicht.

Doch wir können noch so viele Schubladen bedienen, die Welt wird weiterhin komplex bleiben, insbesondere auch die Beziehung zwischen zwei Menschen. Das betrifft uns Psychotherapeutinnen und Paartherapeuten natürlich auch. Wenn zwei Menschen ein Problem miteinander haben, ist es meistens nur einer der beiden, der an eine Therapie denkt, während der andere sich dagegen wehrt. Was passiert? Der eine geht in Einzeltherapie. Einzeltherapie kann für die Person unterstützend und stabilisierend sein und es ist auf jeden Fall eine gute Idee, wenn der Partner sich weigert mitzumachen. Der Nachteil daran ist jedoch, dass dabei das Paarproblem nur einseitig beleuchtet werden kann. Auch wir haben früher Einzeltherapie angeboten, doch wir hatten bald das Gefühl, dass bei Paarproblemen Energie aufgewendet wird, die der Beziehung abgezogen wird. Eine Klientin brachte es einmal gut auf den Punkt: „Frau Bösel, ich glaube, ich habe mit Ihnen eine vertrautere Beziehung als mit meinem Mann. Es ist, als hätte ich mit Ihnen eine Affäre. Wenn ich nach Hause komme, habe ich eigentlich schon alles besprochen. Ich weiß nicht, was ich mit meinem Mann noch reden soll!" Die Entwicklung, die die Einzeltherapie in Gang setzt, passiert also bei einer Person und nicht im Paarzwischenraum. Wir haben uns schließlich dafür entschieden, gar keine Einzeltherapie mehr anzubieten und nur noch Paare gemeinsam oder überhaupt Paare in Gruppen zu begleiten. Denn diese Schieflage wollten wir nicht weiter nähren.

Ob eine Beziehung gelingt oder nicht, diese Verantwortung kann niemals auf den Schultern von nur einer Person lasten. Bei Kindern ist das anders, Kinder kann man nicht einfach auf einer belebten Straße Ball spielen lassen und sagen: Ist nicht meine Verantwortung, wenn etwas passiert, die müssen selber aufpassen. Doch wenn zwei Erwachsene sich begegnen, ist es die Verantwortung von beiden, ob diese Begegnung gelingt, und zwar zu gleichen Teilen. Wobei wir hier klarstellen müssen: Wenn einer den anderen schlägt, kann der, der schlägt, nicht sagen: Ist auch seine oder ihre Schuld, dass ich schlage. Gewalt, das möchten wir hier klarstellen, ist in jeglicher Form abzulehnen. In diesem Fall haben beide die volle Verantwortung, einen Gewaltimpuls zu managen und dafür zu sorgen, dass sich die Wut anders entladen kann, jedenfalls nicht in Form von Gewalt. Es lohnt sich zu analysieren, was in der Paarbeziehung passiert ist, dass es so weit kommen konnte. Dafür braucht es beide zu gleichen Teilen, um dieses Thema gut lösen zu können und diese Gewaltimpulse klar und deutlich zu stoppen. In diesem Fall kann auch eine Trennung sinnvoll sein, vor allem, wenn die Gewaltspirale nicht mehr zu unterbinden ist.

Mit der gleich verteilten Verantwortung entsteht auch eine Erleichterung, das haben wir bei den über 3000 Paaren, die wir bisher begleitet haben, immer wieder beobachten können. Denn damit können wir alle aufhören, Schuldige festzumachen. Auch wir haben in unserer Beziehung über viele Jahre versucht, einander zu beweisen, dass der bzw. die andere Schuld hat. Heute wissen wir: Wenn wir die Energie, die wir dafür aufgebracht haben, gleich in unsere Beziehungsentwicklung gesteckt hätten, hätten wir unsere Krisen viel früher bewältigen können.

Wenn ich sagen kann „Ich trage zu 50 Prozent die Verantwortung für unsere Beziehung und du auch", dann entsteht eine reife Erwachsenheit und wir können uns auf Augenhöhe begegnen. In dem Moment, wo ich sage „Ich bin schuld, weil ich eine Affäre habe" oder der andere sagt „Klar, du bist schuld, du bist schließlich fremdgegangen", bekommt die Beziehung eine Schieflage. Schieflagen lösen Konflikte nie auf. Erst wenn beide bereit sind, ihren Anteil an der Misere zu sehen, und beide Verantwortung übernehmen, können sie erkennen, was dazu geführt hat, dass eine Person eine Affäre begonnen hat. Die Frage bei Affären ist nicht, wer schuld ist, sondern: Was fehlt in der Beziehung, sodass es soweit kommen konnte. Und es ist ausschließlich auf Augenhöhe möglich, solche Krisen konstruktiv zu lösen. Wenn ein Unrecht passiert ist, kann man dann um Verzeihung bitten[22] – und es braucht genauso die Begegnung auf Augenhöhe, um vergeben zu können.[23]

Jegliche Art von Schubladendenken führt oft zu einer Schieflage, nicht nur, wenn es um Schuldzuweisungen und Täter-Opfer-Benennungen geht. Auch Diagnosen erleben wir in Beziehungen oft als schwierig – das Beispiel zu Beginn dieses Impulses zeigt schon ein Stück weit, was das Problem ist. Damit Sie uns richtig verstehen: Diagnosen sind in unserem Gesellschaftssystem berechtigt und notwendig. Sie schaffen Erleichterung, weil dann klar ist, wie man psychologisch, psychotherapeutisch oder medizinisch eingreifen und heilen kann. Für die Paartherapie ist eine Diagnose allerdings gefährlich, weil sie wie etwas Festgeschriebenes zwischen den Paaren klebt und ein dynamisches Weiterentwickeln behindert. Denn da wird sie regelmäßig als Munition verwendet, um sie gegen den Schuldigen abzuschießen: „Du bist schuld an unseren Konflikten, weil mit deiner Depression raubst du einem ja jegliche Lebensfreude."

22 siehe Impuls Nr. 39
23 siehe Impuls Nr. 40

Wir lernten vor einigen Jahren viel von einem Paar, bei dem ein Psychiater beim Mann eine Borderline-Störung diagnostiziert hatte. In der Paartherapie kamen immer wieder die Worte auf: „Dann hat er wieder diese Zustände." Gemeint war seine Borderline-Störung, die sich durch starke Anspannung, Selbstbeschuldigungen bis hin zu selbstzerstörerischem Verhalten zeigt. Irgendwann hatten sie dann den Eindruck, als wäre diese Störung wie eine dritte Person in ihrer Beziehung. Somit wurde die Störung so etwas wie ein Ablenkungsmanöver von den eigentlichen Themen, die hinter ihren Konflikten standen. Borderline war quasi für alles verantwortlich. Sollte Ihnen oder Ihrem Partner also jemand eine Diagnose verpassen, dann seien Sie bitte auf der Hut! Es ist unwürdig, einen Menschen auf eine Diagnose zu reduzieren. Wenn Sie eine Gallenblasenoperation haben, sind Sie nicht die Gallenblase, sondern ein ganzer Mensch, der gerade ein Problem mit seiner Gallenblase hat. So ist das auch bei psychischen Erkrankungen. Auch Menschen mit Borderline haben viele verschiede Seiten!

Übernehmen Sie also Verantwortung und seien Sie sich bewusst, dass Sie beide je 50 Prozent zum Gelingen Ihrer Beziehung beitragen. Im Wort „Verantwortung" steckt auch die „Antwort", das bedeutet, Sie sind beide dafür verantwortlich, Antworten zu finden: Warum verhalte ich mich manchmal so? Warum verhältst du dich manchmal so? Wie ist die Wechselwirkung zwischen uns beiden, also unser Beziehungstanz aufgebaut? Als Paar haben Sie einen gemeinsamen Umgang mit den Herausforderungen zu finden, die Ihnen das Leben ans Ufer spült.

Wenn's im Bett nicht so gut läuft

So schön und doch so konfliktär: was im Bett läuft oder auch nicht. Sehr selten liegt es am Nichtbeherrschen des Kamasutras. Was es braucht, um ein befriedigendes Sexualleben zu haben.

28. Ein Brief an die Frauen

Ein Plädoyer für Weiterentwicklung in unserer Weiblichkeit und Größe, unserem Menschsein und unserer Lust und Freude.

Sie und er haben einen wunderbaren Abend in einem feinen Restaurant. Kulinarische Geschmacksexplosionen, ein Gläschen Prosecco und ein anregendes, liebevolles Gespräch.

Er: Wie war dein erstes Vorstandsmeeting heute?

Sie: Super! Endlich bin ich in einem Unternehmen gelandet, in dem wir Frauen wirklich gleichberechtigt sind. Ich habe die Verantwortung für ein ganz tolles Projekt bekommen.

Er: Gratuliere! Ich bin stolz auf dich. – Ah, da kommt schon wieder so ein Rosenverkäufer. Aber die kaufe ich nicht, du bist ja eine emanzipierte Frau. Womöglich hältst du mich dann für einen altmodischen Galan.

Gegen Mitternacht kommen sie heim. Sie geht zum CD-Regal, sucht eine Weile und findet eine CD. „Für dich soll's rote Rosen regnen …", singt Hildegard Knefs rauchige Stimme.

Er (umarmt sie von hinten und küsst sie am Hals): Hätte ich dir doch Rosen kaufen sollen, oder ist das nur Zufall, dass du dieses Lied spielst?

Sie (dreht sich zu ihm um, legt ihre Arme um seinen Hals und schmiegt sich an ihn): Ach, Blödsinn. Ich will keine Rosen! Ich will lieber einen Mann … jetzt gleich!

Und während sie ineinander verschlungen den Weg zur Schlafzimmertür finden, fällt ihr Blick auf die leere Vase, in die sie gerne ein paar frische Rosen gestellt hätte.

Liebe Frau, ich – Sabine Bösel – schreibe diesen Impuls als heterosexuelle, emanzipierte Frau mit meiner individuellen Geschichte im Hintergrund und mit meinen Erfahrungen und Beobachtungen, die ich in den vielen Jahren meiner psychotherapeutischen Tätigkeit sammeln konnte. Auch wenn ich heterosexuell bin, möchte ich alle ansprechen, die homosexuell oder auch bisexuell sind, denn ich glaube, dass vielleicht nicht alles, aber doch vieles unabhängig von sexuellen Neigungen gilt.

Wenn es um Sexualität geht, gibt es ein paar Themen, die fast immer eine Rolle spielen. Allen voran steht die Frage nach dem Selbstbewusstsein, doch auch die Emanzipation spielt uns manchmal einen Streich, die Art, wie wir mit uns selbst umgehen, die Tagesverfassung und eine Reihe von vorgefassten Meinungen, mit denen wir uns nur unnötig einschränken. Doch der Reihe nach.

Selbstbewusstsein ist das Um und Auf für die Begegnung mit meinem Sexualpartner. Denn wenn du dein Selbstbewusstsein stärkst, verstärkt sich auch deine Lust und deine Sexualität. Oft kommen Paare zu uns, die an der Technik ihrer Sexualität etwas ändern wollen – ich bin da immer sehr vorsichtig. Eine befriedigende, lustvolle Sexualität braucht weniger Technik, sondern vor allem viel Sicherheit. Die solltest du gemeinsam mit deinem Partner in der Beziehung aufbauen – und du kannst auch ganz alleine dazu beitragen, indem du deine Selbstsicherheit erhöhst. Dazu gehört, dass du dir bewusst bist, eine Frau mit Geschichte zu sein, die dich zu der Persönlichkeit gemacht hat, die du heute bist. Auch wenn in unserer Sozialisation nicht alles gut gelaufen sein mag und wir so nicht genug Selbstvertrauen aufbauen konnten: Wir alle haben immer die Wahl, ob wir uns als Opfer unserer Vergangenheit sehen wollen oder als aktive Gestalterin unserer Gegenwart. Reflektiere, was in deinem Leben dazu geführt haben könnte, dass du wenig selbstbewusst durchs Leben gehst: Welche Situationen fallen dir dazu ein? Vielleicht hat dein Vater deine Mutter oft abgewertet. Vielleicht hast du erlebt, dass nach jedem Essen die Männer sich zu „wichtigen" Gesprächen zurückgezogen haben, während die Frauen die Küche geputzt haben. So ist bei dir möglicherweise der Eindruck entstanden, dass Männer gescheiter und wichtiger sind und Frauen die dienende Rolle haben.

Und dann ist es natürlich spannend, darauf zu schauen, was du damals unbewusst beschlossen hast. Vielleicht bist du deiner Mutter gegenüber loyal und übernimmst dieselbe abgewertete Rolle. Wie mag da dein Frausein zum Glänzen kommen, wenn du dich minderwertig fühlst? Oder du hast beschlossen, dagegen zu rebellieren, indem du dich im Zuge der Emanzipation als Frau über die Männer stellst. Wie mag es da mit deiner Sexualität aussehen, wo es dabei doch darum geht, dich fallen zu lassen und ihm zu vertrauen? Ist das nicht ein Widerspruch? Welche Vergangenheit auch immer dich geprägt hat: Zu reflektieren, woher du kommst und zu verstehen, wie du zu einer Frau mit diesem Maß an Selbstbewusstsein geworden bist, eröffnet dir Spielräume, die gerade in der Sexualität tiefe Wirkungen erzeugen können.

Sich im eigenen Körper wohlzufühlen und ihn lieb zu haben ist eine weitere wichtige Säule guter Sexualität. Ich selbst dachte ja lange Zeit, dass mein Mann Roland schon wissen müsse, wie ich zu befriedigen bin. Bis ich erkennen musste, dass ich meinen Körper selbst nicht kenne. Uns werden in unserer Erziehung so viele Tabus, Fehlinformationen, seltsame Geschichten und rigide Meinungen im Zusammenhang mit unserem Körper mitgegeben, ganz besonders uns Frauen. Unsere Sexualorgane durften nicht einmal einen Namen haben. Die

Vagina schön zu finden, sie zu erforschen und herauszufinden, wie wir uns selbst befriedigen können – das war vor noch gar nicht allzu langer Zeit absolut verpönt. Doch wie sollen unsere Sexualpartner unseren Körper lieben, achten und erforschen, wenn wir selbst nicht dazu bereit sind?

Genauso fatal ist es, wenn wir unseren Körper so furchtbar kritisch betrachten. Der Busen zu flach, der Po zu dick, die Haut zu faltig ... insgesamt zu groß oder zu klein, meistens zu dick, manchmal auch zu dünn. Diese strenge Selbstkritik wird von zweierlei Kanälen genährt: zum einen von der eigenen Erziehung, zum anderen von den ständigen Vergleichen mit anderen, gerne auch über diverse Frauenzeitschriften und die Werbung, die uns straffe Haut und knackige Pos vorgaukelt, wo sie oft gar nicht vorhanden sind.

Eines meiner Lieblingsplädoyers ist: Vergleiche dich nicht mit anderen Frauen! Und, was oft noch ein strengeres Regime erzeugt: Vergleiche dich nicht mit der Frau, die du vor zehn, zwanzig oder dreißig Jahren warst! Da sitzt uns oft eine grausame schwarze Hexe im Nacken, die raunt: Hättest du bloß mehr Sport getrieben, wäre deine Haut nicht so schlapp. Hättest du dich bloß besser ernährt, wärst du jetzt schlank. Hinterfrage doch einmal, wie du zu dieser groben Kritik über dich selbst gekommen bist. Welche Stimmen aus deiner Kindheit tauchen da auf?[24]

Entdecke lieber das Wunder deines eigenen Frau-Seins. Wertschätze dich als Frau mit allem, was dazugehört. Ist unser Körper nicht ein Wunder der Natur? Unser Körper hat das Potenzial, Leben zu schenken, ein Kind zu stillen. Deine Beine

---

24 siehe auch Impuls Nr. 5

tragen dich Jahr für Jahr über 250 Kilometer weit und deine Haut produziert jährlich 160 Liter Schweiß, um deine Körpertemperatur zu regulieren – das ist doch viel wundersamer als die Frage, ob deine Beine lang genug sind und die Haut glatt genug, um dem Modediktat zu entsprechen.

Die Männer sehen unsere „Makel" übrigens fast immer anders, das kann ich dir aus mehreren Jahrzehnten Paarbegleitung berichten. Trotzdem sind wir sehr hartnäckig in unserem strengen Selbsturteil. „Ich liebe deinen schönen Busen" wird dann abgewürgt mit „Der ist doch viel zu klein" oder „Und was ist mit diesen Falten hier?" oder „Ach, das sagst du nur so".[25] Solche Antworten kommen einer Abwertung seiner Wahrnehmung gleich, und selbst werten wir uns auch gleich damit ab. Diverse Umbauarbeiten am Körper bringen der Beziehung selten etwas. Ich sage das mit vollem Respekt für alle, die sich in diesem Gewerbe engagieren und ihr Geld damit verdienen. Daher, liebe Frau, bevor du an dir herumschnippeln lässt, sprich mit deinem Partner oder deiner Partnerin darüber. Arbeitet gemeinsam lieber an der Akzeptanz dessen, was euch die Natur geschenkt hat. Oft genug steht die Unzufriedenheit mit einem Körperteil für etwas ganz anderes in der Beziehung. Ich erinnere mich an eine Frau, die unglücklich darüber war, weil sie einen so fülligen Hintern hat. Sie hat sich einen Mann ausgesucht, der von ihrem Po restlos begeistert war und es sich sogar immer wieder wünscht, dass sie enge Hosen anzieht, damit ihr „knackiger Hintern" so richtig schön zur Geltung kommt, wie er sagt. Trotzdem war sie unglücklich und versuchte ver-

---

25 Über das Annehmen von Wertschätzung kannst du in Impuls Nr. 47 mehr erfahren!

zweifelt, mit Sport und Ernährung ihren Hintern schmäler zu bekommen. In der Paartherapie erzählte sie dann von ihrem Vater, der ständig sexistische und verletzende Bemerkungen über ihren „Pferdehintern" machte. Diese alten Botschaften haben so tiefe Wunden hinterlassen, dass die liebevollen Beteuerungen ihres Mannes nicht ankommen konnten. An diesem Beispiel erkennt man schön: Es ist diese sexistische Abwertung, die ihr so zu schaffen macht. Einem Sohn hätte der Vater wohl kaum etwas Ähnliches vorgeworfen, zumal er selbst einen ordentlichen Bierbauch vor sich herträgt. Manchmal ist es ganz gut, sich zu fragen: Was würde ein Mann an meiner Stelle tun? Der würde vermutlich sagen: „Vater, du mit deinem Bierbauch brauchst gar nicht reden. Schau besser, dass du endlich deine Wampe wegbekommst!"

Eine Sache beobachte ich ebenfalls immer wieder: Wir sind heute zum Glück in unserer Emanzipation deutlich fortgeschritten, und darüber bin ich so glücklich wie die meisten Frauen. Gleichzeitig beschränkt sich so manche Frau vor lauter Feminismus im Erleben von Erotik und Sexualität. Denk an die Frau in unserer Eingangsszene: Sie ist emanzipiert und liebt ihren Mann, weil er auch emanzipiert ist. Doch vor lauter Feminismus versagen sie sich eine kleine, liebevolle Geste: Er kauft ihr keine Rosen. Aus demselben Grund würde er ihr vielleicht auch nicht in den Mantel helfen. Bitte verstehe mich richtig, ich bin sehr froh über die Errungenschaften und die gewonnene Ebenbürtigkeit. Ich möchte nur zu bedenken geben, dass diese kleinen Gesten viel Erotik in sich tragen. Erotik ist ein so wunderbares Wechselspiel von Anspannung und Loslassen, die wir sowohl in der Intimität und auch im täglichen Leben brauchen. Erotische Gesten sind auch Beweise für Aufmerksamkeit, Liebe und Hilfsbereitschaft. Mein Appell daher: Sei emanzipiert, behaupte dich im Beruf, bestehe auf geteilte Verantwortung in der Familie, sei ein gutes Vorbild für die nächste Generation. Tu es! Und gleichzeitig fixiere dich nicht zu sehr darauf, was frau darf und was nicht. Früher durften Frauen nicht wählen gehen und heute darf man sich nicht die Tür aufhalten lassen? Das ist doch auch nur wieder ein Hilfskonstrukt, das uns einschränkt. Es ist kein Widerspruch, sich Rosen schenken zu lassen und trotzdem mit dem Mann auf Augenhöhe das Leben zu bestreiten. Vielleicht möchtest du ihm bei einer anderen Gelegenheit auch Blumen schenken, weil du weißt, dass er sich darüber freut. Wirkliche Freiheit besteht darin, dass du Wahlfreiheit hast, wie du dein Leben selbst gestalten willst!

Kommen wir zu den Vorurteilen. Eines, das bestimmt nicht nur ich mit auf den Weg bekommen habe, ist: Männer denken immer nur an Sex, Frauen nicht. Wir haben das von unseren Müttern und Vätern, anderen Frauen und Männern immer wieder gehört. Und ich habe mich früher oft dabei ertappt, dass ich zu meinem Mann gesagt habe: „Ach, du denkst schon wieder an Sex!" Interessant war, dass ich bald entdeckte: Ich habe fast immer auch daran gedacht, nur habe ich es mir nicht eingestanden und es auf meinen Mann projiziert! Was also hindert uns daran, es ebenfalls auszusprechen? „Schatz, ich habe jetzt Lust, mit dir Sex zu haben!" Mit all unserem Selbstbewusstsein.

Es gibt Tage, da laufe ich unrund – du kennst das vermutlich auch. Dann suche ich etwas, das mir hilft. Ich probiere ein Stück Schokolade, lenke mich mit einer Fachzeitschrift ab, versuche es mit einer Stunde Krafttraining, doch nichts hilft. Dann kommt mein Mann, macht mir Avancen und wir haben Sex. Und danach laufe ich rund wie ein Maserati. Wie oft suchst du nach Ersatzhandlungen, wo es eigentlich darum geht, sich als Frau selbst zu spüren? Das soll jetzt nicht heißen, dass Sex das Allheilmittel gegen alle Unpässlichkeiten ist. Selbstverständlich haben wir alle – auch die Männer – Tage, die einfach nicht dafür geschaffen sind, dass wir uns wohlfühlen. Es ist wichtig, dass wir Frauen es uns genauso erlauben zu sagen: „Heute bin ich nicht in der Verfassung." Schließlich haben wir auch zumindest bis zur Menopause einen Zyklus, den es zu respektieren gilt, mit wechselndem Körpergefühl und unterschiedlicher Laune. Eine befreite, emanzipierte Frau gestaltet ihr Sexualleben in der Beziehung! Und damit auch den Wunsch, das eine Mal Sexualität auszuleben und ein anderes Mal auch wieder nicht.

Ebenfalls ein verbreitetes Vorurteil ist: Die Vitalität und Sexualität nimmt im Alter ab. Ich bin mit knapp über 60 sehr froh, dass ich gar nicht erst darauf gewartet habe. Viele Frauen in meinem Alter und darüber werden mir rechtgeben, dass das so nicht stimmt. Der Sex verändert sich, das schon. Mit 60 wird man vielleicht keine Akrobatik unter der Dusche oder sonstige Turnübungen mehr wagen, sondern lieber das bequeme Bett oder das Sofa bevorzugen.

Wenn ich meine Lebensjahre als erwachsene Frau Revue passieren lasse, muss ich sagen: Jedes Jahrzehnt hat seine Herausforderungen wie auch schönen Seiten. In meinen 20ern entdeckte ich meine Wirkung auf Männer und hatte gleichzeitig mit Komplexen zu kämpfen. In den 30ern war ich sehr viel von meinem Perfektionsdrang getrieben. In den 40ern wurde ich selbstbewusster. Ich hatte mittlerweile drei Kinder geboren und meine sexuelle Lust begann zu fließen. Mit 50 bekam ich Angst, ich könnte in den Wechseljahren zu einer Matrone mutieren wie meine Mutter, und ich setzte mich damit auseinander. Den ausbleibenden Zyklus genieße ich bis heute, auch die Kraft und das Durchsetzungsvermögen, das ich besonders auch in meiner Sexualität leben kann. Worüber ich mich ebenso freue: Ich bemerke, dass ich mit 60 Jahren genauso viel entdecken kann wie als junge Frau. Ich kann meine Scham verabschieden und in Stolz und Würde zu meiner Lust stehen!

Du siehst: Lust und die Freude am Sex ist keine Frage des Alters. Sie ist vielmehr eine Frage der Entwicklung deiner Beziehung! Lass dir also von diesem Vorurteil nicht den Spaß verderben, indem du darauf wartest, dass es eintritt. Genieße die Erotik, egal, wie alt du bist!

Was wir wohl ebenfalls sowohl unserer Sozialisation und auch der Werbung zu verdanken haben, ist die Idee, dass wir nur in Strapsen und High Heels begehrenswert sind. Viele Frauen stressen sich damit und rennen einem Bild nach, dem sie glauben, entsprechen zu müssen. Lass dir versichern: Du bist auch in selbstgestrickten Wollsocken und bequemem T-Shirt begehrenswert. Dein Mann ist ja bestimmt auch einmal gestylt und ein anderes Mal verstrubbelt und zerknautscht und hatte keine Zeit, sich die Haare zu waschen. Damit du mich nicht missverstehst: Verwahrlosung ist vielleicht nicht die beste Idee. Es ist schon gut, wenn wir auf uns schauen, das hat nicht zuletzt auch etwas mit Hygiene und Gesundheit zu tun. Doch auch wir Frauen dürfen uns von allen Seiten zeigen, die wir draufhaben, und eine davon kann die wärmebedürftige Kuschelmaus mit den eiskalten Füßen sein. Das passt zum wärmespendenden Strubbelkopf, der sich an einem anderen Tag in Schale wirft, um mit seiner miniberockten und duftenden Lieblingsfrau ins Theater zu gehen.

Wir Frauen brauchen andere Frauen im Rücken. Das erfordert, dass wir uns mit unseren Müttern versöhnen. Verabschiede dich von der Idee, dass du das, was deine Mutter nicht bekommen hat, auch nicht bekommen darfst – oder dass du unbedingt für sie leben musst, was sie nicht durfte. Loyalitäten darf man nicht unterschätzen, sie sind oft ganz tief im Unbewussten vergraben. Doch die Frauenbilder unserer Vorfahrinnen zu wiederholen oder sie ins Gegenteil zu verkehren, schränkt uns auch ein. Wenn deine Mutter ihre berufliche Karriere für die Kinder geopfert hat, muss das für dich nicht die Freiheit bedeuten, wenn du jetzt wegen des Berufs auf Kinder verzichtest. Du bist auch nicht verpflichtet, Kinder haben zu müssen, nur weil „es sich so gehört". Einmal mehr kann ich nur sagen: Frei bist du dann, wenn du einen Weg wählen kannst, der zu dir und deiner Beziehung passt. Ich lade dich daher ein: Stelle dir vor, du sitzt in einer Loge im Theater und auf der Bühne wird das Stück deiner Mutter bzw. deiner Eltern gespielt. Was ist der fehlende Teil, den deine Mutter nicht gelebt hat? Welche Auswirkung hat dieser fehlende Teil auf dein heutiges Leben?

Es ist die Vielfalt und Abwechslung, die uns nicht nur im Beruf und im täglichen Familienleben lebenswert erscheint. Du musst im Bett nicht das Kamasutra und sämtliche Rollenspiele beherrschen. Erkenne dich in deiner Persönlichkeit, entdecke dein Frausein, freu dich über deinen Körper, so, wie er gerade ist, und fühle gut in dich hinein, was du gerade brauchst und was nicht. Dann findest du die Vielfalt in dir selbst, die Freude in dein Sexualleben bringt – auf Augenhöhe mit deinem Partner und bis ins hohe Alter.

29. Ein Brief an die Männer
Über die schöne Form der Männlichkeit, die es wert ist, gelebt zu werden.

Er (kommt von der Arbeit nach Hause): Hallo Liebling, ich bin es!

Sie: Bin in der Küche!

Er verschwindet in einem anderen Zimmer.

Später, beim Abendessen.

Sie: Du erzählst gar nicht, wie es in der Arbeit war. Wie war's?

Er: Wie immer.

Sie: Das sagst du immer.

Er: Und? Ist ja auch so. Jeden Tag dasselbe, einfach nur mühsam. Aber ich schaffe das schon.

Sie: Magst du mir darüber erzählen?

Er: Nein.

Beim Einschlafen liegen sie beide nebeneinander, den Rücken zueinander gekehrt, und er ist traurig und verunsichert, weil sie ihn nicht begrüßt hat und er sich von ihr nicht begehrt fühlt. Sie ist auch traurig und unsicher, weil er sich ihr nicht anvertraut. Ob er eine andere hat?

Lieber Mann, eines vorweg: Ich – Roland Bösel – lebe heterosexuell und bitte alle homosexuellen und bisexuellen Männer um Verständnis, dass ich daher aus meiner Sicht schreibe. Doch ich bin überzeugt davon, dass sich in dem, was ich hier beschreibe, alle Männer unabhängig ihrer sexuellen Ausrichtung wiederfinden können.

Als ich in den 90er Jahren als Psychotherapeut akkreditiert wurde, hatte ich zwei Schwerpunkte: Einzel- und Paartherapie sowie psychotherapeutische Jahresgruppen speziell zum Thema Mann-Sein. Ich glaube, mein Bedürfnis, mich für ein neues Männerverständnis einzusetzen, wurde wohl schon in meiner Kindheit determiniert: Auf der einen Seite waren da sehr „männliche" Männer, die allesamt nicht über Gefühle reden konnten und wollten. Der Vater, der das schon können hätte, war wenig präsent. Auf der anderen Seite gab es ziemlich viele Frauen: meine Mutter, meine Kinderfrau, meine Großmütter und drei Schwestern. Eines der großen Dilemmas des Mannseins brachte einmal jemand in einer meiner Männergruppen auf den Punkt: „Bei meiner letzten Frau war ich ein Macho und das war ihr nicht recht. Jetzt bin ich ein Softie und es passt auch nicht. Ich kenne mich nicht mehr aus, was Frauen eigentlich wollen." Tja, wir Männer hätten halt gern eine Gebrauchsanleitung, so, wie für die neue Sat-Schüssel, damit wir genau wissen, was wir tun sollen.

Kennst du den Witz: „Kommt ein Mann mit aufgeblähter Brust und eingezogenem Bauch in die Sauna. ‚Sind Hasen da?', fragt er. ‚Nein', sagt ein anderer. ‚Na Gott sei Dank!', sagt der erste wieder, lässt seinen Bauch raushängen und die Schultern sinken und setzt sich entspannt auf die Saunabank." Wie viele von uns haben schon in ihrer pubertären Freundesrunde gelernt: Wer ein echter Mann ist, muss stark sein und eine Frau glücklich machen können. Wir haben dann die Vorstellung von einem Cornetto mit breiten Schultern, auf die andere, respektive die Frauen, Sorgen, Ängste und Nöte abladen können. Der Mann schafft das. Alleine.

Und dann kommt eine Frau daher und fragt ihn: „Wie geht es dir? Möchtest du wirklich die Fleischerei übernehmen?" Auf solche Fragen haben wir keine Antwort, weil sie uns bisher kaum gestellt wurden. Wir haben viel öfter gehört „Ein Indianer kennt keinen Schmerz" oder auch „Reden ist Silber, Schweigen ist Gold".

Ich möchte das Thema Selbstbewusstsein hier ansprechen. Denn wenn ich mir meiner selbst wirklich bewusst sein will, reicht eine aufgeblähte Brust nicht aus. Vielmehr geht es darum, dass wir Männer uns bewusst sind, wo wir unsere Nöte haben. Und wenn du jetzt fragst, wozu denn das gut sein soll, wo es doch darum geht, sein Leben zu meistern, dann willkommen im Club. Auch für mich war diese Schutzbehauptung lange Zeit mein Haltegriff. Ich hatte eine Fleischerei zu führen, die ich vom Vater übernommen habe, da ging es doch ums Überleben des Unternehmens! Heute, 40 Jahre später, bin ich meiner Frau sehr dankbar, dass sie mir damals so eine wichtige Frage gestellt hat: „Was willst du denn eigentlich wirklich in deinem Leben?" Hätte ja sein können, was ich damals glaubte, nämlich dass ich die Fleischerei weiterführen wollte. Nun, ich fand dank ihrer Frage heraus, dass das überhaupt nicht so war! Nur deshalb kann ich heute das Leben führen, das wirklich meines ist und in dem ich mich wohlfühle.

Der Glaube, dass wir wie der Lonely Cowboy alles alleine schaffen müssen, ist ein Irrglaube. Und gerade die Frage nach Gefühlen und dem, was uns im tiefsten Kern ausmacht, ist so schwer alleine zu beantworten, noch dazu, wenn wir meistens keine entsprechenden Vorbilder haben. Da ist es doch ein großes Glück, wenn wir eine Frau haben, die uns konfrontiert. Du kannst natürlich jeglichen Gesprächen über Gefühle weiterhin ausweichen, doch dann bleibst du ein einsamer Cowboy, und Einsamkeit ist doch wirklich nicht das, was wir wollen. Wir mögen evolutionsbedingt den Drang haben, draußen in der weiten Welt heroisch das Mammut zu erlegen, doch wenn wir nach Hause kommen, brauchen wir Wertschätzung, eine Begegnung und Körperlichkeit.

In diesem Sinn brauchen wir Männer ein Bewusstsein über unser Mann-Sein, ein Bewusstsein darüber, woher wir kommen und wohin wir wollen. Was hat mir mein Vater über Körperlichkeit, über Sexualität vermittelt? Hat mir meine Mutter vermittelt, dass mein Vater immer nur das eine will und dass das schlecht ist? Hat mein Vater mir vorgelebt, dass man sich eine andere suchen muss, wenn es im Bett mit der eigenen Frau nicht mehr gut läuft? Solche Dinge werden selten ausgesprochen, sondern vielmehr mit Blicken, Gesten oder Handlungen kommuniziert, und wir ziehen unbewusst schon als Kind unsere Schlüsse daraus, die da lauten können: So wie der Papa werde ich sicher nicht. Oder auch: Ich mache es genau so! In beiden Fällen entsteht daraus ein Selbstbewusstsein, das durch das Verhalten des Vaters bestimmt wird, und nicht eines, das ich mir selbst entsprechend meiner Persönlichkeit und der heutigen Zeit gestaltet habe.

Wenn du ein Mann sein willst mit einem guten Selbstbewusstsein, der sich von diesem emotionalen Erbe befreien konnte, brauchst du auch ein Bewusstsein dafür, wie es sich anfühlt, den Vater im Rücken zu haben. Wenn dich dein Vater als Kind verletzt hat oder er Dinge getan hat, die du nicht gut findest, ist es keine Befreiung, wenn du nur sagst: „Er ist nicht länger mein Vater." Ich selbst konnte meinem Vater lange nicht vergeben, doch es ist mir letztlich gelungen, ihn in mein Leben hineinzulassen. Erst seitdem merke ich, wie anstrengend jeder Tag früher war, an dem ich mit so viel Groll auf ihn durchs Leben gegangen bin. Heute ist es ein stärkendes Gefühl, mir vorzustellen, dass er hinter mir steht und mir seinen Segen gibt, wenn ich entscheidende Schritte in meinem Leben mache. So, wie Frauen sich in den letzten Jahrzehnten durch die Emanzipation befreit haben, hat sich auch bei uns Männern viel verändert. Unsere Väter und Großväter mussten noch viel verdrängen – all die traumatischen Erlebnisse aus den zwei Weltkriegen, es durfte ja oft nicht einmal darüber nachgedacht werden, geschweige denn, dass jemand mit ihnen darüber sprach. Manche Söhne dieser Väter haben nicht mehr verdrängt, aber sie haben geschwiegen, so, wie ihre Väter geschwiegen haben. Schritt für Schritt beginnen wir Männer nun zu reden und können dadurch unserem Leben begegnen. Auch wenn unsere Väter und Großväter vieles gemacht haben, was wir heute nicht richtig finden, geht es nicht darum, sie zu verurteilen. Wer weiß schon, wie wir uns damals verhalten hätten, in einer Zeit, die wir gar nicht nachvollziehen können. Heute zu glauben, dass wir besser wissen, was damals hätte geschehen sollen, ist anmaßend. Doch es geht darum, zu verstehen, welches emotionale Erbe wir in uns tragen. Es ist wichtig zu wissen, was unsere Väter und Großväter in ihren Knochen haben, das wir womöglich unbewusst weitertragen. Es ist unsere Verantwortung, für Rehabilitation zu sorgen und eine neue Ära einzuleiten.

Daher, lieber Mann, solang dein Vater oder deine Großväter oder Onkel noch leben, frage sie, lass sie erzählen. Frage auch deine Mutter, die Großmütter und Tanten, denn oft sind es die Frauen, die die Geschichten erzählen, über die die Männer schweigen! Wenn sie mit dem Totschlagargument kommen, dass man alte Wunden doch nicht aufreißen soll, lass dich nicht abwimmeln. Bleib dran. Denn wenn du nicht über diese alten

Wunden reden darfst, dann werden ganz neue Wunden entstehen, die von den alten determiniert werden.

Ein gutes und gereiftes Selbstbewusstsein hilft auch, damit wir unseren Frauen auf Augenhöhe begegnen können. Hören wir doch auf, uns einzureden, dass wir Männer etwas Besseres sind. Und umgekehrt, hören wir doch auch auf, ihnen zu sagen, dass wir schuld an ihrer Misere sind. Frauen brauchen weder eine Überhöhung noch ein Kleinmachen, denn das bringt jede Beziehung in eine Schieflage. Sie brauchen, dass wir ihnen auf gleicher Ebene begegnen. Wenn deine Frau ihre Stärken zeigt, freue dich darüber und sei stolz darauf, dass sie das Vertrauen in dich hat, sich in ihrer Stärke zu zeigen. Wenn du in so einer Situation sagst „Aber ich bin doch der Mann im Haus", dann ist das einfach nur schade. Gleichzeitig darf dir klar sein, dass auch eine starke Frau einmal eine Schulter zum Anlehnen braucht. Und sie freut sich, wenn sie sich bei dir fallen lassen kann.

Apropos starke Frau: Um guten Sex zu haben, braucht es nicht die ausgefeilte Technik und das Beherrschen aller Stellungen. Worauf es ankommt, ist die Sicherheit, die ihr euch beide geben könnt, und die Leidenschaft. Sicherheit ist etwas, das außerhalb des Bettes geschaffen wird. Wenn du manchmal glaubst, deine Frau macht fishing for compliments, dann ziehe in Betracht, dass die Frau, die du begehrst, gerade an sich selbst etwas auszusetzen hat. Anstatt genervt zu reagieren, könntest du dir besser die Zeit nehmen und mir ihr sprechen und ihr zuhören, was sie dir zu erzählen hat. Da kann so viel in ihrem Leben passiert sein, wo du als Verbündeter gefragt bist. Sie wird es dir danken! Wenn sie an ihrem Körper herumschnipseln will, dann gestehe ihr zu, dass sie das selbst entscheidet. Auch hier ist es gut, wenn du das Gespräch suchst, um mit ihr auf die Spur zu kommen, warum sie das als notwendig erachtet. Halte ihr vor Augen, dass du sie genau so liebst, wie sie ist: mit kleinen Brüsten oder dickem Hintern. Wenn du umgekehrt feststellst, du hättest gern wieder die Frau mit den festen Brüsten, die sie vor 40 Jahren war, mache dir zwei Dinge bewusst: Erstens ist es eine Kränkung für deine Frau. Und zweitens schlage ich dir vor, dass du einen Blick auf dein Selbstbewusstsein wirfst und es auf einer anderen Ebene stärkst. Denn vermutlich hat ja auch bei dir die Schwerkraft schon zugeschlagen. Auch in Sachen Attraktivität gilt: Gleiches Recht für Frauen und Männer!

Lass uns noch ein bisschen über Bettgeschichten plaudern und über die Leidenschaft, die genauso wichtig ist wie die Sicherheit. Wann, meinst du, wird deine Frau endlich erraten, welche sexuellen Fantasien du hast? In ein, zwei, zehn Jahren? Vielleicht ist es dann doch besser, eine Affäre zu haben oder zu einer Prostituierten zu gehen, nicht wahr? Nun, diese Fragen sind natürlich provokant. Du kannst dir schon denken, was jetzt kommt: Stehe zu deinen Bedürfnissen und sprich mit deiner Frau über das, was du gerne hättest, auch wenn du befürchtest, dass es für sie beschämend oder diskriminierend sein könnte. Wenn du als Mann deine Sexualität leben willst, dann ist es wichtig, dass deine Frau Bescheid weiß. Natürlich ist es gut, wenn du es ihr liebevoll erzählst. Ein „Weißt du, ich denke dauernd an andere Frauen, weil es mit dir nicht mehr gut läuft" ist für eine Frau beschämend – umgekehrt wäre es schließlich genauso! – und wird den Status Quo aufrechterhalten. Wenn du aber sagst „Mir fehlt in unserer Sexualität das Feuer, ich hätte gern, dass wir …", dann bringt das eine ganz andere Dynamik in die Beziehung, weil so eine gute Verbindung entsteht. Das heißt nicht, dass eine Frau deinen

Wünschen dann nachkommen muss. Doch wenn einmal das Gespräch darüber eröffnet ist, ergibt sich ein Entwicklungsprozess, der für euch beide neue Chancen eröffnet. Schon alleine darüber zu sprechen, kann aufregend und erotisch sein. Vielleicht folgt daraus, dass ihr das eine oder andere Experiment wagt, das etwas anders ist als dein ursprünglicher Wunsch. Du wirst entdecken, dass es dir weniger um deine Fantasie als um das Prickeln in der Beziehung geht, und das erreicht ihr damit. Deine sexuellen Wünsche haben etwas mit der Entwicklung deiner Persönlichkeit zu tun. Wenn du also heimlich Pornos schaust, dann geh der Sache auf den Grund, anstatt es weiter zu verheimlichen, weil du den Zorn deiner Frau fürchtest.

Ich erinnere mich an einen Mann, der die Fantasie hatte, Sex mit zwei Frauen zu haben, die eine mehr wie eine Domina, die andere schüchtern. Im Zuge der Paartherapie entdeckte er, dass er seine Mutter als zurückgezogene Person erlebte. Eines Nachts wachte er auf, weil er aus dem Nebenzimmer lautes Stöhnen und Schreien von seiner Mutter hörte und er war verwirrt. Erst langsam entdeckte er, dass seine brave, zurückgezogene Mutter nächtens gern zur Nymphomanin wurde. Mithilfe seiner Frau merkte er, dass er diese beiden so konträren Frauenbilder in seiner Frau wiederfinden wollte. Seine Frau entdeckte, dass sie neben dem Sanften auch das Wilde leben wollte, sich aber manchmal dafür schämte. Mithilfe von Rollenspielen fanden sie zu einer ganz eigenen, neuen und individuellen Form der Sexualität. Wäre der Mann seinen Fantasien nicht nachgegangen und hätte seiner Frau vielleicht einen Swingerclub vorgeschlagen, in der Hoffnung, dort auf seine Kosten zu kommen, hätte er vermutlich Porzellan zerschlagen.

Bitte denk daran, dass deine Frau ein kleines Mädchen in sich trägt, das möglicherweise von anderen Männern und auch von anderen Frauen komisch angesehen wurde, lüsterne Blicke bekommen hat oder missbraucht wurde. Kann gut sein, dass sie dir noch nie davon erzählt hat. Eine Aufforderung „Ich habe jetzt diese Fantasie und ich will, dass wir das jetzt ausprobieren" kann ein Schuss nach hinten sein. „Ich habe diese Fantasie. Wie geht es dir damit?" hört sich schon ganz anders an. Damit ermöglichst du deiner Frau, zu sagen, ob ihr das Angst macht oder es sie verunsichert, und vielleicht ist das ja auch die Gelegenheit, dass sie dir von ihren schlimmen Vorerfahrungen erzählt.

Trau dich auch, deine Frau zu fragen, was sie sich von dir wünscht. Anstatt ihre Vorstellungen zu bewerten, freue dich, dass sie dir etwas erzählt, und sieh es als großen Vertrauensbeweis an. Deine Frau will mit ihrem Körper und mit dir schöne und befriedigende Erlebnisse haben, und sie wird es dir danken, wenn du sie ermutigst, dir von ihren Wünschen, Sehnsüchten und Fantasien zu erzählen. Auch hier gilt: Nehmt die Fantasie als Anregung. Du musst dem nicht gleich nachkommen. Sieh es als Vertrauensbeweis und als Initialzündung, dass sie mit dir etwas in diese Richtung entwickelt.

Erinnere dich an deine Pubertät. Jugendliche Freundeskreise können nämlich ganz schön grausam sein und machen viel kaputt! Überlege einmal: Warst du einer von denen, die über den Penis anderer gelästert haben? Dann schau einmal, ob du dir das heute schon vergeben hast und ob du diesen Mann findest, damit du ihm sagen kannst, dass es dir leidtut. Sonst musst du womöglich dein Bild des Helden mit dem großen Penis jetzt in deiner Beziehung aufrechterhalten, und das kann ganz schön stressig sein. Oder warst du derjenige, der beschämt und verspottet wurde? Hast du damals beschlossen, dass du es allen zeigen wirst? Vielleicht hast du auch beschlossen, dass du dich zurückziehst. Dann schau einmal, ob ein Gespräch mit deiner Partnerin helfen kann, diese Wunde zu heilen und dein Selbstverständnis als Mann neu auszurichten. Es ist nicht die Größe deines Penis, auf die es ankommt, sondern wie sehr dir dein Mann-Sein Spaß bereitet und ob du Stolz entwickeln kannst. Das Brimborium um die Größe hat viele Männer schon sehr verletzt oder in eine Überhöhung gebracht. Sexualität ist ein Gesamtkunstwerk, das sich nicht allein an einem einzelnen Glied aufhängen lässt! Guter Sex besteht aus vielen Ingredienzien. Anstatt dass du mit einem Defizit herumläufst, sprich lieber mit deiner Frau und frag sie, wie sie das mit der Größe tatsächlich sieht. Da wurden schon viele Missverständnisse gelöst!

Frauen möchten auch manchmal keinen Sex. Lerne, dies als einen Vertrauensbeweis zu sehen, anstatt ihr Druck zu machen. Wenn ihr über Wochen, Monate oder Jahre keinen Sex habt, braucht ihr ein Gespräch. Doch wenn deine Frau hin und wieder keine Lust hat, heißt das nicht, dass sie nie wieder mit dir Sex haben will. Vielleicht will sie auch öfter einmal nur an dich gekuschelt einschlafen. Vielleicht ist ihre To-do-Liste gerade wieder zu lang, sodass sie nicht abschalten kann. Da geht es uns Männern doch genauso, oder?

Einen Punkt möchte ich ansprechen, weil ich das in unserer Therapiepraxis immer wieder erlebe. Ich höre es so oft von Männern, dass sie sagen: „Wenn sie mich wirklich liebt, dann nimmt sie mich so, wie ich bin." Sie echauffieren sich, wenn die Frau sich über das stinkende T-Shirt beschwert oder über die speckigen Hauspantoffeln, und wundern sich, dass die Frau dann wenig Lust auf sie hat. Zum einen empfehle ich dir, unseren Impuls Nr. 41 zu lesen. Zum anderen kannst du ihre Aufforderungen natürlich als Kritik auffassen – du kannst sie aber auch als einen Beweis der Liebe und des Interesses verstehen. Sie sagt das schließlich, weil sie dich in deiner ganzen Vielfalt und Attraktivität spüren will. Dieser Satz „Nimm mich, wie ich bin" beinhaltet so viel Trotz, und der trennt dich nicht nur von deiner Frau, sondern auch von dir selbst und nimmt dir viele Möglichkeiten, deine Leidenschaft, Kraft und Begierde zu leben.

Das ist, was gelungene, befriedigende Sexualität ausmacht. Lerne, ein Mann zu sein, der seine Bedürfnisse liebevoll ausdrücken kann und sie auf eine Ebene mit den Bedürfnissen seiner Frau stellen kann. Akzeptiere, dass es immer wieder Ehrenrunden geben kann, in denen du das Gefühl hast, ihr hättet einen Rückschritt gemacht. Wenn es wieder einmal einen Punkt gibt, wo du anstehst, dann wirf einen Blick zurück und schau dir an, wie oft du diese Punkte nicht nur überwunden hast, sondern auch gestärkt daraus hervorgegangen bist. Du würdest deinem Sohn ja vermutlich auch sagen, dass noch kein Meister vom Himmel gefallen ist und dass in der Entwicklung als Mann auch Rückschläge dazugehören.

30. Sei nicht so zickig

Zu jeder guten Beziehung gehört auch eine Phase, in der es keinen Sex gibt. Die Frage ist nur: Spricht man darüber oder legt man den Mantel des Schweigens darüber?

Er: Jetzt sei nicht so zickig, komm schon ins Bett.
Sie: Ich habe keine Lust.
Er: Immer das Gleiche. Wir haben schon seit Monaten keinen Sex mehr. Was soll das?!
Sie: Ich fühle mich nicht gut, und außerdem – es ist halt so.

Die meisten von uns haben ein Bild über Sexualität, das noch aus der Verliebtheitsphase stammt. Mit Schmetterlingen im Bauch wachsen wir über uns hinaus und begegnen uns in einer Form, in der wir Scheu und Blockaden hinter uns lassen und uns in unserer euphorischen, sexualisierten, begeisterten Stimmung zeigen. Diese gelebte Sexualität gibt uns eine Idee und auch Hoffnung, wie es in Zukunft sein soll und wird.

Und dann kommt der Alltag. Sie hat viel zu oft Migräne und er ist viel zu oft müde und gestresst. Wir reagieren verunsichert, ängstlich, ärgerlich oder beschwichtigend, wenn der Sex ausbleibt, und interpretieren: Es ist die viele Arbeit, Corona oder eine andere schwierige Zeit, weshalb wir keine Lust haben. Er berührt mich nicht, also liebt er mich nicht mehr. Immer muss ich den Sex initiieren, sie begehrt mich nicht. Wir haben nur noch gleichgültigen Schlafwagen-Sex. Sie hat meinen Penis schon lange nicht mehr berührt, ich glaube, ihr graut vor mir. Seit der letzten Schwangerschaft habe ich sieben Kilo zugenommen, ich gefalle ihm nicht mehr. All diese Interpretationen sind Gift und treiben das Paar noch weiter auseinander. Nichts ist mehr, wie es in der Verliebtheit war, also kann es auch mit der Liebe nicht mehr weit her sein, so der Grundtenor.

Dabei hat das eine mit dem anderen nichts zu tun. Wenn wir die Worte oder das Verhalten unseres Partners persönlich nehmen und gegen uns richten, treibt das noch mehr einen Keil dazwischen. Unsere große Aufgabe im Leben ist, zu unterscheiden zwischen dem, was wir wahrnehmen, und dem, was wir interpretieren. Wenn ich wahrnehme, dass mein Magen knurrt, kann ich interpretieren, dass ich einen Tumor im Bauch habe oder sonst etwas nicht stimmt. Ich kann jedoch auch ganz schlicht erkennen, dass ich Hunger habe, und etwas essen! Zu jeder guten Beziehung gehört auch eine Phase, wo es wenig oder gar keinen Sex gibt. Die Frage ist nur, wie wir sie interpretieren, ob wir das Thema totschweigen oder darüber reden – und wenn Letzteres, wie wir darüber reden.

In all den Jahren, in denen wir psychotherapeutisch arbeiten, haben wir sehr viele Frauen und Männer kennengelernt, die während ihres Erwachsenwerdens Verletzungen, Übergriffe oder sexuellen und emotionalen Missbrauch erlebt haben. Und nun stellen Sie sich vor, der Partner würde zu seiner Frau sagen: „Na komm, mach schon die Beine breit, hab dich nicht so." Oder zu einem Mann: „Jetzt zeig endlich einmal deine Männlichkeit, wo ist dein Penis?" Das ist zynisch und unsensibel und treibt die Betroffenen nur noch mehr in die Verletzung.

Wenn andererseits diese betroffenen Menschen nicht darüber reden, dann kennt sich der Partner nicht aus und wird immer wieder etwas tun oder sagen, das die Verletzung verstärkt. Vielleicht kennen sich diese Menschen ja selbst nicht aus, weil sie sich an keinen konkreten Übergriff erinnern und nur merken, dass etwas nicht stimmt. Oder sie wagen es nicht, darüber zu sprechen, weil sie keine Beweise haben und denken, dass ihnen nur geglaubt wird, wenn sie Belege dafür haben. Damit geht viel Energie verloren. Deshalb sollte es genügen, wenn der Partner bzw. die Partnerin sagt, dass etwas nicht stimmt. Viele haben irgendwann um diese Riesenbaustelle ein Absperrband montiert mit dem Hinweis „Baustelle betreten verboten", damit sie da nie wieder hineinfallen und so verletzt werden wie damals. Wenn dann der Partner kommt und am Absperrband zupft, schreien sie oder ziehen sich total zurück. Die Baustelle wird so zur Dauerbaustelle, die zu verteidigen viel Energie und Nerven kostet.

Wir sind überzeugt davon, dass der einzige Weg die Begegnung und Auseinandersetzung mit der Partnerin bzw. dem Partner ist. Ein Beispiel, wie es leider oft genug passiert: Der Vater eines Mädchens verlässt die Familie, als sie noch sehr klein ist. Von den zwei Nachfolgern ihres Vaters, ihren Stiefvätern, wird sie mehrfach beschämt mit übergriffigen Kommentaren wie „Ah, jetzt hast du schon einen Busen, da wirst du bald einen Mann mit nach Hause bringen" oder „Geh nicht nackt durch das Zimmer, weil ich sonst nicht weiß, ob ich mich noch halten kann" oder „Du bist sicher besser im Bett als deine Mutter" oder „Gib mir deine Hand, ich habe eine Überraschung für dich in meiner Hose".

Solche Erfahrungen wachsen sich zu einem Trauma aus, das uns einschüchtert, denn ein kleines Mädchen kennt sich nicht aus mit solchen Aussagen. Gleichzeitig hat es ein ungutes Gefühl und wird von Schuld und Scham regiert. Die Idee, dass das Problem beim Erwachsenen liegen könnte, haben kleine Kinder nicht, sie laden die ganze Schuld auf sich. Und so kommen diese Verletzungen, Beschämungen, Übergriffe und

Demütigungen als Trauma zum Tragen, und das Trauma wird abgesperrt wie besagte Baustelle, die niemand betreten darf. Unsere Partner werden von solchen Baustellen magnetisch angezogen. Sie nähern sich immer und immer wieder und konfrontieren uns. Nur ist es ein Unterschied, auf welche Weise sie uns konfrontieren. Sie können sagen: „Komm, sei nicht immer so zickig, wenn ich einmal Sex haben will." Sie können aber auch sagen: „Liebling, ich spüre, irgendwas stimmt nicht. Wenn wir uns nahekommen, wirst du so steif und verkrampfst dich. Ich beziehe das meistens auf mich, aber ich kann mir vorstellen, dass das vielleicht gar nichts mit mir zu tun hat. Lass uns in Ruhe und Wertschätzung darüber sprechen, ob du hier ein anderes Thema mit dir herumschleppst."

Wenn Sie Impuls Nr. 13 bereits gelesen haben, wissen Sie, welch wertvolle Dienste unsere Partner uns in schwierigen Situationen erweisen können. Sie können uns helfen, solche Baustellen erst einmal zu decodieren, denn oft wissen wir gar nicht, dass wir da eine Baustelle haben. Gemeinsam lässt es sich viel besser an diese Baustelle annähern, um dann achtsam und wertschätzend zu überlegen, wie wir mit ihr umgehen können, sodass das Absperrband rundherum nicht länger gebraucht wird. Die Wenigsten von uns haben jedoch gelernt, solche Worte auszusprechen, wir hatten dafür kaum Vorbilder. Dennoch: Das ist der sinnvolle Weg, um genügend Sicherheit aufzubauen, damit beide über dieses Thema so reden können, dass die Baustelle geschlossen werden kann. Möglicherweise brauchen wir dafür aber auch etwas Hilfe in Form von Psychotherapie.

Dieses Mädchen, von dem wir oben erzählt haben, kam später als Frau mit ihrem Mann zu uns, weil sie Schwierigkeiten in der Beziehung hatten. Wenn er ihr Avancen machte, zog sie sich zurück. Nur bei Rollenspielen, in denen sie die Professorin und er der schüchterne Schüler war, konnten sie sich sexuell begegnen. Doch er wollte sich nicht immer als der sich unterwerfende Schüler zeigen, sondern ihr als Mann gegenüberstehen. So stießen sie überhaupt erst auf diese schreckliche Baustelle. Zum ersten Mal konnte sie Schritt für Schritt ihre Geschichte erzählen und diese Scham benennen und die Angst, dass sich das wiederholen könnte. Sie erlebte die ganze Gefühlspalette hinauf und herunter – und sie war dankbar, dass ihr Mann ihr dabei zur Seite stand – mit Gummistiefeln und Schutzhelm. Auch für ihn war das so wertvoll, weil er die Not des kleinen Mädchens erkennen durfte und sein Mitgefühl entdeckte und auch seine Wertschätzung gegenüber diesem kleinen Mädchen, das sich zu schützen lernte. Er konnte sich von seiner Interpretation lösen, die da hieß: Meine Frau schläft nicht mit mir, also liebt sie mich nicht. So konnten sie sich wirklich und wahrhaftig begegnen.

Wir alle brauchen es, dass unsere Grenzen respektiert und gewahrt werden. Menschen, die massive oder auch nur kleine Grenzüberschreitungen im Rahmen der Sexualität und Intimität erlebt haben, brauchen diese Grenzen umso mehr. Die Partnerin, der Partner wird an den Absperrbändern immer zupfen – weil er die Geschichte ja nicht kennt. Wenn wir wollen, dass sich an diesem unangenehmen Zupfen etwas ändert, müssen wir bereit sein für den Dialog.

Und bitte glauben Sie nicht, es müsse eine traumatische Erfahrung wie bei Natascha Kampusch sein. Auch kleine Beschämungen und Verletzungen sind ernst genug, um unter die Lupe genommen zu werden. Wir denken etwa an die Peergroups, in denen Teenager stecken, da können Mädchen und Burschen manchmal sehr grausam sein. Das Mädchen, das sich schämt, weil die Freundinnen über ihren großen Busen lachen und sie verspotten. Der Bursche, der sich schämt, weil er beim Penisvergleich unter der Dusche nach dem Sport ausgelacht wird. Wenn sie dann später einen Partner haben, der es witzig findet, lauthals „Tits out" zu schreien, oder eine Partnerin, die gönnerhaft meint, sie würden auch die kleinen Dinge des Lebens erfreuen – das sind Herausforderungen. Umso wichtiger ist es, sich zu sensibilisieren, wenn etwas nicht stimmt, und zu fragen: Wie war das in deiner Kindheit? Wie sind deine Freunde mit dir in der Pubertät umgegangen? Wurdest du verspottet oder verehrt, weil du anderen etwas voraushattest? Was wurde dir zum Thema Sex und zu deiner Körperlichkeit vermittelt?

Dabei ist es auch ganz egal, ob der Übergriff in der Kindheit bewiesen werden kann oder nicht. Verstehen Sie uns nicht falsch: Übeltäter sollen vor Gericht kommen, gar keine Frage. Doch wenn es um das Seelenheil geht, nützen uns Beweise nichts. Wenn eine Frau oder ein Mann das Gefühl hat, sexuelle Übergriffe erlebt zu haben, dann nehmen wir das ernst, egal, ob es bewiesen werden kann oder nicht. Das Gefühl, die im Körper gespeicherten Emotionen, sind es, die uns als Erwachsene zu schaffen machen und verhindern, dass wir eine schöne, erfüllende Leidenschaft und Sexualität erleben können. Wenn wir uns mit unserer Partnerin bzw. unserem Partner verbinden, dann wird Heilung möglich. Die Verliebtheit hat uns eine Vorahnung davon gegeben, was es heißt, wenn Herz und Lenden sich verbinden. Die Heilung kann diese Vorahnung erfüllen!

31. Netzstrümpfe ohne Netz

Mit Sexualität verbinden wir in erster Linie Leidenschaft. Doch sie braucht genauso sehr die Sicherheit. Wie Sie Balance finden für eine schöne Begegnung.

Er (kommt vom Büro heim, sie ist schon seit einer Stunde zu Hause): Guten Abend, Liebling!

Sie (liest im Wohnzimmer einen interessanten Artikel): Guten Abend, ich bin im Wohnzimmer!

Später beim Abendessen.

Sie: Wie war dein Tag?

Er: Wie immer. Ich habe mich ärgern müssen. Aber ich will jetzt nicht drüber reden.

Sie: Ich will doch nur wissen, wie es dir geht.

Er: Ach ja? Du hast mich ja nicht einmal richtig begrüßt, als ich heimgekommen bin.

Beim Zubettgehen im Badezimmer.

Er: Lass uns Sex haben.

Sie: Auf Kommando geht gar nichts.

Er: Das machen wir doch sonst auch immer!

Sie: Ich brauche zuerst einmal eine Verbindung. Ich kann nicht auf Sex-Hexe tun, wenn du mir nicht einmal erzählst, wie es dir geht.

Er: Und wenn du mich nicht einmal begrüßt und mich offenbar nicht richtig wahrnimmst, ist Sex doch die einzige Möglichkeit, dass ich dich wirklich spüren kann!

Ein Phänomen, das wir bei vielen Paaren beobachten können, ist, dass sie den Sex externalisieren, wenn es nicht so gut läuft. Sie sagen dann: „Die Sexualität ist uns abhandengekommen", als wäre sie eine eigene Person, die man nur anrufen braucht, damit sie wieder einmal vorbeischaut. Als wenn es so einfach wäre! Sie können ja einmal versuchen, bei der Sexualität anzurufen. Doch da wird niemand abheben. Es geht da schon um die Befreiung in uns selbst! Da müssen wir uns selbst drum kümmern, dass Leidenschaft möglich ist. Wenn wir Hunger haben, sorgen wir schließlich auch dafür, dass Essen auf den Tisch kommt, und warten nicht, bis uns ein Brathuhn von selbst in den Mund fliegt.

Was können Sie also tun, damit die Sexualität in Ihrer Beziehung wiederbelebt wird? In langjährigen Beziehungen kann es daran liegen, dass es an Sicherheit fehlt. Sie ist abhandengekommen, weil sich zu viele Konflikte angestaut haben und wir vor allem im Trubel des Alltags ganz darauf vergessen, dass wir nicht nur Abteilungsleiterin, Verkäufer, Mutter, Vater und Freundin oder Freund sind, sondern auch sexuelle Wesen. Wenn wir den ganzen Tag in verschiedensten Rollen leben, brauchen wir unbedingt eine klare Erinnerung daran, dass wir Frau und Mann, Frau und Frau oder Mann und Mann sind. Das Abenteuer, das wir nämlich so brauchen wie die Sicherheit, entwickelt sich dort, wo wir uns als sexuelle Wesen wahrnehmen.

Wir brauchen also ein Sicherheitsnetz, damit wir die Netzstrümpfe aus der Schublade holen und uns an der Erotik und Intimität erfreuen können. Dafür sind beide gleichermaßen verantwortlich! Oft meint man ja eher „Er will nie Sex haben, also muss er es richten". Doch Schuldzuweisungen helfen so gut wie nie in einer Beziehung (und unserer Meinung nach auch sonst nicht). Denn es tragen immer beide dazu bei, wenn Sexualität nicht stattfindet. Daher sind auch beide dafür verantwortlich, für Sicherheit zu sorgen und für die Leidenschaft. Was können Sie also tun?

Eine ganz einfache Möglichkeit kann Wunder wirken. Wenn Sie vom Büro aus schon ein SMS schreiben „Schatz, ich denke gerade an dich. Ich freue mich, wenn wir uns heute Abend eine schöne Zeit machen und ins Bett gehen" beispielsweise. Oder wenn Sie beim Kochen des Abendessens Ihrer Liebsten ins Ohr raunen, wie attraktiv Sie sie finden und ihr neckisch auf den Po klopfen. Oder wenn – wie oben in der Szene – er nach Hause kommt und sie aber ihre Tätigkeit unterbricht und ins Vorzimmer kommt, ihn umarmt und küsst und sagt, wie sehr sie sich freut, dass er da ist. Dann entsteht die Erinnerung: Ja, wir haben eine Verbindung, wir sind Frau und Mann!

Für viele Männer ist es leicht, Kontakt über den Körper herzustellen, auch wenn das nicht für alle gilt. Dass Männer nur Sex brauchen, ist jedoch ein Vorurteil. Männer brauchen manchmal die körperliche Nähe in Form einer Umarmung zum Beispiel, um in Verbindung zu kommen. Viele Männer tun sich schwer damit zuzugeben, dass sie über den Tag hin mehr körperliche Berührungen brauchen als Frauen. Genauso brauchen viele Frauen es für eine gute Verbindung, dass der Mann ihnen erzählt, wie der Tag war. Sie möchte sich auf seine Welt eintunen. Erst dann kann sie sich beim Sex fallen lassen und das Gefühl haben, dass er auf sie aufpasst.

Ein weiterer Aspekt für gelingende Sexualität ist auch das Timing – wir haben einen eigenen Impuls darüber geschrieben.[26] Wenn Ihre Frau vor dem Schlafengehen noch Schularbeitshefte verbessern muss, ist es vom Timing her wahrscheinlich ungünstig, wenn Sie sie dabei unterbrechen und Sex einfordern. Oder wenn Sie wissen, dass Ihr Mann am Vormittag einen schwieri-

---

26 Impuls Nr. 22

gen Termin im Büro hat, dann ist es wohl eher ungünstig, wenn Sie in der Früh mit ihm Sex haben wollen. Es ist auch gut, wenn Sie sich darüber austauschen, welcher Typ Sie in Bezug auf Tagesrhythmen sind. Haben Sie Sex lieber morgens, mittags oder abends? Wenn Sie da nicht gleichgesinnt sind, hilft es, wenn einmal der eine, einmal die andere entgegenkommend ist.

Es kann auch den umgekehrten Fall geben, dass ein Paar nicht zu wenig Sicherheit hat, sondern zu viel. Wenn Sie vor lauter Sicherheit gar nicht mehr wissen, was Abenteuer eigentlich ist, dann sollten Sie mehr auf diese unterbelichtete Seite Ihres Lebens achten. Überlegen Sie: Welche Fantasien habe ich, die ich gerne mit meiner Partnerin, meinem Partner realisieren möchte? Falls Ihnen nicht viel einfallen sollte: Erinnern Sie sich zurück, als Sie bis über beide Ohren verliebt waren: Was haben Sie da alles angestellt, das Sie auch heute noch schön fänden? Sammeln Sie Ideen und schreiben Sie mindestens zehn auf, bevor Sie sich austauschen. Schon das Darüber-Reden kann ein Prickeln erzeugen und Vorfreude – und schon ist sie da, die Aufregung.

Dabei darf es ruhig auch ein bisschen peinlich werden, wenn Sie einander die Liste Ihrer Fantasien vorstellen. Denn das bedeutet, dass Sie dabei sind, Ihre Komfortzone zu verlassen. In Impuls Nr. 14 haben wir darüber geschrieben, wie wichtig das ist, um Veränderung herbeizuführen. In unserer Praxis berichten viele Frauen, dass es sie unter Druck setzt, wenn ihre Männer sich wünschen, dass sie Reizwäsche anziehen. „Er liebt nur meinen Körper" oder „Das ist peinlich, so bin ich nicht" kommt dann als Reaktion.

An dieser Stelle möchten wir Sie ermutigen: Springen Sie über Ihren Schatten! Seien Sie mutig und wagen Sie etwas

Neues. Genießen Sie die Aufregung dabei. Auch in unserem Sexualleben gab es lange Zeit viele Peinlichkeiten. Sabine hat dabei der Spruch „Fake it until you make it" sehr geholfen. Sie hat es ausprobiert und ist oft draufgekommen, dass es tatsächlich Spaß bereitet. Andere Dinge haben wir wiederum ausprobiert, um festzustellen: Nein, das ist nichts für uns. Die Sache mit einem Nobel-Stundenhotel zum Beispiel, für das wir zu unserem 50. Geburtstag einen Gutschein geschenkt bekommen haben. Es ist schon eine spannende Erfahrung, für eine kurze Zeit Teil dieser verruchten Welt zu sein. Doch letztlich haben wir es dann nicht mehr wiederholt. Das ist eine weitere wichtige Botschaft an Sie: Seien Sie mutig für das Unbekannte – doch verbiegen Sie sich nicht. Wenn Sie sich einfach nur schlecht, übergangen und allein gelassen fühlen, dann war es zu viel für Sie. Suchen Sie erneut das Gespräch, damit Sie Ihre Intimität so gestalten können, dass es auch für Sie gut passt.

Um wieder mehr Leidenschaft in die Beziehung zu bringen, empfehlen wir auch etwas, das bei vielen zunächst auf Befremden stößt: Vereinbaren Sie ein Date! Viele meinen, Intimität müsse spontan entstehen. Doch falls die Intimität bei Ihnen eingeschlafen ist, haben Sie ja den besten Beweis dafür, dass es im Alltag mit der Spontaneität nicht weit her ist. Und wie bereits geschrieben: Wenn Sie Hunger haben, warten Sie auch nicht darauf, dass Ihnen die gebratenen Tauben in den Mund fliegen. Das Schlaraffenland ist ein Märchenland! Sich ein Date auszumachen, hat außerdem noch viele angenehme Nebeneffekte: die Vorfreude! Das Sich-drauf-Vorbereiten! Zelebrieren Sie diese Dates, indem Sie sich schön machen, etwas Feines anziehen. Und die Vorfreude wird noch verstärkt durch

Andeutungen: „Ich werde heute Abend das Hemd tragen, von dem du sagst, dass seine Farbe meine Augen so schön zur Geltung bringt." – „Halte dich an heute Abend, weil heute trage ich meine roten Dessous mit den Strapsen!"

Wenn Sie sich über Ihre Fantasien austauschen, lesen Sie bitte auch unseren Impuls Nr. 20. Spiegeln Sie, was Ihnen der oder die andere erzählt, und bewerten Sie bitte nicht. Wenn Sie bei jeder Idee aufschreien „Was?! Das willst du?!" oder „Na geh, das ist doch nichts Besonderes", wäre das ein Killer in Ihrer Kommunikation.

Übrigens, wenn Sie gerade in keiner Beziehung leben, laden wir Sie ein, sich trotzdem mit diesem Thema auseinanderzusetzen. Schreiben Sie auf, welche Erfahrungen im Bereich der Intimität und Sexualität Sie gerade besonders vermissen. Welche möchten Sie in naher Zukunft gerne wieder haben? Welche möchten Sie lieber mit sich alleine leben? Erhalten Sie Ihre Fantasie am Leben! Wir hatten einmal eine Frau in der Praxis, die das Thema Sexualität völlig zur Seite schob, weil sie Single war und nicht daran erinnert werden wollte, dass sie alleine war. So versiegte dieses Thema in ihrem Leben und sie konnte gar nicht mehr fühlen, wie es ist, ein sexuelles Wesen zu sein. Erst ein paar Bücher über das Thema Weiblichkeit halfen ihr. Es dauerte zwar, bis sie wieder einen Partner finden konnte, bei dem sie sich sicher fühlte. Doch sie erzählte uns, wie wichtig diese Vorbereitung für sie und ihre Beziehung war.

32. Das hat mein Ex auch immer gesagt

Zu viel Sex, zu wenig Sex, den falschen Sex. Über Sinn und Unsinn des Vergleichens und Bewertens in der neuen Partnerschaft.

Sie und er sind frisch verliebt. Eng aneinandergedrückt stehen sie in einer abgelegenen Nische der Hotelbar und schmusen und fummeln, was das Zeug hält. Die Sache wird immer heißer, schließlich zieht sie ihren Zimmerschlüssel aus der Jeanstasche und hält ihn ihm vor die Nase.

Sie: Was meinst du, wäre heute nicht die perfekte Nacht für unser erstes Mal?

Er küsst sie und grinst, wortlos packt er sie an der Hüfte und geht mit ihr zum Aufzug. Im Aufzug wird heftig weitergeschmust.

Sie (denkt): Oh mein Gott, er ist so süß! Hoffentlich gefalle ich ihm. Und hoffentlich hat er nicht auch wieder ein Problem, weil mein Busen zu klein ist.

Er (denkt): Sie ist so ein geiler Schatz! Da muss ich mich diesmal aber ordentlich anstrengen, denn diese Frau möchte ich endlich wirklich glücklich machen!

Der Sex ist dann – wie es beim ersten Mal eben passieren kann – etwas angespannt. Danach liegen sie beide etwas unsicher nebeneinander.

Sie: Sag schon, du hättest es lieber, wenn mein Busen größer wäre.

Er: Gar nicht, deiner ist genau richtig. Ich mag Frauen mit zartem Busen. Aber ... ich glaube, ich war dir nicht leidenschaftlich genug, oder? Meine Ex hat viel lauter gestöhnt.

Sexualität und Leistungsdruck sind etwas, das zusammenpasst wie Sachertorte und saure Gurken. Diese unbekömmliche

Mixtur ist oft genug das beginnende Ende einer Beziehung. Wenn zwei Menschen Haut an Haut zusammenkommen, ist das so etwas Einmaliges und Individuelles! Nur weil der Ex lieber einen größeren Busen gehabt hätte, heißt das noch lange nicht, dass alle Männer dieser Welt darauf stehen. Es ist eher so: Es gibt so viele Menschen auf der Welt, wie es Geschmäcker gibt. So gesehen können wir also diesbezüglich unsere Vorerfahrungen getrost an der Garderobe abgeben und mit dem neuen Mann, der neuen Frau den Zauber genießen, der jedem Anfang innewohnt.

Das ist natürlich leichter gesagt als getan. Wir werden geplagt von älteren und jüngeren unliebsamen Erfahrungen. Viele von uns denken mit Grauen an ihre Pubertät, in der wir mit unserem Körper nicht im Reinen waren. Und dann war da auch noch der Freundeskreis, der einen hänselte wegen der Spaghettihaare, der zu langen Nase, den hervorstehenden Zähnen oder der zu großen Unterlippe. Solche Verletzungen sitzen tief und werden meist nicht ausgeräumt, weil wir als Pubertierende nicht nur mit unserem Aussehen, sondern auch mit unseren Hormonen kämpfen oder lautstark gegen die Altvorderen rebellieren müssen. Schlimm ist es dann, wenn der Partner, die Partnerin genau in diese alte Kerbe schlägt und die ganze vermeintliche Unzulänglichkeit von zu breiten Hüften und zu schütterem Haar wieder hochkocht. Wieder ist der Körper nicht gut genug und wieder schaffe ich es nicht, den anderen glücklich zu machen.

Genauso können Vorbeziehungen uns vieles verleiden. Der oder die Ex wollte zu viel Sex oder zu wenig, und die Hoffnung nach dem richtigen Maß kriegt der oder die Neue zu spüren. Oder man will es selbst diesmal besser machen. Oder man erwartet, dass der tolle Sex weitergeht wie bisher. Und so mutiert die neue Partnerin schnell zur Erfüllungsgehilfin, als wäre sie eine aufblasbare Puppe, mit der man dieselbe Sexualität wieder erleben will. Nicht anders, nur mit anderen Vorzeichen, ist es mit Verletzungen, die man nur ja nicht wieder erleben will.

Grundsätzlich kann man in einer vertrauten Beziehung gerne erzählen, was im früheren Leben passiert ist. Doch wenn wir über Ex-Partner sprechen, sollten wir uns klar sein, dass diese Personen nicht anwesend sind und sich nicht wehren können. Daher ist es wichtig zu überlegen, was man wann und wie erzählt. Ein „Meine Ex hatte nicht so schön straffe Oberarme" mag nett gemeint sein, doch so etwas kommt wie ein Bumerang später retour, wenn die Neue sich fragen muss: Wenn ich irgendwann nicht mehr täglich trainiere, wird er mich dann nicht mehr lieben, so wie seine Ex? Wird er mich dann auch so abwerten? Und dass ein „Also mein Ex hat länger durchgehalten" nicht gerade für einen entspannten, authentischen und vertrauensvollen Sex sorgt, liegt wohl auf der Hand.

Jede Beziehung ist etwas Einmaliges, jede Sexualität ist einzigartig und Sex kann nicht jedes Mal gleich sein. Bei unserer Sexualität greifen wir auf viele Ressourcen zurück – und sie ist beeinflusst von der Tagesverfassung, Launen und was sich sonst noch im Leben tut. Einmal ist sie überschäumend, einmal schaumgebremst. Wenn wir nicht aufpassen, sind wir ganz schnell nicht nur zu zweit im Bett, sondern da sind dann auch noch der Chef, der einen heute angebrüllt hat, die Mutter, die einen vor den Männern gewarnt hat, und der YouTube-Star, der sich neuerdings mit Kamasutra-Beratung mehr Aufmerksamkeit erhofft und uns diese eine neue Stellung empfohlen hat, die so unglaubliche Höhenflüge verspricht.

Was Sie tun können, um zumindest den oder die Ex nicht auch noch mit im Bett haben zu müssen: Wenn Sie bemerken, dass Sie Vergleiche anstellen, dann sollten Sie überlegen, sich von ihr oder ihm loszulösen und sich gut zu verabschieden. Denn offenbar ist da noch etwas offen. Da kann es schon Sinn machen, auch an eine therapeutische Begleitung zu denken. In unserem ersten Buch[27] haben wir dem Thema Abschied ein ganzes Kapitel gewidmet. Abschied zu nehmen bedeutet, die Vorerfahrungen zu sortieren, sie zu benennen, um sie dann loszulassen. Aus dem Groll eine Trauer zu machen darüber, was in der Vorbeziehung nicht möglich war, und Dankbarkeit zu entwickeln für das, was schön war. Speziell in Bezug auf die Sexualität ist dabei wichtig, auch das zu verabschieden, was man nicht erleben konnte, damit man es in der ursprünglichen Beziehung lässt, anstatt es in die neue mitzunehmen.

Weil wir vorhin das Kamasutra erwähnt haben: Lösen Sie sich auch von den vielen Idealisierungen, die uns von jenen Expertinnen und Experten vorgegeben werden, die offenbar Zaubermittel zu verkaufen haben, die für alle Paare gleichermaßen gut sein sollen. Doch Sexualität ist etwas so Individuelles, da lässt sich nichts über einen Kamm scheren. Die unglaublich berauschende Stellung mag für ein Paar toll sein, doch das muss nicht für alle gelten.

Aus unserer Sicht mangelt es bei derlei Ratschlägen und Heilsversprechen an Respekt vor der Vitalität und Vielfalt der Menschen. Wir sind keine Maschinen, die man nur mit den richtigen Codes programmieren muss und schon sprudelt die Sexualität.

---

27 Leih mir dein Ohr und ich schenk dir mein Herz, Orac 2010

Auch Vergleiche mit der Schwester oder dem Bruder tun nicht gut. Sie entstehen oft dadurch, dass Vater oder Mutter sie aussprechen: „Nimm dir ein Beispiel an deiner Schwester, die hat jetzt schon einen Freund. Du wirst nie einen finden." Oder: „Dein Bruder geht schon in die Tanzschule, du wirst sehen, er wird schneller eine Freundin haben als du." Oder Sätze aus unserer Kindheit, die sich einbrennen im Gehirn, wie beispielsweise: „Du wirst einmal nicht wie dein Vater, der immer nur an das eine denkt." Oder: „Du bist viel hübscher als deine Mutter und wirst deinen Mann bestimmt glücklich machen." Mit solchen Sätzen wird Konkurrenz geschürt, und später, wenn wir erwachsen sind, müssen wir dann besser sein als die Mutter oder der Vater. Hier ist es gut, Vergleiche oder Prognosen bei jenen zu lassen, die sie ausgesprochen haben. Schicken Sie sie zurück an den Absender.

Intimität ist kein Marathon, den man schafft, wenn man nur ordentlich trainiert. Intimität ist eine Begegnung der besonderen Art, die uns mit dem Menschen verbindet, mit dem wir eine ganz einzigartige Beziehung haben, die unvergleichlich ist. Je besser wir uns von unseren Vorerfahrungen und Idealen lösen können, umso besser kann eine Intimität und Sexualität entstehen, von der wir uns bisher nicht einmal erlaubt haben zu träumen.

33. Exklusivität als Einschränkung?

Monogamie oder Polyamorie – zu philosophieren oder zu moralisieren, was besser oder „natürlich" ist, wollen wir den Philosophinnen und Glaubensvertretern überlassen. Unser Appell heißt: Finden Sie heraus, was Sie brauchen, um sich hingeben zu können.

Er (sitzt mit ihr in ihrer ersten Paartherapiesitzung): Ich gebe ja zu, ich wollte nie eine Paartherapie machen. Doch jetzt ist wirklich Feuer am Dach. Denn sie hat eine Affäre!

Sie: Und wie viele Affären hattest du?

Er: Das war doch etwas ganz anderes! Da ging es nicht um Gefühle, sondern nur um Sex. Aber du? Ich spüre doch, dass du verliebt bist.

Sie: Ja, vielleicht. Aber wie lange hast du mich schon nicht mehr berührt? Ich habe versucht, dir deine Affären zu vergeben, aber du hast dich dann ja erst recht nicht auf unsere Beziehung eingelassen. Jetzt habe ich jemanden gefunden, der es ehrlich mit mir meint.

Er: Dann bleib doch gleich dort!

Sie: Dann brauchen wir aber diese Paartherapie hier nicht.

Er: Doch. Ich weiß nämlich, warum ich hier bin: Ich liebe dich und will dich zurückhaben. Aber ich glaube, du bist ohnehin schon weg.

Vor über 40 Jahren haben wir Bösels uns für eine Beziehung zu zweit entschieden. Es ist uns nicht immer gelungen, denn wir hatten beide Affären. Letztlich sind wir für uns zu dem Entschluss gekommen, dass wir gemeinsam – und freiwillig! – den Schatz der exklusiven Intimität hüten wollen. Dies und die vielen Paare, die bei uns in Paartherapie waren, haben uns gelehrt: Dieser Schatz sollte so gehoben werden, dass es für beide genügend Freiheit gibt und beide ihn wie einen wertvollen Edelstein schützen und pflegen wollen.

Jedes Paar hat grundsätzlich alle Ressourcen in sich, die es braucht, um ein gelungenes Beziehungsleben und damit auch Intimität und Sexualität zu leben. Wenn wir glauben, dass uns etwas fehlt, dann hat das in Wahrheit oft mehr mit unseren Vorfahren und unserer Sozialisation zu tun als mit der Person, mit der wir zusammenleben. Gleichzeitig sind die Momente, in denen wir erkennen, dass uns etwas fehlt, jene, die uns dazu veranlassen sollten, zunächst eine Verbindung zu uns selbst und zu unseren Partnern zu suchen und in Gesprächen eine gemeinsame Intimität und Sexualität neu zu entwickeln, etwas Eigenes zu finden, eine individuelle, gemeinsame Tradition zu schaffen.

Das größte Gift für guten Sex ist jede Form von moralischen Beurteilungen. Wenn uns jemand sagt, was man tun darf und was nicht – seien wir uns ehrlich: Schon Kinder reagieren darauf mit Trotz, und Erwachsene genauso. Je größer das Verbot, desto größer der Wunsch, es zu umgehen! Ein Beispiel: Ein Mann fühlt sich eingesperrt bei der Vorstellung, seiner Frau treu zu sein. Ihn mithilfe der Moralkeule davon abzuhalten, Affären zu haben, wird wenig bewirken. Da ist es schon viel sinnvoller, hinter die Kulissen seines Verhaltens zu schauen. Ein mögliches Szenario: Er wurde als Kind und Jugendlicher in seiner Freiheit eingeschränkt, indem seine Eltern ihm verboten haben, zu seinen Freunden zum Spielen zu gehen oder Einladungen zu Partys anzunehmen. Er hat sich eine Frau gesucht, bei der er sich wiederum in seiner Freiheit eingeschränkt fühlt, also geht er fremd, fühlt sich jedoch schlecht dabei, weil sein

Verhalten moralisch verwerflich ist. Solang er dieses unangenehme Gefühl nur beiseiteschiebt, wird er sich von seinem Dilemma nicht befreien können. Da braucht es schon die Auseinandersetzung – einerseits mit seiner Geschichte, andererseits mit seiner Partnerin.

Moral ist nicht nur eine Frage der Sozialisation, sondern hat auch damit zu tun, was wir uns am Anfang einer Beziehung versprochen haben. Da gehen wir mit unseren Ritualen sehr unbewusst um. Wir versprechen uns am Standesamt die Treue, doch wir leiern das Gelöbnis nur herunter ohne echtes Commitment. Auch da sind unsere Eltern natürlich ein Vorbild in jeder Hinsicht.

Monogamie wird von vielen mit Einschränkung gleichgesetzt. Monogamie können Sie jedoch auch wie einen wunderschönen Fächer betrachten, mit dem Sie sich an einem heißen Sommerabend frische Luft zufächeln. Die Schönheit eines Fächers wird erst sichtbar, wenn wir ihn öffnen – genauso wie die Monogamie, wenn Sie mit Ihrer Frau oder Ihrem Mann Ihre Sexualität und Intimität so richtig entfalten und mit allen Facetten leben, die zu Ihnen passen.

Wenn Sie jedoch merken, dass der Fächer Ihnen zu wenig bunt ist, Sie also ein Manko empfinden, dann heißt das nicht, dass Monogamie nicht bunt genug ist, sondern dass Sie Ihren Beziehungsfächer nicht weit genug geöffnet haben. Mankos in der Sexualität sind stets Mankos in der Beziehung. Wir wollen das Loch dann mit einer dritten, vierten, fünften Person ausfüllen, doch das wird Sie zu keiner echten, dauerhaften Befriedigung (in jedem Sinn des Wortes) führen. Die vielen Paare, die wir begleiten durften, haben uns gelehrt, dass es sehr wohl Beziehungen gibt, wo man sanft und wild, sauber und schmutzig, feinfühlig und derb, zurückhaltend und exzessiv geil sein darf. Dann empfindet man auch kein Manko mehr.

Auch wir hatten in unserer Beziehung das Thema Außenbeziehungen über viele Jahre lang. Wir haben uns die Affären gegenseitig um die Ohren gehauen und die Schuld immer beim anderen gesucht. Zum Glück sind wir drangeblieben und haben die Hintergründe erforscht. Letztlich hatten wir beide Angst vor jener Nähe, die entsteht, wenn man sich auf eine tiefe Intimität einlässt, wenn also der Fächer ganz weit geöffnet wird. Sobald die Angst das Steuer übernimmt, hat die Nähe keine Chance. Denn wenn Sie sagen „Ich muss ihr diese zwei anderen Männer zugestehen, denn sonst verlässt sie mich ganz", gibt es keine Basis für die Entwicklung einer gemeinsamen Sexualität mehr.

Im Grunde werden wir dann untreu, wenn wir uns selbst nicht treu sind, nicht zu unseren eigenen Wünschen stehen. Wenn wir unsere Sehnsüchte nicht aussprechen und nicht einfordern, sondern unter den Teppich kehren, ist das letztlich Betrug an uns selbst. Sprechen Sie Ihre Partnerin, Ihren Partner darauf an, fordern Sie sie oder ihn heraus! Sagen Sie: „Schatz, möchtest du bitte ein anderes Parfum auftragen, ich kann das alte nicht mehr riechen." Oder – wenn wir schon beim Geruch sind: „Schatz, es ist mir wichtig, dass du dich täglich duschst." Oder: „Schatz, ich wünsche mir Sex mit dir, wenn du vom Laufen kommst und ganz verschwitzt bist und deine Hemmungen fallen lässt." Gerade wenn es ums Riechen geht, können wir uns nicht manipulieren. Wir können vielleicht mit einer Wäscheklammer auf der Nase Sex haben, nur verzichten wir dann komplett auf eine wichtige Sinneserfahrung beim Sex.

Für uns ist Intimität jener Zustand, in dem ich einem Menschen gegenüber bereit bin, einen nächsten Teil meines Fächers zu zeigen. Vielleicht ist es mir peinlich, mir Sex im Freien zu wünschen, noch dazu, wenn ich davon ausgehe, dass meine Partnerin damit Probleme haben wird. Für die Partnerin ist der Ausdruck dieses Anliegens dennoch ein wunderbares Geschenk, in dem all sein Vertrauen und seine Liebe steckt! Schon allein deshalb ist es angebracht, zuerst einmal diesen Wunsch zu hören und den Mut wertzuschätzen und sich erst dann damit auseinanderzusetzen. Ob sie sich darauf einlässt, ist dann wiederum eine andere Frage. Die eigenen Grenzen zu respektieren, ist dabei wichtig. Wenn ich merke, Sex im Freien ist für mich ein absolutes No-Go, dann ist es jedoch meine Aufgabe, in Liebe und Klarheit Nein zu sagen – und bereit zu sein zu erkunden, ob es zwischen Ja und Nein vielleicht einen dritten Weg gibt, der für beide neu und dennoch akzeptierbar ist.

Seien Sie neugierig, sich selbst kennenzulernen und die eigenen Wünsche, Sehnsüchte und Träume zu erforschen. Tauschen Sie sich aus, reden Sie über Ihre Fantasien – nicht mit dem Ziel, sich unbedingt durchzusetzen, sondern mit dem Ziel, etwas Gemeinsames daraus zu entwickeln. Einen Schatz, der nur Ihnen beiden gehört und auf den sonst niemand anderer Zugriff hat. Etwas ganz Eigenes, in dem sich Sicherheit, Vertrauen und Abenteuer vereinen, etwas, das Sie beide stolz und glücklich macht.

Streit, Konflikt und kleine Ärgernisse

Bei Konflikten regieren die Gefühle, und das bedeutet, dass unser Verhalten und unsere Kommunikation unbewusst gesteuert werden.

Hier gibt es Aufklärung und Denkanstöße, wie wir Konflikte sinnvoll gestalten, sodass sie sich wirklich auflösen, anstatt sich später wieder zu entladen.

34. Nichts wie weg. Beim nächsten Mann wird alles anders

Wir leuchten die Missverständnisse aus, die uns glauben lassen, dass Davonlaufen der Weg ist, der uns glücklich macht.

Sie: Mir reicht's! Ich lass mich von dir nicht mehr länger anschreien. Ich gehe! Dann kannst du ja schauen, wie du allein zurechtkommst!

Er: Dann geh doch! Mach, was du willst!

Sie: Da kannst du Gift drauf nehmen. Morgen Abend bin ich weg!

Wenn Konflikte nicht mehr enden wollen und wir uns zu Hause unwohl fühlen, kommt irgendwann der Punkt, da denken wir an Trennung. Kein Mittel scheint mehr zu helfen, also scheint die Flucht aus der Beziehung die einzige Lösung zu sein. Aus unserer Erfahrung steckt in den meisten Fällen Panik dahinter. Die Beziehung gibt uns entweder keine Sicherheit mehr oder es fehlt an Abenteuer oder noch schlimmer: Es fehlt beides! Also suchen wir die Sicherheit und das Abenteuer woanders. Und wir glauben, in einer neuen Partnerin bzw. einem neuen Partner das Seelenheil zu finden.

Die Panik, die uns dabei antreibt, ist uns meist nicht bewusst und auch nicht ihre Hintergründe. Und sie ist – je nach Typ – unterschiedlich gut erkennbar. Bei einem Maximierer, einem Hagelsturm, werden wir die Panik schneller erkennen als bei einer Schildkröte[28], die ihre Panik meist gut unter ihrem Panzer versteckt. Die aufkeimende Panik hängt mit unseren

---

28 Näheres dazu finden Sie in Impuls Nr. 11

wundesten Punkten zusammen. Sie bezieht sich auf Situationen, wo wir als Kind missachtet und verletzt wurden und uns nicht wehren konnten. Vielleicht haben wir damals auch einen Beschluss gefasst: Nie wieder lasse ich es zu, dass man so mit mir umgeht! Und den rufen wir bis heute unbewusst ab, immer dann, wenn wir in ähnliche Situationen kommen.

Wenn wir die Koffer packen und den Partner, die Partnerin verlassen, sind wir zuerst einmal erleichtert. Wir fühlen uns bei der Freundin, bei den Eltern, im Hotel, oder wo auch immer wir vorübergehend Unterschlupf finden, erst einmal in Sicherheit. Endlich können wir wieder durchatmen. Diese Erleichterung führt uns zu dem fatalen Glauben, dass das die Lösung ist und uns nun alle Möglichkeiten für eine neue, bessere Beziehung offenstehen.

Was jedoch weitaus wahrscheinlicher ist: Die neue Partnerin hat zwar einen besser dotierten Job, der neue Mann hat blaue statt braune Augen. Doch von der Seelenstruktur her werden wir uns jemanden aussuchen, der oder die dem Vorgänger, der Vorgängerin sehr ähnlich ist.[29] Das heißt, die Chancen auf dieselben Verstrickungen und Konflikte sind sehr groß. Wir können vor dem Partner oder der Partnerin davonlaufen, doch vor dem Thema und vor allem vor uns selbst nicht!

Da hilft nur eines: Verhaltensmuster durchbrechen und neue etablieren. Was wir dafür brauchen, sind Menschen, die uns liebevoll konfrontieren, und zwar nicht unmittelbar im oder nach dem Konflikt, sondern mit Zeitabstand. Wenn sich die Gemüter beruhigt haben, können wir besonnener nachdenken und sind bereit, uns aufeinander einzulassen. Im Idealfall

---

29 Die Gründe dafür können Sie in Impuls Nr. 8 nachlesen

ist das der Partner, die Partnerin, doch das ist in einer so geladenen Situation leichter gesagt als getan. Vielleicht sind es also die gute Freundin, der wohlwollende Bruder oder auch professionelle Beraterinnen und Therapeuten, die allparteilich zuhören und für einen guten Rahmen sorgen, wie beispielsweise die Wahl eines neutralen Orts, wo man sich gut austauschen kann.

Dann wird es leichter, einander gegenüberzutreten und zu erkennen: Da ist ja gar kein Säbelzahntiger, sondern ein Mensch, den ich eigentlich liebe, der aber bei jedem Streit genauso sein altes Stressmuster aktiviert wie ich selbst. Wenn wir in der Lage sind, die Not hinter der Aggression, dem Rückzug, der Abwehr, den Abwertungen, den Beschuldigungen zu erkennen, dann können wir auch verstehen, dass es in Wahrheit gar nicht um den Autokauf geht oder darum, wer die Kinder von der Schule abholt oder den Müll rausbringt, sondern meist um eine alte Wunde, die erst noch geheilt werden will.

Das gilt genauso für die eigenen Wunden. Bewusste Beziehung heißt, auch den eigenen Beitrag anzuschauen: Was trage ich dazu bei, dass wir immer wieder über dieselben Dinge streiten? Aufschlussreich ist auch zu prüfen: Habe ich in jungen Jahren ein Schutzmuster gelernt, das ich unbewusst anwende? Vielleicht reagiere ich auf einen sachlichen Einwand meines Partners deshalb aggressiv, weil ich als Kind nie ernst genommen wurde und mich daher bis heute sehr schnell abgewertet fühle.

Auch interessant: Welches Beziehungsmodell habe ich als Kind bei den Eltern oder anderen Erwachsenen beobachtet? Vielleicht habe ich ja schon als kleines Kind gelernt, die Mama zu stützen, die ich als Opfer empfunden habe. Immerhin sind die Eltern das erste Paar, das wir beobachtet haben. Was wiederhole ich unbewusst – oder drehe es ins Gegenteil, weil ich glaube, mich so zu emanzipieren? Wenn wir in Konflikte geraten, rufen wir alle immer zuerst das Verhalten ab, das wir gelernt und damit schnell parat haben.

Im Bestreben nach Flucht finden manche auch zu der Alternative „Trennen auf Zeit". Doch das ist tatsächlich nur eine etwas vorsichtigere Variante der Flucht. Wir kappen dadurch genauso alle Kommunikationsmöglichkeiten. Wir nehmen die letzten Bilder mit – das sich gegenseitig Anschreien, die gemeinen Anschuldigungen, die Verletzungen. Jeden Tag schauen wir sie uns an und jeden Tag malen wir sie weiter. So, wie das Gedankenkarussell in unserem Hirn es uns vorgibt, das sich ohne Resonanz durch andere immer schneller dreht. Der vorübergehende Kontaktabbruch sorgt dafür, dass wir zwar keine unangenehmen Erfahrungen mehr machen. Doch es fallen auch alle nährenden Erfahrungen weg, die wir mit dem Menschen machen könnten, dem wir vor vielen Jahren ewige Liebe versprochen haben. Am Ende haben wir ein Schreckensbild gemalt, das uns darin bestärkt, dass der andere untragbar ist.

Die sinnvolle Alternative zur Trennung auf Zeit ist, über eine bewusste Verabschiedung nachzudenken. Eben kein Davonlaufen, sondern ein gemeinsamer Prozess des Voneinander-Lösens, in dem gut darauf geschaut wird, was einander verbunden hat und was genau passiert ist, sodass es notwendig ist, die Beziehung zu beenden. So ein Prozess braucht seine Zeit und auch den nötigen Mut. Mut deshalb, weil wir ehrlich auf uns und unsere Beziehung hinschauen und uns damit konfrontieren müssen, dass wir uns bewusst voneinander verabschieden. Damit ist auch Angst im Spiel, selbst bei dem Teil, der sich trennen will. Es ist leichter davonzulaufen, als noch einmal hinzuschauen, was mich mit diesem Menschen im angenehmen wie unangenehmen Sinn verbunden hat. Nach unserer Erfahrung sind vier bis sechs Wochen pro gelebtem Beziehungsjahr vonnöten, um alles gut zu klären. Vor einer Trennung haben wir die rosarote Brille längst durch eine dunkelgraue ersetzt. Bei einer bewussten Verabschiedung nehmen wir auch die ab und schalten stattdessen unser Gehirn ein, um wirklich gut zu prüfen, ob es nicht doch gute Gründe gibt, mit dieser Frau oder diesem Mann zusammenzuleben. Denn unter einer schnellen Trennung leidet nicht nur das Paar, auch Freunde, Verwandte und natürlich die Kinder. Letztere leiden doppelt: nicht nur an der stets aufgeladenen Stimmung der Eltern, sondern auch später, wenn sie das unreflektierte Verhalten ihrer Eltern in ihre eigene Beziehung mitbringen und wiederholen.

Es gibt allerdings einen wirklich guten Grund, die Koffer zu packen: Wenn beispielsweise Gewalt im Spiel ist, macht es durchaus Sinn, physisch auf Abstand zu gehen. Hier wäre es zynisch zu sagen: „Ich muss bleiben und reden." Das gilt auch für jene, die selbst merken, dass sie gewalttätig werden könnten. Doch auch solchen Paaren empfehlen wir: Suchen Sie trotzdem weiter die Verbindung. Meistens tragen beide etwas dazu bei, dass es so eskaliert. Und Sie wollen bestimmt in Ihrer nächsten Beziehung neue, bessere Erfahrungen machen.

Der Weg der Konfrontation, der Auseinandersetzung mit der Beziehung, mit dem Partner, mit sich selbst, ist aufwändiger als das Davonlaufen. Doch er gibt uns die ganz wunderbare Chance, neue Traditionen zu etablieren und auch den Kindern zu zeigen: Davonlaufen hilft nicht. Reden, zuhören, verstehen, Verhalten verändern – nur das bringt nachhaltigen Frieden.

35. Ich sag Ja, du sagst Nein
Über Ambivalenzen – dass es gut ist, sie zu akzeptieren und wie wir damit umgehen können.

Er: Du hast mir schon 100 Mal versprochen, dass du dich um mehr Sex in unserer Beziehung bemühst. Und stattdessen habe ich den Eindruck, du distanzierst dich immer mehr!
Sie: Ach, du immer mit deinem Sex. Ich will mich nicht dauernd genötigt fühlen. Wenn ich mich genötigt fühle, kann ich mich nicht hingeben. Langsam müsstest du wissen, dass ich nur dann intim sein kann, wenn ich das Gefühl habe, frei zu sein.
Er: Aber genau darum geht es doch: Je weniger Sex du mit mir haben willst, desto unsicherer fühle ich mich und desto mehr will ich deine Nähe. Wie soll ich dir da Freiheit zugestehn!

Nähe und Autonomie, diese beiden Polaritäten spielen wohl in vielen Beziehungen eine wichtige Rolle. Beide Partner sind ambivalent und bewegen sich um ein Thema herum: Ich verstehe deinen Freiheitsdrang und gleichzeitig spüre ich, wie sehr ich deine Nähe brauche. Und umgekehrt: Auch ich möchte dir nahe sein, doch wenn ich mich eingesperrt fühle, kann ich es nicht. Es ist ein Zwiespalt, der nicht nur bei einer Person geparkt werden kann. Die Ambivalenz liegt im Raum zwischen den beiden Personen – wir nennen das den Paarzwischenraum. Es entsteht eine Dynamik aus dieser Ambivalenz, die sich aufschaukelt. Wie auf einer Wippschaukel ist einmal der eine, dann der andere oben, und so kommt es irgendwann zum Konflikt.

Den Hinweis auf eine Ambivalenz findet man oft in der ersten Phase der Verliebtheit. Ein Beispiel: Sie fühlte sich zu ihm total hingezogen, weil er ihr von der ersten Sekunde an vermittelt hat: Ich bin verlässlich, ich will Verbindung, Sicherheit und Nähe – Eigenschaften, die sie in ihrer Kindheit oft vermisste. Die Begeisterung war daher groß. Endlich war jemand wirklich an ihr interessiert und wollte Nähe zu ihr herstellen! Er wiederum war begeistert von ihrem Freiheitsstreben. Sie zeigte ihm, dass das Leben nicht am Tellerrand zu Ende ist, sondern dort erst richtig beginnt. Endlich war da jemand, die ihm zeigte, wie wichtig es ist, das eigene Leben zu leben und das Abenteuer zu suchen.

Eine super Konstellation also! Beide fanden im anderen das wieder, was sie davor schon im Laufe der Kindheit verloren hatten. Das „verlorene Selbst" ist das, was uns fehlt, um die Welt als Ganzes zu erfahren. Indem wir es in der Partnerin bzw. dem Partner wiederfinden, wird diese Sehnsucht nach Ganzheit wieder geweckt und wir spüren das Potenzial, durch die Liebe wieder ganz zu werden.

Doch wie es typisch ist in allen Beziehungen, schleicht sich aus verschiedenen Gründen die Unsicherheit ein. Was machen wir bei Unsicherheit? Je nach Typ greifen wir an, wir flüchten, erstarren oder unterwerfen uns. Ein Machtkampf entsteht, der sich dadurch auszeichnet, dass wir uns auf unsere ursprünglichen Positionen zurückziehen. In unserem Beispiel oben bestand sie auf ihre Autonomie und er auf mehr Nähe.

Eigentlich bekommen wir in der Verliebtheit ja ein verheißungsvolles Bild darüber, wie schön und vollständig und geheilt die Zukunft mit dem Partner bzw. der Partnerin sein kann. Durch den Beziehungsalltag verlieren wir die Nähe und die Verbindung. Daraus entsteht der Machtkampf. Im Alltag holt uns unsere Sozialisation wieder ein, die wir in unserer Erziehung erlebt haben. Was in der Verliebtheit so schillernd war, scheint verloren.

Machtkämpfe haben die Eigenart, dass man gerne als Sieger hervorgehen möchte. Doch es ist eines der wichtigen Dinge, die wir in den letzten 30 Jahren gelernt haben: Wenn es einen Sieger gibt, haben im Grunde beide verloren. Um beim Beispiel Nähe und Autonomie zu bleiben: Wenn sich eine Seite durchsetzt, wird die andere ausgeblendet. Das verlorene Selbst bleibt verloren, die Positionen verhärten sich und die Ambivalenz löst sich nie auf.

Integration ist das Ziel – im Fall der Ambivalenz geht es um einen Prozess des Bewusstwerdens, dass mithilfe des Partners bzw. der Partnerin das verlorene Selbst zurückgewonnen und wieder ins Leben integriert werden kann. Dann muss man es auch nicht mehr beim anderen „parken". Dafür braucht es viel Geduld und Zeit und die Bereitschaft, die Spannung zwischen den beiden Polen aufrechtzuerhalten, anstatt sie schnell wegzubekommen.

Allerdings ist es leichter gesagt als getan, diese Spannung auszuhalten. Spannung entsteht immer im Feld zwischen zwei Polen. In der Verliebtheit ist es gerade diese Spannung, die uns so fasziniert und aufgeregt macht. Allerdings wissen wir auch, dass die Phase der Verliebtheit einem Rauschzustand ähnelt, der sich nach ein paar Monaten legt – länger würden wir diese Aufregung wohl auch nicht durchstehen! Wenn die Verliebtheit dem ruhigeren Alltag weicht, werden diese Spannungsverhältnisse zur Herausforderung. Es gilt, sie sich bewusst zu machen und zu sehen: Welche meiner verlorenen Selbstanteile „parke" ich beim anderen? Wenn ich zu etwas Ja sage und meine Partnerin Nein dazu sagt – wozu sage ich Nein, wo meine Partnerin Ja sagt? Diese Spannung zu halten, dafür braucht es viel Sicherheit und Commitment, möglicherweise auch eine Paartherapie.

Ein Beispiel aus unserer Paarbegleitung soll zeigen, welch hohen Ertrag es hat, die Spannung auszuhalten: Ilse hat eine Einladung von Freunden angenommen, ohne ihren Mann Robert vorher zu fragen. Dementsprechend abweisend reagiert er: „Am Sonntag gehe ich sicher nicht dorthin. Ich habe einen großen Vortrag vorzubereiten und außerdem habe ich null Bock auf Smalltalk." Ilse hat impulsiv zugesagt. Sie fühlt sich nun verpflichtet gegenüber den Gastgebern und ärgert sich über Roberts Abweisung. Robert hat Ilse nicht informiert, dass er am Sonntagabend arbeiten möchte. Würde Ilse als Siegerin hervorgehen, hätte Robert beruflich Probleme. Würde Robert sich durchsetzen, ginge Ilse mit ihrem Bedürfnis leer aus.

Sie waren beide bereit, die Spannung auszuhalten. In zwei Imago-Dialogen[30] wurde deutlich, was bei beiden im Hintergrund ablief. „Ich gebe zu", sagte Ilse, „dass ich zugesagt habe, ohne zu überlegen, was bei uns überhaupt auf dem Plan steht, weil ich unsere Freunde schon so lange nicht mehr gesehen habe. Ich habe mich spontan über diese Einladung sehr gefreut. Ich merke allerdings, dass ich am Sonntagabend auch lieber zu Hause wäre, weil ich nach der anstrengenden Woche Erholung brauche." Und etwas später sagte Robert: „Ich denke mir gerade, dass es wohl einen besseren Zeitpunkt als den Sonntag gibt, um mich auf einen Vortrag vorzubereiten. Gleichzeitig spüre ich den Druck, einen guten Vortrag abzuliefern. Doch ich würde mich lieber schön anziehen und mit dir zu unseren Freunden gehen, um den Alltag einmal hinter mir zu lassen." Was haben

---

30 siehe Impuls Nr. 20

die beiden gemacht? Sie haben nicht nur ihre ursprüngliche Position erklärt, sondern auch die andere Seite beleuchtet.

Das erste Paar, das wir beobachtet haben, waren unsere Eltern. Auch wenn sie sich schon früh getrennt haben, vielleicht sogar vor unserer Geburt – all das prägt uns in Bezug auf unser Verhalten und unsere Werte. Unbewusst und meist aus Loyalität zu einem Elternteil positionieren wir uns als Kinder und unterstützen entweder Mama oder Papa. Dieses Verhalten nehmen wir mit in unsere Liebesbeziehung.

Erst als Erwachsene haben wir die Möglichkeit, dieses Verhalten zu hinterfragen und etwas Neues, Eigenes zu entwickeln. Ilse und Robert haben es so gemacht. Ilse bemerkte, dass sie mit ihrem Wunsch nach gemeinsamer Zeit mit Freunden am Sonntagabend ihrem Vater sehr ähnlich ist, der sich sehr gern in Gesellschaft bewegte, während Ilses Mutter diesen gesellschaftlichen Ereignissen lieber auswich – und die Beziehung der beiden darunter gelitten hat. Robert wiederum stellte eine Ähnlichkeit zu seinem Vater fest, der oft Angst davor hatte, in die weite Welt hinauszugehen. Er war lieber der Heimwerker zu Hause, als sich in Gesellschaft mit anderen zu verbinden. So gesehen treffen sich in dieser Situation rund um die Sonntagabend-Einladung eigentlich Ilses und Roberts Papa.

Diese Erkenntnis ist wichtig, doch für eine Auflösung der Ambivalenz zwischen Ilse und Robert braucht es noch einen dritten Dialog. Dabei fiel ihnen ein, wie lange sie schon nicht mehr gemeinsam im Kino waren, wie gut es ihnen tun würde, hinauszugehen und sich gleichzeitig ein wenig Auszeit zu gönnen. Und so saßen sie am Sonntagabend weder bei den Freunden noch daheim vor der Vortragsvorbereitung, sondern im Kino und genossen die gemeinsame Zeit.

Diese Geschichte zeigt sehr schön: Ein Kompromiss greift hier zu kurz, weil man dabei bloß eigene Interessen, Sehnsüchte und Bedürfnisse zurückstellen würde.[31] Vielmehr geht es darum, einen dritten, vierten, fünften Lösungsweg zu finden. Der Kompromiss hilft zwar, schnell zu einer Lösung zu finden, doch weicht man damit letztlich nur der tatsächlichen Klärung aus und verhindert zudem die Chance, gewohnte (in dem Fall väterlich vorgezeichnete) Pfade aufzugeben und einen neuen Weg zu entwickeln.

Wenn wir unserer Partnerin bzw. unserem Partner entgegenkommen, spüren wir zuerst einen großen Widerwillen, weil wir unsere eigene Angst und meist auch unbewusst die Loyalität zu unserem Elternteil in uns spüren. Außerdem bedeutet es, Neuland zu betreten und sich an das Neue gewöhnen zu können. Wer bei Wasser und Brot aufgewachsen ist, dem schmeckt die Kirschtorte des anderen in der Verliebtheitsphase, doch es wird einem schnell schlecht. Der Verdauungsapparat muss sich erst langsam umstellen! Genauso ist es mit dem Gewöhnen daran, dass das verlorene Selbst wieder Teil des eigenen Lebens und Empfindens geworden ist. Wer lange gehungert hat, sehnt sich nach Essen, hat aber auch Angst davor, weil man im Moment der Erfüllung erst so richtig spürt, wie lange man gelitten und wie sehnsüchtig man auf die Erfüllung gehofft hat. Dieser Moment kann ganz schön wehtun. Wir brennen also einerseits darauf, dass etwas anders wird, haben aber auch Angst vor der Veränderung. Das gilt es anzuerkennen und zu würdigen und sich die Zeit zu nehmen.

Geduld hat gerade bei Beziehungsthemen einen ganz be-

---

31 siehe auch Impuls Nr. 36

sonderen Wert, um Ambivalenzen auszuhalten und aus ihnen zu lernen. Die heutige Zeit verleitet uns gerne dazu, Prozesse zu verkürzen, weil alles schnell gehen soll. Doch letztlich hilft uns nur, dem Prozess und der Zeit zu vertrauen, damit jedes Paar in einem sicheren Rahmen eine gemeinsame Lösung findet. Auch wir haben sehr viele Jahre gebraucht, um unsere Ambivalenz zwischen Autonomie und Nähe aufzulösen und sind da noch immer dabei, weil das wohl ein lebenslanger Prozess ist. Heute sehen und spüren wir, welch großen Ertrag unsere Geduld und Beharrlichkeit uns gebracht haben. Roland konnte den kleinen Buben in sich umarmen, der so viel Angst hatte, seinen eigenen Weg zu gehen. Er konnte die Loyalität zu seinen Eltern umwandeln in die Zuversicht, dass Beziehung nicht nur eine Frage von Bindung, sondern auch Vertrauen ist. Er gesteht ihr Autonomie zu, und so ist sie bereit, Nähe zuzulassen. Und Sabine konnte lernen, dass sie sich auch mit viel Nähe frei fühlen kann.

Picasso sagte: „Die Ungewissheit solcher Wagnisse können eigentlich nur jene auf sich nehmen, die sich im Ungeborgenen geborgen wissen, die in die Ungewissheit, in die Führerlosigkeit geführt werden, die sich im Dunkeln einem unsichtbaren Stern überlassen." Jede Auflösung einer Ambivalenz ist ein Abenteuer, das verunsichert und Angst macht. Und doch ist das die Würze des Lebens.

36. Der Kompromiss als Zeitbombe

Über die kurze Lebenszeit von Kompromissen und den unwiderstehlichen Vorteil der Alternative: den gemeinsamen Ertrag zu finden.

Er: Dieses Jahr machen wir aber Urlaub in den Bergen!

Sie: Da ist es immer kalt. Wie viele Urlaube verbringen wir noch in den Bergen?

Er: Du willst immer nur ans Meer, da ist es langweilig. Fahr doch mit deiner Freundin und den Kindern und lass mich in die Berge fahren.

Sie: Oder wir machen es so: eine Woche Meer und eine Woche Berge.

Er: Umgekehrt. Zuerst in die Berge, dann ans Meer.

Sie: Abgemacht!

Der Kompromiss wird oft als die ideale Lösung eines Konflikts betrachtet. Für manche mag das zumindest jene Lösung sein, die am einfachsten zu finden ist: Jeder gibt ein bisschen etwas auf, verzichtet auf einen Teil seiner Wünsche, und dann trifft man sich in der Mitte und alles ist gut. Eine Win-win-Situation, sagt man dann. Das kann mitunter auch tatsächlich so sein.

Der Kompromiss per se ist ja nicht das Problem. Vielmehr kommt es darauf an, wie er sich anfühlt: Hat er einen bitteren Nachgeschmack? Ist er aus einer Not entstanden? Hat man aus Angst vor Ärger eingewilligt? Wollte man damit einer sonst drohenden Konsequenz vorbeugen? Im obigen Beispiel könnte das zum Beispiel sein: „Wenn ich mit ihm nicht in die Berge fahre, verlässt er mich und sucht sich eine sportliche Frau, die mit ihm Gipfel erklimmt." Oder wollte man Bonuspunkte sammeln, um sie später einzulösen? „Wenn ich mit ihr dieses Jahr ans Meer fahre", könnte sein unbewusster Subtext sein, „dann kann sie nichts dagegen haben, wenn ich im Herbst mit meinen Freunden einen Männertrip nach Rom mache."

Solche faulen Kompromisse riechen wir meistens erst, wenn wir ganz nahe drangehen. Wenn wir genau hinspüren, merken wir: Wir sind ihn nur aus Angst oder Zeitgründen eingegangen. Wir wollten eigentlich etwas vermeiden. Der faule Kompromiss unterscheidet sich vom guten durch mangelnde Nähe. Wenn sich zwei Menschen begegnen, die nur ihre Argumente abwägen, ohne darüber nachzudenken, woher ihr Bedürfnis eigentlich kommt, und sich auch nicht für die Hintergründe des anderen interessieren, kann nur etwas Faules herauskommen. Und oft genug wird daraus ein sich bei jeder Gelegenheit wiederholender Machtkampf.

Am drastischsten zeigt sich ein fauler Kompromiss bei einer Trennung. Bei den 3000 Paaren, die wir begleitet haben, macht es uns oft traurig, dass die Auswirkungen von schnellen Trennungen und damit verbundenen Kompromissen erst Monate oder Jahre später aufbrechen. Plötzlich riecht man den Braten, nur dass der nicht mehr wohlduftend, sondern faulig riecht. Manche dieser Menschen sitzen dann mit dem neuen Partner bei uns in der Praxis und sind froh, in einer neuen Beziehung gelandet zu sein. Und doch sind sie unglücklich über den damals geschlossenen Kompromiss, weil sie in ihrem Leben noch heute – im wahrsten Sinne des Wortes – dafür zahlen.

Der Preis ist dabei manchmal sehr hoch: Da ist der Kontakt zu den erwachsenen Kindern nicht möglich oder der erstrittene Kompromiss bezüglich der Kinderbetreuung lässt sich nicht umsetzen. Oder es ist ein Riesenberg an Schulden abzubezahlen, und wenn man sich bei der Geburtstagsfeier eines Kindes sieht, kann man sich nicht in die Augen schauen. Und alles nur, weil man damals alles schnell hinter sich bringen wollte. Deswegen lohnt es sich, sich die Zeit zu nehmen und einen gemeinsamen Ertrag zu finden – nicht nur sich selbst zuliebe, sondern auch als Wertschätzung gegenüber dieser Beziehung. Und nicht zuletzt auch wegen der Kinder. Für sie ist der Kompromiss der Eltern eine Last, die sie manchmal ein Leben lang mit sich herumschleppen.

Stellen Sie sich die Sache einmal als Knoten vor. Beide haben ein Seil, das für den Wunsch steht, und weil ihre Wünsche divergieren, haben sie einen Konflikt. Je mehr sie diskutieren, desto mehr verschlingen sich die beiden Seile und es entsteht ein Knoten – ein Gordischer Knoten, der unauflösbar scheint. Den wollen sie nun lösen. Das Erste, was Sie vermutlich tun würden, ist, dass jeder von Ihnen seinen Wunsch durchsetzen will. Sie zerren beide an Ihrem Stück Seil. Was passiert? Er wird fester und schließlich so fest, dass nur noch das hilft, was uns die griechische Mythologie überliefert: Alexander der Große hat es uns vorgemacht und den Gordischen Knoten, der Joch und Deichsel eines Streitwagens verband, mit einem Schwerthieb entzwei.

Probieren Sie einmal, einen Knoten durchzuschneiden. Was kommt dabei heraus? Zum einen haben Sie den Knoten gelöst, das schon. Doch Sie haben dann nicht nur zwei getrennte Seile, sondern auch noch mehrere kleine Teilstücke. Von jedem der beiden ursprünglichen Seile sind nun zusätzliche Stücke abgetrennt, die nicht mehr Teil des Ganzen, nicht mehr Teil der Lösung sind. Das heißt, jeder von Ihnen muss auf etwas verzichten, ein Teil des Wunsches fließt nicht in die Lösung ein. Zur Lösung des Gordischen Knotens gibt es aber auch eine andere Erzählung, bei der Alexander der Große nicht die einfache, schnelle Lösung gesucht haben soll, sondern die intelligente, nachhaltige: Er tüftelte, dachte nach und zog schließlich den Splint aus der Deichsel, sodass der Knoten sich ganz ohne Brachialgewalt löste. Das Ergebnis: keine losen Enden – keine Sehnsucht, die auf der Strecke bleibt.

Was bedeutet das für eine bewusste Liebesbeziehung? Wenn es um elementare, wichtige Themen in Ihrer Beziehung geht, braucht es die Bereitschaft von beiden, sich den Knoten genau anzuschauen und zu begreifen, was dahintersteht. Warum ist es mir so wichtig, mein eigenes Thema durchzusetzen?

Vielleicht sind Sie ein Paar, für das es ganz einfach ist, so einen Kompromiss zu akzeptieren. Heute gehen wir in das Lokal deiner Wahl essen, das nächste Mal darf ich das Restaurant aussuchen. Wenn diese schnelle, einfache Lösung sich für Sie beide gut anfühlt, dann ist es auch gut.

Anders jedoch, wenn die Lösung Ihre Persönlichkeit, Ihre Integrität, Ihre Identität angreift. Dann brauchen Sie anstelle des Kompromisses eine Entscheidung, die von Ihnen beiden von ganzem Herzen mitgestaltet und mitgetragen wird. Eine Entscheidung, die für Sie beide einen „gemeinsamen Ertrag" ergibt, wie wir das nennen.

Wenn Sie merken, dass Sie an einem solchen Punkt sind, empfehlen wir ihnen, zunächst einmal die Spannung auszuhalten, die sich zwischen Ihren beiden Positionen aufgebaut hat. Akzeptieren Sie, dass eine Lösung mehr Zeit braucht, als Sie ursprünglich gedacht haben. Ein Reiseziel für den nächsten Urlaub muss nicht von jetzt auf gleich entschieden werden, und das gilt vermutlich für die meisten Themen, vor allem, wenn sie wichtig sind.

Und nun nehmen Sie die Lupe zur Hand und spielen ein wenig Detektiv: Was steckt dahinter, dass ich unbedingt in die Berge fahren will? Sind das rein praktische Überlegungen? Vielleicht hat diese Vorliebe ja mit Ihrer Persönlichkeit, Ihrer Geschichte zu tun. Was hat es ausgelöst, dass Sie das Meer so schrecklich langweilig und die Berge so ungemein anziehend finden? Vielleicht waren die Berge jener Ort, wo Sie die Nähe zu Ihrem Vater gespürt haben, die Sie die restliche Zeit des Jahres so schmerzlich vermisst haben. Umgekehrt: Lieben Sie das Meer deshalb so sehr, weil Sie dort jene unvergesslichen Momente erlebt haben, wo die gesamte Familie beisammen war wie sonst nie? Vielleicht war die Zeit am Meer jene, in der Sie für zwei Wochen nicht gefroren haben in Ihrer sonst so kalten Familienatmosphäre.

Das sind die inneren Motoren, die Sie dazu bewegen, sich bestimmte Dinge ganz besonders zu wünschen oder ein gewisses Verhalten von anderen zu erwarten. Gehen Sie diesem inneren Motor auf die Spur. Gibt es rein praktische Gründe für Ihren Wunsch – etwa, weil ein Urlaub am Meer den finanziellen Rahmen sprengt? Oder ist der Antrieb seelischer Natur? Ist es ein tiefliegender Herzenswunsch, eine Sehnsucht, die Sie durch Ihr Leben begleitet? Lassen Sie zu, dass die Gefühle, die hochkommen, auch mit Angst, Trauer oder Schmerz einhergehen. Die Erinnerung daran, was Sie als Kind vermisst und nur in den spärlichen Wochen am Meer erleben durften, kann durchaus schmerzlich sein.

Wenn Sie jedoch bereit sind, diese tiefliegenden, authentischen Gefühle zu benennen und auch zu kommunizieren, passiert zweierlei: Es entsteht Nähe in der Beziehung und Sie geben Ihrem Partner bzw. Ihrer Partnerin die Chance, Sie in

Ihrer Persönlichkeit zu spüren. In so einem Moment entsteht Mitgefühl und es öffnet sich eine Tür, die dem oder der anderen möglich macht, Ihre Seite genauer zu betrachten – die Sehnsucht nach der perfekten Zeit am Meer nachvollziehen zu können. Die Forderung nach Meer oder Bergen ist dann nicht länger ein Affront, sondern es entsteht eine Verbindung zwischen Ihnen, und Nähe – und damit auch die Basis für eine echte Lösung.

Diese Bereitschaft, sich auf die eigenen Gefühle einzulassen, ist eine Seite der Medaille. Die andere ist, sich auch für die Gefühle des bzw. der anderen zu öffnen und ein echtes Interesse dafür zu haben, was hinter dem Motiv des Gegenübers steht. Sie schenken sich damit gegenseitig etwas Exklusives: einander so zu sehen und zu verstehen, wie Sie sich noch nie gesehen haben, weil Sie noch nie so genau hingeschaut haben!

In einem solchen Moment großer Verbundenheit sind wir hochgradig großzügig und kompromissbereit: Ach, ich verstehe das, du hattest ja nie einen guten Draht zu deinem Vater! Klar fahren wir in die Berge! Damit wären wir erst recht bei einem Kompromiss, der zwar nicht aus einem Machtkampf entstanden ist, der sich jedoch mit Zeitverzögerung nicht gut anfühlt. Das Verstehen und die daraus entstehende Großzügigkeit wird dann gern dazu verwendet, die Spannung endlich abzubauen, die immer noch in der Luft liegt, weil die Lösung noch nicht da ist.

Leiten Sie Ihre Großzügigkeit lieber um, indem Sie großzügig mit der Zeit umgehen. Gönnen Sie sich Zeit, den Einblick in die Seele Ihres Gegenübers zu verdauen. Schlafen Sie drüber. Gras wächst schließlich auch nicht schneller, wenn man daran zieht!

Die Chancen sind gut, dass Sie danach eine Lösung finden, die keine der ursprünglichen Ideen oder beide in Kombination beinhaltet. Es gibt schließlich auch Länder, bei denen hinter dem Strand die Berge emporragen. Oder Sie stellen fest: Die letzten Urlaube in den Bergen waren doch recht strapaziös, ich halte da wohl nur ein altes Bild hoch, das gar nicht mehr so gut in mein Leben passt. In jedem Fall ist die Lösung kein fauler Kompromiss mehr, sondern hat eine ganz andere Qualität, die Sie nicht unbewusst gesteuert gefunden haben, sondern die Sie bewusst annehmen und auch leben können. Somit haben sie einen gemeinsamen Ertrag geschaffen.

37. Freunde der Beziehung

Freunde meinen es gut mit ihren Ratschlägen. Wie das so ist mit „Schlägen" und was eine wirklich hilfreiche Freundschaft sein kann.

Sie (zu ihrer besten Freundin): Er ist so gemein! Kaum dass ich einen anderen auch nur von der Ferne anschaue, schreit er mich an und dann redet er zwei Tage lang nichts mit mir.

Freundin: Boah, das ist wirklich ätzend! Wieso lässt du dir das gefallen?

Sie: Naja, ich liebe ihn halt. Er kann ja auch zuckersüß sein. Aber seine Eifersucht macht mich noch ganz fertig.

Freundin: Also, ich würde mir das nicht gefallen lassen. Sag ihm, wenn er noch einmal so schreit, dann wirst du genau das machen, was er dir unberechtigterweise vorwirft: Betrüg ihn!

Viele Befragungen und Studien belegen, dass eine erfüllende Paarbeziehung als eines der obersten Ziele für ein glückliches Leben genannt wird. Gerade weil wir da eine so große Sehnsucht haben, ist der Druck groß – und gleichzeitig haben die wenigsten von uns ein wirklich gutes Vorbild durch die Eltern gehabt, sodass sie gelernt hätten, wie man eine gelungene Beziehung gestaltet. Da brauchen wir auch Freundinnen und Freunde, denen wir uns anvertrauen und bei denen wir auch einmal unseren Ballast abladen können.

Allerdings wäre es gut, wenn diese Freunde gleichzeitig auch Freunde der Beziehung sind. Denn oft ist es doch so, dass uns die Freundin aus lauter Loyalität nach dem Mund redet oder der beste Freund sofort gutgemeinte Ratschläge parat hat, in der Hoffnung, uns dabei zu unterstützen. So wie in unserem kurzen Gespräch oben, wo die Freundin ihre beste Freundin ja richtig aufhetzt, dass sie sich nur nichts gefallen lassen soll.

Wenn wir jemanden zum Abendessen einladen und diese Person durch die neue Wohnung führen, wird sie vermutlich freundlich die Einrichtung, die Lage des neuen Heims und den Ausblick vom Wohnzimmerfenster loben. Wir werden uns bedanken und uns vielleicht darüber wundern, dass sie unseren Art-déco-Stil schön findet, da wir doch wissen, dass sie selbst zu Hause alles im Landhausstil eingerichtet hat. Und wenn diese Person eine gute Freundin ist, werden wir vielleicht nachfragen und über unterschiedliche Stilepochen plaudern. Wenn sie jedoch sagt „Also, so ein Bett mit Lattenrost käme mir an deiner Stelle nicht ins Schlafzimmer, kauf dir doch ein ordentliches Boxspring-Bett!", wären wir wohl verärgert. Was denkt die sich eigentlich? Geschmäcker sind doch verschieden!

Wenn wir das auf Beziehungen umlegen, kommt diese taktlose Bemerkung jener Aussage der Freundin aus unserer Eingangsszene ziemlich nahe. Wir sind uns doch einig darüber, dass Geschmäcker verschieden sind. Doch bei der Beziehung gehen wir davon aus, dass sie alle gleich sind, und geben Ratschläge, wie wir es gemacht haben oder machen würden?

Im Volksmund heißt es „Ratschläge sind die schlimmsten Schläge" und „Gut gemeint ist nicht gleich gut". Trotzdem spenden wir mit besten Absichten Tipps wie „Er ist sowieso nicht der Richtige für dich, ich würde mich an deiner Stelle trennen" oder „Sie wird sich nie ändern, such dir doch endlich eine andere" oder „Ich glaube, er hat sich mit dir nur eine zweite, jüngere Mutter gesucht, er wird mit dir genau so umgehen, wie er mit seiner Mutter umgeht" oder „Hast du dir ihre Mutter angeschaut? Du wirst sehen, sie wird genau so. Willst du wirklich mit so einer zusammen sein?" Mit solchen Worten bewerten wir die Wahl, die unser Freund oder unsere Freundin getroffen hat. „Na, wen hast du dir denn da ausgesucht!" steckt in all diesen vermeintlichen Ratschlägen. Ganz schön überheblich!

Unverrückbar ist, dass es gewisse No-Gos in einer Beziehung gibt. Wenn uns eine Freundin erzählt, dass sie von ihrem Partner geschlagen wird oder er von ihr, dann können wir als Freund der Beziehung sehr wohl klar vermitteln, wie wir darüber denken und welches Selbstverständnis wir dazu haben. Jedoch sollten wir die Moralkeule eingesteckt lassen. Anstatt „Wie arg, was ist denn das für einer!" zu sagen, sagen Sie besser: „Ich sehe, ihr habt es gerade schwer miteinander und ich sehe auch, wie ihr euch wechselseitig verletzt. Was haltet ihr davon, euch Spielregeln auszumachen oder euch professionelle Hilfe zu holen? Ich halte es in meiner Beziehung so, dass Gewalt keinen Platz hat. Wenn bei mir der Impuls auftaucht, meine Hand gegenüber meiner Frau zu erheben, nehme ich den Impuls wahr und wir ergreifen den Anlass als Chance, darüber nachzudenken, dass wir hier etwas verändern müssen."

Der Unterschied zwischen Freund und Freund der Beziehung ist, dass wir zum einen darauf verzichten, Partei zu ergreifen oder Schiedsrichter zu spielen. Sie haben es an anderen Stellen in diesem Buch bereits gelesen: Die Verantwortung für Probleme in Beziehungen haben beide zu gleichen Teilen.[32] Nach über 30 Jahren Paarbegleitung können wir Ihnen versichern: Die Trennlinie der Verantwortlichkeit liegt ziemlich exakt bei 50 : 50. Von außen haben wir vielleicht einen ande-

---

32 siehe Impuls Nr. 27

ren Eindruck. Ein Hagelsturm[33], der laut poltert, wird schnell einmal als Schuldiger hingestellt, wohingegen die arme Schildkröte, die so ruhig alles über sich ergehen lässt, ganz eindeutig das Opfer zu sein scheint. Doch erstens muss man da hinter die Kulissen schauen. Die sich ständig zurückziehende Schildkröte kann gerade durch ihr unbewegliches Verhalten den Ausbruch des Hagelsturms provoziert haben. Überhaupt sind Täter-Opfer-Theorien für Beziehungen grundsätzlich schädlich, weil sie so unfrei machen und moralisieren, anstatt eine Begegnung auf Augenhöhe zu ermöglichen. Verabschieden Sie sich also auch als Freund der Beziehung von solchen Vorstellungen und unterstützen Sie das befreundete Paar besser darin, in Kontakt zu kommen.

Zweitens formulieren wir einen Tipp besser als Angebot. Also nicht „Mach das so", sondern „Wenn ich in so einer Lage wäre, könnte ich mir vorstellen, dass ich so reagiere, was hältst du davon". Mit dem Unterton: Entscheide du, ob du meinen Vorschlag annimmst oder nicht. Es geht darum, die eigenen Werte in Achtung und Würde dem anderen gegenüber zu vertreten, ohne sie dem oder der anderen aufs Auge zu drücken.

Der dritte Unterschied ist, dass wir als Freundin oder Freund der Beziehung unsere eigenen Geschichten und Projektionen zur Seite stellen. Jedes Paar hat einen anderen Hintergrund, andere Erfahrungen, eine andere Sozialisation erlebt und andere Familien im Rücken.[34] Der Tipp, sich doch endlich zu trennen, hat mehr mit unserer eigenen Geschichte zu tun als mit der Geschichte des befreundeten Paars – ebenso der Tipp, unbe-

---

33 siehe Impuls Nr. 9
34 siehe auch Impuls Nr. 3

dingt zusammenbleiben zu müssen. Von unserem eigenen Hintergrund auf ein anderes Paar Rückschlüsse zu ziehen, kann nur danebengehen. Gerade deshalb ist es gut, sich zehn Mal zu überlegen, was man ausspricht und wie man es formuliert. Es ist genau so gefährlich, Ihrer Freundin, Ihrem Freund den Tipp zu geben, sich zu trennen, wie zu sagen, dass sie zusammenbleiben müssen. Auch da ist die Wahrscheinlichkeit, dass Sie Ihre eigene Geschichte auf das befreundete Paar projizieren, sehr groß. Vielleicht wurden Sie erst vor kurzem verlassen und identifizieren sich wieder mit dieser Rolle und wollen nicht, dass sich jemand verlassen fühlt.

Wenn wir Menschen in Not sind, weil wir Probleme haben, so sind es oft gar nicht so sehr die Tipps, die wir uns wünschen. Wir wünschen uns in erster Linie jemanden, der uns wirklich zuhört, seine eigenen Gedanken auf die Seite stellt, an unserer Situation Anteil nimmt und uns Mitgefühl schenkt. Es tut ungemein gut, Worte zu hören wie: „Es berührt mich, wie schwer ihr es gerade miteinander habt. Und ich habe großes Vertrauen, dass ihr das gut hinbekommt. Wenn ich etwas für euch tun kann, dann leihe ich dir/euch gerne mein Ohr." Schon allein mit so einer mitfühlenden Aussage helfen Sie mehr, als Sie glauben, und stärken ihr oder ihm den Rücken. Lassen Sie Ihre Freundin, Ihren Freund sich auskotzen, zeigen Sie Mitgefühl, ohne zu bewerten. Helfen Sie ihr oder ihm, die Gedanken zu schlichten. Und in einem geeigneten Moment können Sie ein bisschen von dem anbieten, was Sie hier an Impulsen mitgenommen haben. Zum Beispiel: „Was hast du dazu beigetragen, dass sich das Ganze so entwickelt hat?"

Ein Aspekt, zu dem wir Sie gerne anregen möchten, bezieht sich auf die Gewohnheit, dass man mit Beziehungsstress gerne das Zweiergespräch mit dem Freund oder der Freundin sucht. Doch Paare brauchen auch Paarfreundschaften! Das hat den Vorteil, dass beispielsweise Täter-Opfer-Zuschreibungen nicht so einfach festgemacht werden können. Dann kann es schon einmal sein, dass die Frau die eine Seite besser versteht und der Mann die andere. Damit leisten beide eine Art Übersetzungsarbeit und geben beiden das Gefühl, verstanden zu werden, ohne dass gleich ein Anspruch auf Lösungen aufkommt. Überlegen Sie doch, wenn Sie solche Paarfreundschaften in dieser Form noch nicht haben, ob Sie sie vielleicht initiieren möchten. Starten Sie ein Experiment!

38. Geisterbahn fahren

Jeder hat so seine „roten Knöpfe", bei denen man sofort über-reagiert, sobald sie gedrückt sind. Als Partnerin oder Partner können wir dafür sorgen, dass das nicht ausufert, indem wir auf die Geisterfahrt des anderen gar nicht erst mitkommen.

Sie arbeitet im Garten und versucht vergeblich, mit dem Spaten durch die harte Erde zu stoßen. Gerade als sie überlegt, ob sie mit der Grabegabel nicht besser durchkommt, sieht sie, dass er auf sie zukommt.

Er: Warum nimmst du denn nicht die Gabel? Mit der geht es doch viel leichter!

Sie (läuft sofort rot an und schnaubt wütend): Was du immer alles weißt. Da kann ich ja wirklich froh sein, dass ich so einen super geschickten Mann habe, weil ich bin ja zu blöd für alles.

Er: Ich wollte dir doch nur helfen.

Sie: Ich brauche keine Hilfe!

Er (beleidigt): Na gut, dann mach diese schwere Arbeit eben alleine.

Sie: Du glaubst wohl, ich bin so ein armes, zartes Frauchen, das nichts alleine auf die Reihe bekommt, was? Ich dachte eigentlich, ich hätte dir schon längst bewiesen, was ich alles kann. Aber weißt du was? Was Männer in den Muskeln haben, haben Frauen im Hirn! Mit der richtigen Technik und den richtigen Geräten können wir auch vertrocknete Beete umgraben.

Er: Ich sag nur: deine Kreuzschmerzen. Aber bitte. Ich mische mich nicht mehr ein.

Sie: Wird auch gut sein. Und jetzt lass mich endlich in Ruhe arbeiten.

Manchmal braucht es nur das falsche Wort in der falschen Situation, und schon läuft alles außer Kontrolle. Was nett oder hilfsbereit gemeint war, wird anders interpretiert. Und dann geht sie los, die Geisterbahnfahrt. Wir haben sie alle, diese roten Knöpfe, die unsere Partner drücken, um uns hineinzukatapultieren. So drückt der eine mit einem „Du bist eine kluge Frau" auf den roten Knopf namens „Ich bin nicht hübsch genug". Die Information „Ich treffe mich heute Abend mit einer Freundin" ruft den Glaubenssatz „Ich werde verlassen und das wird immer so sein" auf den Plan – und schon ergibt ein Wort das andere und wir streiten.

Wir haben noch ein paar weitere Kostproben für rote Knöpfe und ihre dazupassenden Geisterbahnfahrten:

„Ich fühle mich so eingesperrt und habe keine Freiheit. Immer, wenn ich nach Hause komme, fragst du mich, wo ich war. Ich fühle mich kontrolliert."

„Ich werde bestimmt früh sterben. Erst gestern hat mir die Schulter wehgetan, das ist der Anfang vom Ende."

„Du hast gestern beim Sex so komisch gelacht. Ich bringe es einfach nicht im Bett, du hast mich bestimmt ausgelacht."

„Gestern hast du in der Stadt schon wieder so viel Geld ausgegeben. Wir werden das mit den Schulden nie schaffen und alles verlieren."

„Jetzt versuche ich ohnehin schon, im Haus so wenig Platz wie möglich zu okkupieren, und gestern hast du drei deiner Bücher auf mein Nachtkästchen gelegt. Für mich gibt es keinen Platz in diesem Leben."

„Du hast unseren Sohn gestern so spät erst vom Kindergarten abgeholt. Ich bin immer alleine für die Kinder verantwortlich und alles lastet auf mir."

„Immer muss ich die leeren Klopapierrollen wegräumen. Du glaubst wohl, das ist Frauensache, oder was denkst du dir dabei, dass du sie liegen lässt?"

Hinter jeder dieser Sorgen, Verunsicherungen und Ängste steckt ein wahrer Teil. Doch es ist eben nur ein Teil. Vielleicht war das „komische Lachen" beim Sex tatsächlich durch eine kleine Ungeschicklichkeit ausgelöst – doch dass man es zu einer Katastrophe hochstilisiert, liegt mehr an der generellen Unsicherheit als an dieser kleinen Situation. Es ist daher sehr sinnvoll zu schauen, was mein eigener Anteil ist, also die 90 Prozent in meinem Rucksack, anstatt dieses ominöse Kichern zu analysieren. Das ist natürlich leichter gesagt als getan, denn rote Knöpfe haben die Eigenart, die Emotionen hochkochen zu lassen, sodass ein liebevolles Zurückschauen auf die möglichen Ursachen der Unsicherheit kaum möglich ist.

Auch wir sind oft Geisterbahn gefahren. Roland hatte lange den Glaubenssatz „Sabine wird mich eines Tages verlassen" und lebte lange Zeit mit der Angst, dass Sabine sich einen anderen Mann finden wird, bei dem sie sich besser aufgehoben fühlt. Lange Zeit ist Sabine mit in die Geisterbahn eingestiegen: Sie fühlte sich schuldig, dass sie ihn immer wieder in Situationen gebracht hatte, wo in ihm diese Angst hochkam. Danach waren wir beide ganz fertig! Sabines Schuldgefühle sorgten dafür, dass sie Roland nicht in die Augen schauen konnte, was seine Ängste nur noch bestärkte. Eines Tages haben wir uns dann gefragt, ob es so günstig ist, mit einzusteigen in diese Horror-Trips.

Was wir wohl alle gut kennen, ist genau diese Variante: Wir begleiten unseren Partner auf der Geisterbahnfahrt, wie auch in der Szene zu Beginn dieses Impulses. Je nach Typus des oder der anderen zieht er sich beleidigt zurück oder steigt ein ins Wortgefecht, ohne dass es zu einer wirklichen Lösung kommt. Und bei der nächsten ähnlichen Situation steigen wir wieder ein.

Herauskommen aus diesem Schlammassel können wir nur, indem wir quasi an der Kassa stehen bleiben und warten, wenn unser Partner wieder einmal in die Geisterbahn einsteigt. Wenn er wieder aussteigt, empfangen wir ihn liebevoll und laden ihn ein, darüber zu reden. Denn es ist wie so oft: Unsere Partnerin, unser Partner ist genau richtig, um die Gespenster aus den Geisterbahnen auszutreiben. Sie sind es auf der einen Seite, die unsere roten Knöpfe drücken. Und auf der anderen Seite können sie uns unterstützen, damit alte Verletzungen heilen. Sie können uns emotionalen Halt geben und die Sicherheit, die wir brauchen, um hinter die Kulissen dieser Geisterbahn zu schauen.

An der Kassa zu warten, bedeutet nicht, dass wir uns komplett abwenden, sobald der Partner eingestiegen ist, und inzwischen die Zeitungen auf dem Couchtisch sortieren. An der Kassa zu warten, bedeutet, offen und wertschätzend dazubleiben und am besten zu spiegeln. Vielleicht haben Sie schon Impuls Nr. 20 gelesen und wissen, was wir darunter verstehen: mit beiden Beinen am Boden bleiben und dem Partner das Ohr leihen. Spiegeln ist eine wunderbare Form der Kommunikation, immer dann, wenn wir uns gegenseitig in herausfordernden Zeiten begleiten wollen.

Das soll nun nicht den Eindruck erwecken, dass wir nur ein außenstehender Zaungast des geisterbahnfahrenden Liebsten sind. Wir sind schon auch Teil der Geschichte. Die Frage ist nur, ob Sie es zu 100 Prozent auf sich nehmen, dass Ihr Partner

Verlassensängste hat oder sich minderwertig fühlt, oder ob Sie nur einen gewissen Anteil übernehmen. In der Imagotherapie sprechen wir von der 90-10-Regel, die Sie im Impuls Nr. 2 kennengelernt haben: 90 Prozent der Geschichte hat mit der Vergangenheit zu tun, nur 10 Prozent mit der aktuellen Situation. Wenn wir als Kind öfter verlassen wurden oder wir es unseren Eltern nie rechtmachen konnten, dann reproduzieren wir diese alten Geschichten in unserer aktuellen Beziehung immer dann, wenn der andere den roten Knopf drückt – auf Stichwort sozusagen. „Ich treffe mich mit einer Freundin und ich weiß nicht, wann ich heimkomme" weckt unbewusste Erinnerungen an Erlebnisse, wo z. B. der Vater bei der Tür hinausging und nicht mehr kam. „Warum hast du nicht die Grabegabel genommen" ruft sofort viele Erinnerungen wach, weil die Mutter ihre Zurechtweisungen mit denselben Worten begonnen hat. Wir sind dann unwillkürlich im Glauben, dass diese Angst, diese Demütigung zu 100 Prozent zutrifft, so wie damals in der Kindheit. Wenn wir uns allerdings vor Augen halten können, dass diese Auslöser nur 10 Prozent der Geschichte ausmachen, die die restlichen 90 Prozent zum Ausbruch bringen, ist die Situation für beide viel leichter auszuhalten.

Wenn Sie möchten, dass diese sich wiederholenden Situationen ein Ende haben, sollten Sie sich die Hintergründe näher anschauen, jedoch erst, wenn wieder Ruhe eingekehrt ist. „Was war gestern Abend eigentlich? Ich hatte den Eindruck, dass du durch meine Worte vollkommen irritiert warst. Was hat denn gestern diese große Wutpartie ausgelöst? Magst du mit mir darüber reden? Ich höre dir gerne zu!" Oder: „Ich hatte gestern das Gefühl, dass du unzufrieden und nicht glücklich mit mir bist. Stimmt das so oder habe ich etwas missinterpretiert?" Wie Sie dieses Gespräch gut gestalten können, haben wir in Impuls Nr. 20 genauer beschrieben.

Wie gut Sie mit der Geisterbahn Ihres Partners umgehen können, hängt natürlich auch von Ihrer Konstitution ab: Haben Sie heute Nacht gut geschlafen? Sind Sie gut drauf? Fühlen Sie sich gesund? Dann werden Sie die Gruselfahrt Ihres Partners vorbeiziehen lassen und Empathie zeigen können. Wenn nicht oder wenn Sie selbst gerade in eine eigene Geisterbahn eingestiegen sind, wird es herausfordernd, denn dann ist es fast eine Sucht mitzufahren. Das kann auch eine super Ablenkung sein von der eigenen Geisterbahn. Da kostet es schon viel Kraft, Ruhe und Klarheit zu behalten. Wenn es Ihnen aber immer öfter gelingt, dann wird Ihre Beziehung an Sicherheit und Kraft gewinnen. In jedem Fall gewinnen Sie neue Erkenntnisse: Sie entdecken, was die Reizwörter sind, die Sie zur Explosion bringen. Und Sie erfahren, was Ihr Beitrag dazu ist, dass sich die Situation so entwickelt.

39. Recht und Unrecht

Wie wir uns eigenes Unrecht zurechtargumentieren und warum das gar nicht notwendig ist. Ausgleich zu schaffen ist wichtig.

Am Strand spielen zwei Kleinkinder, ein Bub und ein Mädchen, und bauen Sandburgen. Der Bub dreht seinen Kübel voll Sand um, doch wenn er den Kübel weghebt, bleibt kein schöner Turm stehen. Er wird immer ärgerlicher, schließlich springt er auf, stolpert und steigt dabei mitten in die Sandburg des Mädchens. Das Mädchen beginnt zu weinen, der Bub schaut erschrocken und dann beschämt. Seine Mutter kommt ihm zu Hilfe.

Mutter: Was ist denn passiert? Ihr habt so schön gespielt!

Ihr Sohn zieht die Arme vor seinem Bauch zusammen und drückt sein Kinn auf die Brust.

Mädchen (schluchzt): Er hat meine Burg kaputtgemacht!

Die Mutter schaut fragend zu ihrem Sohn, der dreht sich schuldbewusst zur Seite.

Mutter zu ihrem Sohn: Oje! Nun, dann schauen wir doch, was wir tun können, um das für deine Freundin wieder in Ordnung zu bringen. Was hältst du davon: Wir bauen für sie eine noch viel größere Burg und machen sogar einen Wassergraben rundherum.

Mädchen (noch Tränen in den Augen): Oh ja, ein Wassergraben!

Die Mutter beginnt zu werken. Der Sohn schaut noch ein bisschen beleidigt, doch dann beteiligt er sich. Bald steht da eine prächtige Burg vor den dreien und alle freuen sich.

Am Abend vor dem Einschlafen sagt die Mutter zu ihrem Sohn: Schön war das heute, oder? Toll, dass du mit dem Mädchen die Burg dann noch einmal aufgebaut hast.

Sohn: Ich hab dich so lieb, Mama. Gute Nacht!

Wenn wir jemanden verletzt oder ihm Unrecht getan haben, wissen wir das meistens ganz genau. Nach dem ersten Schock entsteht dann Scham und ein Gefühl der Peinlichkeit. Nun ist es so, dass Scham eines der schmerzlichsten, provozierendsten und unangenehmsten Gefühle überhaupt ist. Scham bringen wir nicht so leicht an. Hedy Schleifer, die amerikanische Imagotherapeutin und unsere große Lehrerin, vergleicht sie mit Klebstoff: Kaum versucht man sie von der einen Hand runterzubekommen, klebt sie auf der anderen. Deshalb reagieren wir meistens inadäquat. Je nach Typ leugnen wir unsere Tat, verheimlichen oder vertuschen sie. Oder wir reagieren aggressiv, nach dem Motto: „Angriff ist die beste Verteidigung." Wäre in unserem Beispiel nicht die Mutter dem Buben zu Hilfe gekommen, hätten die beiden bestimmt zu streiten begonnen, der Bub, weil er mit seiner Scham nicht zurechtkommt, das Mädchen, weil es wütend ist. Doch seine Mutter hat wie ein Hilfs-Ich agiert und ihrem Sohn aus der Scham herausgeholfen.

Sie hätte sich auch unpassend verhalten können: „Was hast du denn da schon wieder angestellt?", hätte sie fragen können. „Das ist typisch für dich!" Bei solchen Worten hätte der Bub erfahren, dass ihm niemand zur Seite steht und sich sogar seine Mutter gegen ihn stellt. Er wird daraus genau jene Verhaltensweisen lernen, die wir von Erwachsenen zur Genüge kennen: täuschen und tarnen, nur ja nicht auf die andere zugehen, denn sonst könnte er noch mehr beschämt oder bestraft werden. Empathie lernt er so bestimmt nicht. Das sind dann jene Frauen und Männer, die trotzig jede Eigenverantwortung von sich weisen, sowohl in der Beziehung wie auch in jeder anderen Situation. Gehen die in die Politik, werden sie Meister im

Vertuschen. Dabei bräuchten wir in allen wichtigen Positionen, ob Politik, Pädagogik, Medizin, in sozialen Berufen oder der Wirtschaft, dringender denn je Menschen, die sagen können: Oje, da ist mir etwas passiert, das tut mir leid![35]

Genauso unpassend wäre es vonseiten der Mutter gewesen, hätte sie gesagt: „Das Mädchen hat dir sicher vorher wehgetan, weil sonst hättest du ihre Sandburg ja nicht zerstört. Ich weiß, dass mein Kind so etwas nicht ohne Grund macht.“ Diese Kinder lernen dann oft, sich durchs Leben zu lavieren, anstatt zu ihrer Verantwortung zu stehen. Das sind dann zum einen die Unschuldsengel, die zwar wissen, dass etwas nicht in Ordnung ist, aber nicht den Mumm haben zu sagen: „Tut mir leid!“ Oder sie bringen diese Worte nicht über die Lippen, weil sie damit der Mutter in den Rücken fallen würden: Da die Mutter von ihrem Sohn immer so begeistert war, muss er auch heute noch glänzen – würde er sich einen Fehler eingestehen, wäre ja sein Glanz beschädigt!

Es ist so wichtig, dass Eltern ihren Kindern ein gutes Vorbild sind. Wenn Kinder im Alltag mitbekommen, dass die Eltern zwar streiten, doch am Ende eine Versöhnung passiert, dann werden aus ihnen Erwachsene, die bereit sind, Eigenverantwortung zu übernehmen. Leider ist es oft so, dass die Kinder den Streit mitbekommen, aber keine Versöhnung, weil die – wenn überhaupt – erst im Schlafzimmer vollzogen wird. Kinder haben meistens ein eigenes Bild davon, wer sich gerade ins Unrecht gesetzt hat. Wenn sie beobachten, wie die Eltern damit umgehen, werden sie dieses Verhalten später imitieren. Wenn Mama und Papa ihre Fehler nicht zugeben können,

---

35 siehe Impuls Nr. 52

setzt sich das in der nächsten Generation fort. Selbst wenn sich die Eltern schon früh getrennt haben, können die Vorbilder schwierig sein, wenn das Kind dann von den getrennten Eltern abwechselnd hört, wie schlecht der Papa bzw. die Mama ist.

Die Alternative zur Schuldzuweisung lautet also: Empathie zeigen, indem Sie sagen: „Es tut mir leid. Ich weiß, das war so nicht in Ordnung und ich will lernen, mit solchen Situationen anders umzugehen." Auf diese Weise wird eine Verbindung aufgebaut, weil durch das Mitgefühl signalisiert wird, dass man bereit ist, in die Schuhe des anderen zu steigen. Wir halten in diesem Sinn auch nichts von Entschuldigungen. „Es tut mir leid" ist nicht dasselbe wie „Entschuldige bitte"! Sich zu entschuldigen bedeutet zum einen, dass es um Schuld, um Opfer und Täter geht, und das bringt uns auch nicht weiter, sondern verhärtet nur die Fronten. Außerdem kommt eine Entschuldigung einer Unterwerfung gleich: Entschuldigung, ich bin schuld, ich habe versagt, ich bin ein schlechter Mensch, ich werde es nie wieder tun! Auf diese Weise laden Sie die Schuld auf sich, aber Sie begegnen Ihrer Partnerin, Ihrem Partner nicht auf Augenhöhe! Wenn Sie aber Empathie zeigen, schenken Sie dem Menschen Mitgefühl, und das ist wichtig. So entsteht auch eine Basis, um einen Ausgleich zu finden.

Im Idealfall ergänzen Sie: „Ich biete dir einen Ausgleich an, nämlich …" Mit Ausgleich meinen wir einen positiven Impuls, ähnlich wie der des Wiederaufbaus der Burg. Bestrafung, Rache oder Vergeltung soll das natürlich nicht sein. Dass das der Beziehung mehr schadet als nützt, liegt auf der Hand: Wenn beispielsweise die Frau eine Affäre hatte, kann sie ihrem Mann nicht anbieten, dass er jetzt auch eine Affäre haben darf. Vielmehr sollten Sie etwas finden, womit Sie Ihre Liebe beweisen.

Etwas, wo Sie über Ihren Schatten springen, Ihre Komfortzone verlassen, um Ihrer Partnerin oder Ihrem Partner entgegenzukommen und zu sagen: „Ich tue das für dich, weil ich weiß, wie groß deine Sehnsucht ist, hier einen Ausgleich zu schaffen und dich geliebt zu fühlen." Die Paare, denen es gelingt, einander auf diese Weise die Hände zu reichen, sind Paare, die aus solchen verletzenden Ereignissen stärker hervorgehen als zuvor. Wir wissen ja: Wenn man Eisen bricht und wieder zusammenschweißt, ist es an dieser Stelle kräftiger und stabiler denn je!

Wenn Sie merken, dass Sie etwas Unrechtes getan haben, geht es darum, dass Sie in die Schuhe Ihres Gegenübers steigen und empathisch auf die Situation schauen, um den Ärger oder den Frust, den Sie ausgelöst haben, verstehen und nachvollziehen zu können. Gleichzeitig geht es auch um Sie selbst. Wenn Sie beispielsweise wissen, dass Sie vor zehn Jahren Ihren Mann sehr verletzt haben, dann kann die Scham darüber noch lange an Ihnen nagen. Da ist Selbstfürsorge angesagt. Fühlen Sie sich ein in die Situation damals. Wie haben Sie sich gefühlt, sodass es zu dieser Reaktion gekommen ist? Wenn wir lernen, uns im Nachhinein in unsere eigenen Schuhe zu stellen, dann werden wir merken, dass wir aus einer Not heraus gehandelt haben – so wie der kleine Bub, der die Burg ja nicht absichtlich zerstört hat, sondern dem das Missgeschick passiert ist, weil er sich über sich selbst geärgert hat. Das soll jedoch zu keiner Rechtfertigung führen, sondern nur zu einem Mitgefühl für uns selbst beitragen. Ein Satz wie „Ich war so frustriert und enttäuscht, weil ich mir von meiner ersten Dienstreise viel mehr erwartet habe, und so ist es zu diesem One-Night-Stand gekommen" weist den Weg zur Selbsterkenntnis und Weiterentwicklung. Gleichzeitig spüren wir, was uns damals gefehlt hat. Jetzt können wir antizipieren, was wir in Zukunft in die Beziehung bringen müssen, damit so etwas nicht mehr passiert. Ewige Selbstvorwürfe oder auch Beschwichtigungen oder Schönredereien führen nur zu noch mehr Frust und lösen nichts auf. Wenn wir ewig mit Schuldgefühlen herumlaufen, werden wir irgendwann zornig und die Neurosen beginnen so richtig zu blühen. Dann hauen wir der oder dem anderen unser eigenes Fehlverhalten um die Ohren, weil wir mit unserem Zorn nicht umgehen können. Umso wichtiger ist es, zum Ursprung dieser Dinge zurückzugehen und mit Empathie die damalige Geschichte aufzurollen, um für beide Heilung und Wachstum zu ermöglichen.

40. Vergeben

Nachtragend zu sein ist vor allem für uns selbst eine große Last.
Ein Beitrag zum Feng Shui in der Beziehung.

Sie (sitzt mit ihm zu Beginn der ersten Paartherapiestunde vor den Therapeuten): Ich habe mir genau notiert, was er mir alles angetan hat.

Er: Das trifft sich gut. Ich habe gestern unseren WhatsApp-Verlauf ausgedruckt, damit die Frau Doktor sehen kann, was du mir alles antust.

Sie: Nur weil es ein WhatsApp-Verlauf ist, hat es nicht mehr Gewicht. Ich habe mir die großen Themen aufgeschrieben.

Er: Bei dir sind doch alle Themen groß.

Sie: Dass du bis heute immer noch zu deiner Mutter hältst, ist ja auch keine Kleinigkeit. Das passiert jeden Sonntag bei der Jause.

Er: Meine Mutter hat gar nichts gegen dich gesagt. Aber so, wie du dich aufführst, ist es ja kein Wunder, dass sie zurückhaltend ist. Sie hat doch nur gesagt, dass gekaufte Tortenböden Mist sind.

Sie: Sie hätte es ja auch nett finden können, dass ich überhaupt etwas mitgenommen habe. Und außerdem, an genau so einem Sonntag ganz zu Beginn unserer Beziehung hat das ja schon begonnen. Das von damals verzeihe ich dir sowieso nicht.

Er: Keine Sorge, auf meiner Liste steht auch so einiges drauf.

„Willst du Recht haben oder glücklich sein? Beides geht nicht", sagte Marshall B. Rosenberg, der Begründer der gewaltfreien Kommunikation. Wir wandeln dieses Zitat gerne für Paare ab: „Willst du Recht haben oder lieben?" Haben Sie sich schon einmal vorgestellt, wie viel Kraft es kostet, einem anderen Menschen etwas nachzutragen? Da liegt schon in der Sprache die ganze Misere und Anstrengung drinnen. Wir tragen manchmal Jahre, Jahrzehnte bis über den Tod hinaus alte Verletzungen mit uns herum und nehmen sie sogar manchmal mit ins Grab. Dafür sind wir doch nicht auf die Welt gekommen! Nicht zuletzt ist diese Anstrengung auch eine Zumutung für das Herz und den gesamten Organismus: Groll und Hass schnürt uns nicht nur die Lebensenergie ab, sondern legt sich auch psychosomatisch auf die Organe.

„Hass", so sagte der römische Bischof Augustinus, „ist so, als würde man Gift trinken, aber hoffen, dass jemand anderer daran stirbt." Wir machen uns das Leben selbst schwer und beschweren uns dann, dass wir es so schwer haben und unser Leben nicht leben können. Dabei tragen wir diese Gewichte doch letztlich freiwillig mit uns herum! Da braucht es eine Entschlackung, ein emotionales Feng-Shui, um frei zu sein für das, was das Leben noch vorbereitet hat, für unsere Träume und Visionen.

Doch dieses Entlasten, dieses Befreien braucht Zeit. Wenn ich vor zwei Wochen erfahren habe, dass meine Frau bzw. mein Mann mich betrügt, dann wäre eine sofortige Vergebung unnatürlich und wahrscheinlich eher durch eine starke Angst vor dem Verlassenwerden motiviert. Der Stachel jedoch, der Schmerz, ist nach wie vor virulent. Da braucht es Zeit für Vergebung, und die kann man niemandem befehlen, auch sich selbst nicht. Im Grunde genommen können wir dankbar sein, wenn wir eine Rückmeldung bekommen: „Bitte vergib mir!" Da tut es gut, zu überprüfen, ob es an der Zeit ist, loszulassen.

Doch nach der Begleitung von so vielen Paaren ist es unsere Erfahrung, dass Verletzungen oft zuerst nicht so ernst genommen werden, weil sie uns gar nicht so bewusst sind. Ein guter

Indikator für das Nicht-Vergeben ist, wenn im Streit daraus Vorwürfe gestrickt werden: „Du hast mich ja schon bei der Geburt unseres ersten Kindes allein gelassen." Dann rechnen wir auf: „Ja, und du kümmerst dich nie um meine Mutter."

Es kann aber genauso gut sein, dass wir unbewusst nicht vergeben haben, aber sehr wohl glauben, frei zu sein, ohne jedoch wirklich frei zu leben. Wir haben schon öfter beobachtet, dass Geschiedene nicht wirklich vergeben und behaupten, glücklich zu sein. In Wahrheit laufen sie als wandelndes Mahnmal dieser Verletzung herum, nach dem Motto: „Schaut her, wie weh mir getan wurde – ihr wisst sowieso, wer das war!" Da wurde sicher irgendwann bewusst oder unbewusst ein Beschluss gefasst: „Das werde ich nie vergessen und mir kommt nie mehr jemand so nahe." Wenn Verletzungen so sehr chronifiziert sind, wird es herausfordernd, loszulassen. Das sind dann die Frauen und Männer, die sagen, dass sie glücklich sind, Single zu sein. Trotzdem hat man den Eindruck, sie schneiden sich einen wichtigen Teil ihres Lebens ab. Bitte verstehen Sie uns richtig: Als Single zu leben, ist ein ganz besonderer Wert unseres Lebens und unserer Gesellschaft. Und manchmal kann man wirklich zuschauen, wie sich Menschen selbst das Leben schwer machen.

Also, was ist zu tun? Spüren Sie zunächst einmal nach, welche großen Themen Sie nicht vergeben haben, und vor allem welchen Personen: Mutter, Vater, Partner, Schwester, Bruder. Machen Sie Notizen, auch wenn diese Person für Sie nicht mehr verfügbar ist. Wenn Sie in einer Liebesbeziehung leben, machen Sie eine Notiz von all den auch noch so kleinen Verletzungen, von denen Sie merken, dass Sie diese Ihrer Partnerin bzw. Ihrem Partner noch nicht vergeben haben. Gehen Sie bis zum Anfang Ihrer Beziehung zurück. Es geht hier nicht darum, Punkte zusammenzustellen für eine spätere Aufrechnung, sondern sich bewusst zu machen, wie viel Gewicht Sie mit sich herumtragen. Dann können Sie schauen, was Sie vergeben und welchen Ballast Sie abwerfen können und wollen, oder wo Sie zumindest das Gefühl haben, dass hier eine Entwicklung angesagt ist.

Als Nächstes stellen Sie sich für einen Moment in Ihre Schuhe von damals, als die Verletzung passiert ist. Wann war das? Wo war das? Wer war dabei? Seien Sie mit diesem Ich von damals ganz empathisch und liebevoll und fragen Sie sich: „Was hat mir am meisten wehgetan und wie habe ich mich damals gefühlt? Und was ist dann mit mir passiert? Wie habe ich mich dann im Innen und im Außen entwickelt und welchen inneren Beschluss habe ich daraus gefasst?"

In diesem Beschluss liegt die eigentliche Krux der Sache: Denn er hat einen hohen Preis, ungefähr so wie bei Augustinus. Man wünscht dem anderen etwas Schlechtes und vergiftet sich dabei selbst, indem man sich nicht mehr wirklich auf eine neue Beziehung einlässt oder auf Sparflamme lebt und mit angezogener Handbremse durchs Leben geht.

Nun stellen Sie sich in die Schuhe Ihres Partners bzw. Ihrer Partnerin. Wie, glauben Sie, hat sie bzw. er sich damals in dieser Situation gefühlt? War sie bzw. er verzweifelt, wütend, zornig, traurig, ängstlich, überfordert oder beschämt? Ein Sprichwort lautet: „Urteile über keinen Menschen, solange du nicht einen Monat lang in seinen Mokassins gegangen bist." Genau das tun Sie in diesem Moment. Manchmal wehren wir uns auch mit Händen und Füßen gegen diesen Schritt der Empathie – er hat uns doch so wehgetan, da fühlen wir uns sicher nicht in ihn hinein! Wenn das jedoch gelungen ist, können Sie auch Ihren eigenen Beitrag zur Situation erkennen. Es geht hier nicht darum, eine Entschuldigung für diesen Menschen zu finden, sondern nur darum, dass Sie die Situation in einem größeren Zusammenhang sehen können.

Wenn Sie sich sowohl in Ihre eigenen Schuhe von damals als auch in die Ihres Partners gestellt haben, kann der Prozess des Vergebens auf verschiedenste Weise passieren. Mag sein, dass diese Vergebung nicht in einem Schritt möglich ist, weil manche Verletzungen so groß oder so alt und vergoren sind, dass es dazu mehrere Schritte braucht. Eine mögliche Art der Vergebung ist diese:

Schließen Sie für ein paar Minuten die Augen und stellen Sie sich und die Person, die Ihnen Unrecht getan hat oder die Sie verletzt hat, in Ihrer Fantasie in ein Umfeld, das für Sie beide heilsam, unterstützend und voller Ressourcen ist: auf einen Berg an einem Sonnentag, auf eine grüne Wiese, in ein Konzert mit besonders schöner Musik. Sehen Sie sich beide von dieser besonderen Energie umflossen und probieren Sie den Satz: „Ich vergebe dir von ganzem Herzen und wünsche dir alles Gute." Dann atmen Sie ein, zwei Mal tief durch. Spüren Sie, wie der Ballast von Ihnen abfällt? Nun probieren Sie den Satz: „Ich vergebe mir selbst meinen Anteil bei der Schaffung dieser Geschichte und wünsche mir auch alles Gute." Vielleicht stellen Sie fest, dass es in diesem Moment herausfordernder ist, sich selbst zu vergeben als Ihrer Partnerin bzw. Ihrem Partner. Wenn ja, willkommen im Club! Das ist einer der Gründe, warum wir Vorwürfe gegenüber dem anderen aufrechterhalten: um uns selbst nicht vergeben zu müssen. Im Selbstvergeben stecken nämlich die Anerkennung und das Geltenlassen, dass ich auch ein Teil dieser Geschichte war. Es fällt uns oft schwerer, das zu benennen, als dem anderen zu vergeben. Seien Sie an dieser Stelle umso mehr gütig und großzügig zu sich selbst. Und schließlich setzen Sie noch eines drauf und sagen: „Ich wünsche uns beiden Heilung, Wachstum und Potenzialentfaltung."

Haben Sie es gespürt? Wenn Vergebung gelingt, merken wir das, weil dann oft Gewichte zu Boden plumpsen und wir uns ein Stück befreiter fühlen. Manchmal kommt ein paar Tage später eine innere Stimme, die sagt: „Warum hast du das jetzt losgelassen? Hast du dir da nicht ein Faustpfand genommen?" Dann machen Sie sich bewusst, dass das die alten Stimmen sind, die sich noch einmal aufbäumen. Bleiben Sie dran, um der Beziehung eine stärkere Basis zur Verfügung zu stellen – ganz nach der Devise: „Vergessen ist es nicht, doch es zählt nicht mehr."

Und unsere Umwelt, unsere Kinder werden es uns danken. Wenn es uns gelingt, anderen Menschen zu vergeben, dann zeigen wir unseren Kindern und Freunden, dass Vergeben etwas Großes ist und dass damit etwas Neues entstehen kann. Es kann schon sein, dass dann auch andere Paare für sich entdecken, dass es gut wäre, etwas zu vergeben. Durch die Größe etwas loszulassen, ermächtigen wir auch andere Menschen, hinzuspüren, dass es gut ist, Altes loszulassen und frei zu sein, um in ganzer Fülle zu leben!

41. Lass mich, ich bin nun einmal so

Über die Illusion der bedingungslosen Liebe und die Notwendigkeit, auch hartnäckige Pfade zu verlassen, wenn sie uns nicht guttun.

Sie: Du, mich beschäftigt unser gestriges Gespräch. Da warst du in Panik, dass du ein Krebsgeschwür an der Lippe haben könntest. Nicht nur, dass du da so leidest, du hast uns beiden den ganzen schönen Urlaubstag verdorben.

Er: Ach, mach dir keine Gedanken. Geht schon wieder.

Sie: Das ist jetzt nicht dein Ernst, oder? Du hast solche Angstattacken so oft und es ist jedes Mal ein Horror, auch für mich. Ich will das nicht mehr. Ich wünsche mir, dass das aufhört, damit ich nicht dauernd mit dir Geisterbahn fahren muss.[36]

Er: Ja, aber so ist das halt nun einmal.

Sie: Nein, ich bestehe drauf. Ich will das so nicht mehr und ich will nicht dauernd mit dir darüber streiten müssen.

Er: Jetzt machst du mir aber ordentlich Druck.

Sie: Ja, so muss das auch sein, sonst ändert sich ja nie was!

Vielleicht haben Sie Impuls Nr. 9 gelesen, da haben wir darüber geschrieben, wie kompliziert Überlebensmuster sind. Sie entstehen in unserer Kindheit, weil wir keine andere Möglichkeit haben, uns zu schützen, oder auch in früheren Liebesbeziehungen, wo wir entsprechend schlechte Erfahrungen gemacht haben. Im weiteren Leben jedoch zeigen sich diese Überlebensmuster in Form von „komischem" Verhalten. Sie prägen sich in unserem Gehirn ein wie eine Spurrinne, und

---

36 siehe Impuls Nr. 38

je länger wir mit ihr leben und je länger wir sie immer wieder abrufen, desto tiefer wird diese Spurrinne.

Das ist auch der Grund, warum sie so schwer zu überwinden sind. Stellen Sie sich vor, Sie fahren mit dem Rad in der Stadt und geraten in eine Straßenbahnschiene. Da kommen Sie nicht mehr so leicht heraus und meist endet das in einem Sturz. So ist es auch mit diesen Überlebensmustern. Sie sind deshalb kompliziert, weil wir erstens durch unser seltsames Verhalten überzogen reagieren und damit enormen Energieaufwand betreiben, und zweitens, weil wir unsere Umwelt damit irritieren und die Reaktionen darauf aushalten müssen – auch den immer wiederkehrenden Streit mit der geliebten Partnerin.

Das Überleben ist also wirklich kompliziert. Im Gegensatz dazu ist das Leben ein angenehm plätschernder Fluss, in dem alles viel leichter geht. Trotzdem wehren wir uns, wenn unsere Partnerin, unser Partner uns zupft an dieser heiklen Stelle. „Du hast mich so geheiratet, also verändere mich jetzt nicht", sagen wir dann gern. Nun, was wir wirklich nicht tun sollten, ist, uns dem anderen zuliebe zu verbiegen. Niemand sollte sich auf Dinge einlassen, die ihm nicht guttun. Doch meistens, das können wir aus Erfahrung sagen, zupft unser Lieblingsmensch uns an einem Überlebensmuster, wo es etwas zu entwickeln gibt oder Ressourcen freigeschaufelt werden können. An so einer Stelle zu sagen „Nimm mich so oder lass es" ist daher mehr eine Schutzbehauptung, eine Trotzreaktion. „Alles kannst du von mir haben", sagen wir dann, „aber das nicht!" Oder sogar: „Wenn du das von mir verlangst, muss ich aus unserer Beziehung gehen." Manchmal sogar: „Oh Gott, das überlebe ich doch nicht!" In solchen Momenten ist das Drama durch nichts zu überbieten.

Die Wissenschaft zeigt uns jedoch auch, wann die Chance am größten ist, Überlebensmuster zu überwinden: Wir brauchen einen Menschen, der uns wichtig ist. Ihm zuliebe sind wir am ehesten bereit, uns zu verändern. Wenn Sie bei Rot über die Kreuzung gehen und eine Autofahrerin schimpft und zeigt Ihnen den Mittelfinger, werden sie ihr zuliebe Ihr Verhalten vermutlich nicht ändern, weil Ihnen diese Person hinterm Steuer im Grunde egal ist. Wenn Sie aber bei Rot über die Kreuzung gehen und damit Ihren besten Freund erschrecken, und der Sie bittet, sich in Zukunft an die Verkehrsregeln zu halten, weil er sich um Sie sorgt, dann schaut die Sache ganz anders aus.

Was also können wir tun, um unseren Lieblingsmenschen dazu zu bringen, seine tief eingeprägte Spurrinne zu verlassen und Neues zu entwickeln?

Legen Sie eine grundsätzlich freundliche und wertschätzende Art an den Tag. Ohne Wertschätzung und Anerkennung[37] Ihrem Partner gegenüber wird er sich verschließen. Sagen Sie ihm, was Sie an ihm lieben, und zwar von Herzen!

Benennen Sie Ihren Frust in einem Satz und sagen Sie dazu, was Ihnen daran besonders wehtut. Hier ziehen Sie eine Verbindung zur eigenen Kindheit. Formulieren Sie Ihre Frustration nicht als Vorwurf. Das gelingt am besten, wenn Sie in Ich-Botschaften sprechen: „Ich bin frustriert, wenn du dich mit deiner Panik beschäftigst und dabei vergisst, das pralle Leben mit mir zu leben."

Sagen Sie auch, was Sie stattdessen wollen. Wenn Sie Ihren Frust benennen, wissen Sie ganz genau, was Sie nicht wollen. Doch das heißt noch nicht, dass Sie wissen, was Sie sehr wohl

---

37 siehe dazu auch Impuls Nr. 47

wollen. In unserem Impuls Nr. 25 können Sie nachlesen, wie schwer es unser Gehirn mit dem Wort „nicht" hat. Es ist daher viel klüger, positiv zu formulieren.

Formulieren Sie drei unterschiedliche Bitten an Ihre Partnerin bzw. Ihren Partner, die vor allem mit Ihrem Schmerz zusammenhängen. Achten Sie wirklich darauf, dass sie verschieden sind, denn: Die Idee ist, dass Ihre Partnerin, Ihr Partner sich eine davon aussucht, die er erfüllen will als ein bedingungsloses Geschenk an Sie. Formulieren Sie Ihre Bitten so, dass Sie klar und eindeutig sind, also positiv, messbar und spezifisch.[38]

Beispiele dafür können sein: „Ich bitte dich, dass du bis zum Ende des Urlaubs – das sind noch zehn Tage – einmal pro Tag zu mir kommst und mir sagst: ,Liebe …, hier steht dein vitaler, starker Mann und diese Vitalität wird auch von vielen anderen gesehen.'" Oder: „Ich bitte dich, dass du einmal pro Tag zu mir kommst, mich in die Arme nimmst und sagst, dass du dich bei mir sicher fühlst." Oder: „Ich bitte dich, dass du die nächsten 14 Tage einmal pro Tag zu mir sagst: ,Schön, dass du meine Verbündete bist und bereit, meine Monster zu verscheuchen."

Freuen Sie sich, wenn Sie es schaffen, drei Bitten zu formulieren, von denen der oder die andere eine auswählt, um sie zu erfüllen. Und wenn es bei ihr oder ihm am Anfang eher hölzern wirkt, bleiben Sie großzügig. Immerhin verlässt Ihre Partnerin bzw. Ihr Partner die Komfortzone und übt sich in einem neuen Verhalten. Gratulieren Sie sich beiden zu diesem tollen Schritt! Es ist noch kein Meister vom Himmel gefallen.

Wenn Sie der- oder diejenige sind, die sich eine Bitte aussuchen darf: Suchen Sie eine aus, doch bitte verhandeln Sie nicht!

---

38 In Impuls Nr. 16 haben wir ausgeführt, warum das wichtig fürs Gelingen ist.

Es kann passieren, dass Sie nach ein paar Tagen feststellen, dass Ihr Überlebensmuster so stark ist, dass es Sie daran hindert, die Bitte zu erfüllen. Es wäre ja kein Überlebensmuster, wenn es sich so einfach kleinkriegen ließe! Die beste Lösung ist, dass Sie das besprechen: „Du, Liebling, ich komme hier an meine Grenzen. Können wir bitte darüber reden?" Das soll für Ihren Liebling dann jedoch kein Anlass sein zu sagen: „Na typisch!", sondern er sollte wohlwollend und wertschätzend bleiben, immerhin haben Sie ehrlich versucht, die Bitte zu erfüllen.

Wer etwas verändern und neue Potenziale freischaufeln will, muss schließlich aus der Komfortzone heraustreten und die eigenen Grenzen überschreiten. Niemand sagt, dass das immer einfach ist. Umgekehrt: In dem Moment, wo wir in einer Beziehung aufhören, uns herauszufordern, hört die Beziehung auch auf zu pulsieren. Dann wird es erst so richtig gefährlich! Was ist da schon ein anfängliches Scheitern? Probieren Sie es erneut, und am besten bleiben Sie dabei, einander an Ihren Überlebensmustern zu zupfen. Denn gefährlich wird es in der Beziehung erst, wenn wir uns mit dem schrulligen Verhalten unserer Partnerin bzw. unseres Partners abfinden. Ihre Beziehung ist die Heilung, um ins pralle Leben zu kommen!

Den krisen-festen Paaren gehört die Zukunft!

Paare sind die kleinste Einheit sozialer Gefüge, der Kitt unserer Gesellschaft.
Was Paare brauchen, um krisenfest zu bleiben.
Das Wellness-Paket für die Beziehung.

42. Bodenständige Höhenflüge

Wie wir mit Sicherheit und Leidenschaft in der Beziehung über uns hinauswachsen können.

Sie: Du, ich habe zugesagt, dass wir einen Workshop in Frankreich machen.

Er: Was?!!

Sie: Du weißt ja, wie lange wir schon gedrängt werden, unseren Generationenworkshop nach Frankreich zu bringen.

Er: Ja, aber wie soll das gehen? Du kannst zwar gut Französisch, aber ich kein Wort!

Sie: Das machen wir schon.

Einen Tag später:

Sie: Du, ich glaube, das war doch keine so gute Idee. Wir können das nicht gemeinsam leiten, wenn du kein Französisch kannst.

Er: Ehrlich gesagt habe ich drüber geschlafen und bin zu der Erkenntnis gelangt, dass sich das total stimmig anfühlt.

Sie: Mir wird ganz schwindlig und kalt bei dem Gedanken, das wirklich zu machen.

Er: Ach, das wird schon. Wirst sehen, das wird toll!

Es ist ein lebenslanges Thema, dass wir hin- und hergerissen sind zwischen dem Wunsch nach Sicherheit und dem Streben nach Abenteuer und Entwicklung. Von klein auf wollen wir die Welt entdecken, und wären wir als Erwachsene nicht ebenso neugierig und willens, uns und unser Umfeld weiterzuentwickeln, würden wir wohl heute noch in Höhlen leben und im Winter frieren, weil wir das Feuer noch nicht erfunden haben. Und so hat wohl jede und jeder von uns schon viele Entdeckungsreisen nicht nur in andere Länder gemacht. Auch unser Inneres ist ein permanentes Forschen wert, weil wir uns ja oft genug selbst im Weg stehen, wenn wir unsere Sehnsüchte erfüllen wollen. Die Szene oben ist ein schönes Beispiel dafür, wie sehr wir über uns hinauswachsen wollen, uns dabei überfordern, zurückrudern, es jedoch nicht sein lassen. Wie gut, wenn wir da eine Partnerin, einen Partner haben, der uns unterstützt.

Wie aufgeschlossen wir neuen Herausforderungen gegenübertreten, ist nicht bloß Geschmacksache, sondern hat auch damit zu tun, wie wir aufgewachsen sind. Durften wir viel ausprobieren, auch wenn wir uns öfter das Knie dabei aufgeschlagen haben? Hat man uns ständig vor den Gefahren vor allem Möglichen gewarnt? Eltern, die ihre Kinder in ihrer Entdeckungslust bestärken, handeln ganz nach dem Vorbild, wie wir es im Buch „Ronja Räubertochter" lesen. Da sagt Ronjas Vater sinngemäß zu ihr: „Dort ist der Bach und der ist sehr reißend. Dort gibt es viel Abenteuermöglichkeit und es ist ganz wichtig, dass du gut auf dich aufpasst. Gehe hin und übe das." Wir brauchen es also, dass uns unsere Eltern oder Bezugspersonen von Anfang an Sicherheit vermitteln und uns gleichzeitig motivieren, das Abenteuer mit Augenmaß und Rückversicherung zu erleben, weil das ja auch das Salz in der Suppe des Lebens ist! Denn so, wie Ronja dann tatsächlich den reißenden Bach erkundet und übt, von einem Stein auf den anderen zu springen, ohne hineinzufallen, so ist es auch für uns wichtig zu lernen, wie man mit Gefahren gut umgeht.

Hat ein Kind weniger Glück mit den Eltern und wird in seinem Entdeckungsdrang eingeschränkt, wird es mit der Zeit die Lust am Entdecken verlieren. Das kann bei überängstlichen Eltern passieren, die ihr Kind auf keinen Baum klettern und nicht im Schnee tollen lassen, aus Sorge, dass ihm etwas zustoßen könnte. Das Kind wird die Ängste der Eltern übernehmen und das Thema Abenteuer zwar nicht ganz beenden, aber zumindest so weit einschränken, dass die Eltern sich nicht sorgen müssen. Im Erwachsenenalter wird es dieses Verhalten fortsetzen. Oder wir haben Eltern, die uns zwar machen lassen mit der Warnung, gut aufzupassen. Und wenn dann etwas passiert, sagen sie: „Ich hab dir ja gleich gesagt, du sollst aufpassen." Damit beschämen sie uns und wir werden genauso in die Vermeidung gehen und Abenteuer lieber aus der Ferne betrachten. Schließlich gibt es auch noch Eltern, die keine Zeit finden oder auch zu wenig Interesse haben, um sich ausreichend um ihre Kinder zu kümmern. Oft sind das Schlüsselkinder, die nach der Schule regelmäßig ein leeres Heim vorgefunden haben, weil beide Eltern gearbeitet haben. Am Abend, wenn die Eltern müde heimkommen, fehlt ihnen die Aufnahmebereitschaft, um zu hören, was das Kind erlebt hat. Auch das kann einem die Freude am Abenteuer und Entdecken nehmen!

Vom ersten Tag unserer Existenz an leben wir im permanenten Wechsel zwischen Sicherheit und Abenteuer. Bei einer gesunden Entwicklung sind wir glücklich, wenn wir in Verbindung mit anderen sind und über uns hinauswachsen können. Es ist eine der Ambivalenzen, über die wir auch schon im Impuls Nr. 35 geschrieben haben. Und es geht einmal mehr nicht darum, sich für eine Seite zu entscheiden. Wir brauchen beides für ein erfülltes Leben. Die Frage ist daher, wie wir es schaffen, dass beides in unserem Leben Platz hat und möglich ist.

Wenn wir verliebt sind, sind wir stark verbunden. Wir fühlen uns daher sehr sicher, so sicher, dass wir jedes Abenteuer einzugehen bereit sind. Wir wachsen über uns hinaus. Forschungen zeigen übrigens einen interessanten Zusammenhang: Wir verlieben uns eher in jemanden, den wir bei einem Abenteuer kennenlernen. Die Aufregung und das Wachstum, die mit dem Abenteuer verbunden sind, bringen uns in einen wahren Verliebtheitsrausch. Überhaupt wachsen wir in der Verliebtheit über uns hinaus. Wir trauen uns trotz Höhenangst, bei einer Klettertour mitzumachen. Oder wie es ein Mann einmal formulierte: In der Verliebtheit schmeckt mir sogar Brokkoli. Eine Frau erzählte uns einmal: „Mir hat vor Austern immer so gegraust. Seit mein Partner es mir gezeigt hat, als ich mich in ihn verliebt habe, schlürfe ich Austern." Allerdings fügte sie hinzu: „Wer weiß, wie lange das anhält." Wahrscheinlich hatte sie schon eine Vorahnung, dass mit Abklingen der Verliebtheit auch die Bereitschaft für Wachstum und Abenteuer in uns abnimmt.

Deshalb: Kümmern Sie sich darum, dass die Sicherheit und die Leidenschaft in Ihrer Beziehung erhalten bleibt! Fordern Sie einander immer wieder heraus! Meistens ist es ja so, dass eine Person mehr die Sicherheit einfordert und die andere mehr das Abenteuer. Das können wir regelmäßig beobachten. Das heißt, einer wird immer eher auf der Bremse stehen und einer mehr auf dem Gaspedal. Sie können sich vorstellen, was das auf Dauer anrichtet: Motor und Bremsbeläge werden kaputtgehen. Genauso gehen auch manchmal Abenteuer und Sicherheit in der Beziehung kaputt.

Dass beide Qualitäten in einer Beziehung immer vereint sind, ist jedoch gleichzeitig der Schlüssel, der uns nicht nur vor kaputten Beziehungen rettet, sondern auch noch unser tiefes Bedürfnis nach Entwicklung möglich macht. Das ist doch toll! Jedes Paar hat also das Potenzial, für beides zu sorgen, sowohl für den sicheren Boden als auch für die Höhenflüge!

Was braucht es? Zunächst einmal braucht es das Innehalten, um sich bewusst zu machen: Welcher Typ bin ich? Bin ich eher der Sicherheitsexperte oder eher der Abenteurer? Fordern Sie mehr die Geborgenheit ein oder mehr die Aufregung? Dann, im nächsten Schritt, tauschen Sie diese Rollen für beispielsweise zwei Wochen: Diejenige, die bis jetzt für Sicherheit und Verbindung gesorgt hat, kümmert sich um Abwechslung und Aufregung in der Beziehung und umgekehrt. Alleine dieses Experiment würde vielen Paaren den Weg zur Paartherapie ersparen!

Das soll aber nicht heißen, dass beide beides gleich gut können müssen. Wichtig ist nur, dass Sie das Bewusstsein dafür haben, dass es beides braucht in Ihrem Leben, und dass daher beide Tendenzen gleich bedeutsam und hilfreich sind. Möglicherweise ist einer talentierter als Sicherheitsbeauftragter, der andere dafür talentierter als Abenteuer-Scout. Und: Diese Tendenzen können sich auch verändern. Niemand ist ein ganzes Leben lang auf nur eine Sache festgeschrieben. Umso wichtiger ist es, mithilfe der Partnerin bzw. des Partners die andere Seite zu entwickeln und beides zu einem lebenswichtigen Duett zu vereinen. Wir erinnern uns an ein Paar, das dieses Duett gut lernen konnte: Er, der stets für Autonomie und Freiheit kämpfte, war bereit, im Sinne der Sicherheit die Wochenenden zu planen. Und sie nahm all ihren Mut zusammen, um sich auf ein lange vor sich her geschobenes Abenteuer einzulassen: Sie löste einen Gutschein für eine gemeinsame Ballonfahrt ein. Die beiden, die sich zu Beginn dieses Impulses uneinig waren über die Abhaltung eines Workshops in Frankreich, das waren wir beide. Und es ist gleichzeitig so typisch für viele, die ihre Ambivalenzen spüren: Ich will wachsen und mich weiterentwickeln – und ich traue mich nicht oder ich will doch nicht, weil das Altbekannte viel bequemer ist. Zuerst spürt man die Aufregung, die Vorfreude und wird vom anderen gebremst, dann verzagt man selbst und der andere ist der, der einen anspornt. Letztlich haben wir uns dafür entschieden und den Workshop in Frankreich abgehalten. Und wir haben beide für beides gesorgt: für Sicherheit und für die Entwicklung.

Das Wesentliche ist, dass wir solche Schritte Hand in Hand gehen. Dass beide Paarteile für Sicherheit und beide für das Neue, das Abenteuer sorgen. Wenn das gelingt und sie in der Lage sind, ihre Differenzen im Lichte dieser Ambivalenz zu betrachten, wenn sie sich ihre jeweiligen Tendenzen nicht um die Ohren hauen, sondern sie als wertvollen Beitrag zum Ganzen sehen können, dann können wir gemeinsam bodenständige Höhenflüge erleben und dabei Seite an Seite neue Länder erkunden.

43. Schau auf dich, dann schaust du auch auf die Beziehung

Wie wichtig eine gelungene Beziehung ist – und darüber, dass sie nur mit einem guten Schuss Selbstliebe erst so wirklich gelingt.

Sie und er auf einer Wanderung in den Bergen. An einer Kreuzung bleiben sie stehen.

Er: Ich glaube, wir müssen da jetzt rechts gehen.

Sie (genervt): Keine Ahnung ob links oder rechts.

Er: Ist was? Du wirkst so grantig.

Sie: Hör auf, mich zu interpretieren. Entscheide, welchen Weg wir nehmen und dann gehen wir.

Er: Keine Ahnung. Ich bin die Tour auch noch nie gegangen. Eine Stunde noch bis zur Hütte, schätze ich.

Sie: Was?! Eine Stunde noch! Das hast du aber vor einer halben Stunde auch schon gesagt.

Er (seufzt ergeben und wird auch langsam grantig): Ja, so genau weiß ich das auch nicht. Was ist mit dir, du wolltest doch die längere Tour gehen. Und jetzt bist du so übellaunig.

Sie: Lass mich in Ruhe. Gehen wir einfach und schauen wir, dass wir zur Hütte kommen.

Bücher und Beratungsangebote zur Selbstfürsorge gibt es wie Sand am Meer, und das hat einen guten Grund. Liebe beginnt bei uns selbst, das ist sogar in der Bibel mehrfach festgehalten. Wer sich nicht selbst liebt, wird keine dauerhafte Beziehung halten können. Dann geht es der Beziehung wirklich schlecht! Denn dann verlangen wir von der Partnerin bzw. dem Partner die Fürsorge, die wir uns selbst und auch der Beziehung nicht geben können.

Mag sein, dass unsere Eltern kein positives Vorbild in Sachen Selbstfürsorge waren. Eltern, die entweder den Krieg erlebt haben oder die karge Zeit danach, agierten oft nach dem Credo: „Wenn ich es schon schlecht hatte, dann sollen es meine Kinder besser haben." Das ist vielleicht erfüllbar in puncto finanzieller Sicherheit oder Ähnlichem. Doch wenn Eltern ihren Kindern nicht vorleben, dass es einen Wert hat, sich selbst etwas Gutes zu tun, dann werden diese Kinder ihre Eltern kopieren und auch nicht gut auf sich achtgeben.

Das heißt, wir müssen bei uns selbst beginnen, und zwar nicht nur, weil wir im Sinne des Generationenvertrags auch die Verantwortung haben, ein positives Vorbild für unsere Kinder zu sein. Es ist auch für unser eigenes gelungenes Leben eine Grundvoraussetzung! Neben Arbeit, Engagement, Anstrengung, Zielerreichung braucht es auch Muße, Pausen, Erholung, Bewegung, ausreichend Schlaf, gesundes, nährendes Essen – und auch ein gutes Maß an Abwechslung im Alltag. Gerade Letzteres verschwindet nach der Verliebtheitsphase lautlos vom Radar, und dann braucht es oft erst ein Wachrütteln – eine Beziehungskrise oder auch eine Coronakrise –, um uns daran zu erinnern, dass wir schon lange vergessen haben, uns etwas Gutes zu tun. Wir haben in unserer Praxis einige Paare kennengelernt, die wegen Corona gezwungen waren zurückzuschalten. Sie waren auf der einen Seite frustriert und auch besorgt wegen des Einkommensverlusts. Andererseits hat es ihnen auch die Augen geöffnet: „Abschalten und Nichtstun, diese Form der Selbstfürsorge haben wir uns ja gar nicht gegönnt. Es ist auch irgendwie wieder gut, dass wir nun einmal durchatmen und eine Pause einlegen können."

Wenn wir uns nur ein bisschen selbst beobachten, stellen

wir fest, dass es auf unser Gemüt drückt, wenn wir vergessen, auf uns zu schauen. Wir werden grantig und schnauzen unsere Partnerin oder unseren Partner an und fühlen uns ein Stück schuldig dabei. Wenn der dann zurückschnauzt, ist schnell ein Streit da, bei dem dann beide nicht so recht wissen, worum es eigentlich geht. Oder zumindest ist die Stimmung dann bei beiden getrübt. Das Schuldgefühl, das uns dabei plagt, ist ein ganz ungutes Gefühl, das uns gleich noch frustrierter und aggressiver macht. So wie bei unserem Pärchen zu Beginn dieses Impulses. Sie hat nicht auf sich aufgepasst, hat sich am Morgen schon etwas müde gefühlt und wollte nur die kleine Tour gehen. Unterwegs hat sie sich dann doch verleiten lassen, mit der größeren Tour einverstanden zu sein – und hat ihr körperliches Befinden ignoriert. An dieser Weggabelung war sie deswegen wohl schon auf sich selbst böse, und außerdem hatte sie Hunger, was den Grant noch verstärkte. Sie wollte nur noch „raus aus dieser Nummer" und schnell die Hütte erreichen, und war dann frustriert, weil er den schnellstmöglichen Weg nicht wusste. Und so machte sie ihm Vorwürfe. Doch diese Vorwürfe sind nur Ablenkungsmanöver und machen den Tag auch nicht schöner. Besser wäre es wohl gewesen, sie hätte wenigstens an der Kreuzung auf sich geschaut und eine Rast vorgeschlagen.

In Impuls Nr. 35 haben wir über Ambivalenzen gesprochen, die uns immer wieder einholen und die wir gern auf unsere Partner schieben. Wenn wir eine solche Ambivalenz in uns bemerken, ist es jedoch besser, das anzusprechen und den Partner bzw. die Partnerin um Hilfe zu bitten, und zwar in einer Ich-Botschaft, wie wir das in Impuls Nr. 23 beschrieben haben. Ein Beispiel: „Liebling, ich bin gerade unrund und weiß nicht so recht, wieso. Ich möchte gern in der Hütte etwas essen, aber ich bin schon die ganze Zeit müde und jetzt auch hungrig. Wie siehst du das Ganze?" Kann sein, dass der Partner, bereits auch schon ein bisschen genervt, dann verleitet ist, sich zu rächen und ihr Vorwürfe zu machen. Wenn Sie so etwas in sich spüren, haben wir einen guten Tipp für Sie: Spiegeln Sie! Das bedeutet, dass Sie erst einmal wiederholen, was Sie gehört haben: „Ich höre, du sagst, dass du unrund bist und nicht so recht weißt, wie es weitergehen soll. Habe ich dich gehört?" Damit geben Sie der Partnerin viel Rückhalt und verhelfen ihr zu einem Stück Sicherheit.[39] Erst dann können Sie gemeinsam eine Lösung suchen – und vielleicht draufkommen, dass Sie im Rucksack einen Müsliriegel eingepackt haben, der den schlimmsten Hunger stillt.

Selbstfürsorge beginnt schon am Morgen damit, zu entscheiden, wie Sie diesen Menschen mit den verquollenen Augen im Badezimmerspiegel begrüßen. „Einen wunderschönen guten Morgen, du verschlafenes Etwas, ich freue mich, auch heute wieder über mich hinauswachsen zu können." Das ist bestimmt die bessere Wahl als: „Pfff, gestern habe ich meine Ziele nicht erreicht, die muss ich heute nachholen und mich noch mehr anstrengen." Den ganzen Tagesverlauf hindurch sind wir gefordert, auf uns zu achten. Mache ich rechtzeitig eine Pause, weil ich Hunger habe oder müde bin, auch wenn sich die Arbeit auf dem Schreibtisch stapelt? Sorge ich für genügend Bewegung und mache Sport, obwohl die Deadline naht und ich eigentlich keine Zeit habe? Stopfe ich mir zwischendurch nur schnell einmal Fastfood rein oder gönne ich mir gesundes Essen? Esse ich nach zwei Tafeln Schokolade noch eine dritte,

---

39 In Impuls Nr. 20 finden Sie weitere Ausführungen zum Spiegeln

obwohl ich weiß, dass mir danach schlecht sein wird? Übernehme ich eine Aufgabe, obwohl mein Kalender schon überfüllt ist, oder sage ich in Selbstfürsorge und Liebe auch einmal Nein? Der liebevolle Umgang beinhaltet auch, wohlwollend zu bleiben, wenn einmal nicht alles so läuft, wie man sich das vorgenommen hat. Anstatt sich zu geißeln, sagen Sie besser: „Toll, dass du so ambitionierte Ziele verfolgst. Schon allein der Versuch, es zu schaffen, zählt. Morgen hast du wieder die Chance und vielleicht holst du dir Hilfe." Wenn Sie fürsorglich zu sich selbst sind, schaffen Sie es auch, regelmäßig „Ich bin stolz" zu sich zu sagen.

Als unsere Tochter kurz vor der Entbindung ihres ersten Kindes stand, sagte sie: „Ich nehme mir vor, im Wochenbett keine perfekte, sondern vor allem eine liebevolle Mutter zu sein." Das hat uns imponiert. Perfektionismus ist vor allem für jene, die ihn anstreben, ein nie zu erreichendes Ziel und führt nur dazu, dass wir viel zu strenge Maßstäbe für unser eigenes Tun anlegen und uns selbst ausbeuten.

Es ist ein lebenslanges Lernen, und wir müssen dabei auch unsere unterschiedlichen Lebensphasen berücksichtigen. Man kann sich mit zwanzig Jahren vornehmen, einen Kilometer in fünf Minuten zu laufen. Wenn man mit sechzig erst mit dem Laufsport beginnt, ist dieses Unterfangen sehr viel mühsamer zu erreichen, wenn überhaupt. Und wenn andere Sechzigjährige sogar vier Minuten schaffen, heißt das noch lange nicht, dass man das selbst auch können muss. Doch Vergleiche – Sie wissen es bereits spätestens seit den Impulsen Nr. 28 und 32 – bringen uns nicht weiter.

Die Verantwortung, dass es uns gutgeht, liegt bei uns selbst. Wir haben jeden Tag die Möglichkeit, sie von Neuem wahrzunehmen. Vielleicht brauchen wir dazu manchmal auch Tricks: die Laufschuhe und das Sporttrikot am Vorabend zurechtlegen, damit man am Morgen ohne viel nachzudenken gleich laufen geht. Bei Treffen mit Freunden nur solche Lokale vorzuschlagen, die gesundes Essen anbieten. Oder sich den Partner zur Seite zu holen, der einen erinnert: „Du hast dir doch vorgenommen, das Wochenende arbeitsfrei zu gestalten – kann ich dich unterstützen?" Genauso können Sie um Hilfe bitten: Schatz, ich merke, es fällt mir schwer, gut auf mich achtzugeben. Führst du bitte mit mir darüber einen Dialog?"[40] Jede Form der Selbstfürsorge ist immer auch eine Fürsorge für die Partnerschaft!

40 siehe Impuls Nr. 20

44. Der Meditationsraum in uns

Impulse zum Nachdenken, was Meditation und Achtsamkeit für jede/n Einzelne/n von uns ist.

Variante 1

Er stellt sich den Wecker knapp vor seinem ersten Termin. Als er läutet, springt er auf. Während er sich die Zähne putzt und duscht, ist er in Gedanken schon bei dem, was der Tag bringen wird. Als er im Vorzimmer seine Schuhe anzieht, kommt sie aus dem Schlafzimmer, verschlafen und müde.

Er: Was ist denn mit dir los? Ist dir etwas über die Leber gelaufen?

Sie: Na super. Du sagst nicht einmal Guten Morgen. Ich bin noch nicht ganz da und wollte dir aber trotzdem noch schnell einen schönen Tag wünschen, bevor du gehst.

Er: Ach so. Dir auch einen schönen Tag! (Und ist schon draußen bei der Tür.)

Variante 2

Er stellt den Wecker eine halbe Stunde früher. Er steht auf und macht seine Morgentoilette. Dann stellt er sich ans Fenster, betrachtet die Wolken und schaut, was es so Neues gibt. Dann setzt er sich, schließt die Augen und horcht ein paar Minuten in sich hinein. Als er das Frühstück vorbereitet, kommt sie aus dem Schlafzimmer, verschlafen und müde.

Er: Guten Morgen! Es ist ein schöner Tag heute, der gerade noch schöner wird, weil ich dich jetzt gleich umarmen darf.

Sie: Das ist aber nett! Ich habe schlecht geschlafen und wollte dir trotzdem einen schönen Tag wünschen, bevor du gehst.

Sie umarmen sich ausgiebig, dann packt er seine Sachen zusammen und geht in die Arbeit.

Meditation hat sehr viel mit Sein-Lassen zu tun. Sie ist kein aktiver Prozess und begleitet uns in jeder Sekunde unseres Lebens, wenn wir es zulassen. In unserer westlichen Welt wird die Meditation als etwas betrachtet, das wir uns künstlich herbeischaffen müssen – falls wir sie überhaupt in unser Leben hineinlassen. Da besuchen wir Meditationsseminare oder meinen, wir brauchen eine ganz bestimmte Körperhaltung und „müssen" alle Gedanken aus unserem Kopf eliminieren. Dabei ist das Meditieren doch ganz einfach, und außerdem etwas, das wir von ganz alleine können. Denken Sie nur an Kinder, wie sie ganz in ihrem Spiel versunken sind, oder wie sie minutenlang ins Narrenkästchen schauen können und darob komplett die Zeit vergessen. Auch uns Erwachsenen gelingt das, wenn wir immer wieder Achtsamkeitsübungen machen!

Der Zen-Buddhismus hat eine schlichte Auffassung dazu: „Wenn ich esse, dann esse ich. Wenn ich gehe, dann gehe ich. Wenn ich schlafe, dann schlafe ich. Wenn ich Sex habe, dann habe ich Sex. Wenn ich zuhöre, höre ich zu. Wenn ich liebe, dann liebe ich." Es gibt dann kein Gestern und kein Morgen, alles ist in diesem einen Moment, in dem ich gerade lebe, im Hier und Jetzt. In diesem einen Moment ist nicht wichtig, woher ich komme und wann ich wie sterbe. Wichtig ist nur, dass ich den kostbaren Moment des Lebens spüre, dass ich mich selbst spüre.

Das können wir überall. Wir brauchen grundsätzlich keinen bestimmten Raum, keine Kirche, keine Sitzhaltung, keine kontemplative Musik oder den Blick aufs weite Meer, um meditieren zu können. Das alles kann unterstützend sein, doch den Meditationsraum haben wir im Grunde immer in uns. Wir vergessen ihn nur oft, und dann ist es schon gut, wenn wir im

Laufe des Tages zwischendurch einen Platz schaffen, wo wir ihn eröffnen und uns auf uns selbst besinnen können.

Viele wissenschaftliche Studien beweisen, dass Achtsamkeitsübungen ein probates Mittel sind, um eine besondere Form des Wohlfühlens zu entwickeln. In Anlehnung an die Weisheit des Zen-Buddhismus kann man sagen: „Wahrnehmen, was ist – wertschätzend damit umgehen – und damit die Basis für einen nächsten Veränderungsschritt setzen." Achtsamkeitsübungen helfen uns, mit den Herausforderungen des Lebens und mit den Menschen, die uns begegnen, anders, wertschätzender, gelassener umzugehen. Bei unseren beiden Morgenszenen zu Beginn dieses Impulses wird deutlich, wie anders wir uns begegnen können, wenn wir ganz bei uns sind. Wir bekommen eine Ahnung davon, wie der restliche Tag verlaufen kann, je nachdem, ob ich mit den Gedanken sofort in der Zukunft bin oder zuerst bei mir bleibe und mich so auf den Tag einstimme. Und die Szenen zeigen auch, was das mit unserem Umfeld macht. Sie hat offenbar schlecht geschlafen – nur in der zweiten Variante ist sie schnell entspannt und kann dem, was sie schlecht schlafen hat lassen, auf die Spur kommen. Indem er meditiert hat, eröffnet er durch seine Begrüßung auch ihren Meditationsraum.

Meditative Zustände müssen nicht kompliziert sein, und es muss nicht immer mit Stillsitzen zu tun haben. Auch Tai-Chi, Qigong oder Yoga sind Formen der Meditation. Und jedes Innehalten können Sie zu einer meditativen Übung machen, im Büro etwa, wenn Sie merken, dass Ihnen gerade alles etwas zu viel wird: Sie halten inne, schließen die Augen und versuchen den Augenblick einzufangen: „Ich höre die Kollegen draußen im Flur diskutieren, nebenan läutet ein Handy. Ich spüre meine

Finger auf der Tastatur und wie die Sessellehne meinen Rücken gut stützt." Sie sehen, es geht ganz einfach.

Auch der berühmte „Flow" ist nichts anderes als ein meditativer Zustand. Kinder erleben ihn regelmäßig beim Spielen, und auch Erwachsene kommen in den Flow, immer dann, wenn sie in einer Tätigkeit aufgehen, bei der sie Raum und Zeit vergessen. Im Flow sind wir ganz mit dem verschmolzen, was wir gerade tun, und bewegen uns dabei an unserem Fähigkeitsoptimum, ohne unter- oder überfordert zu sein. In diesem Zustand sind wir unabhängig von Belohnungen und der Angst vor Strafe. Wir erreichen eine Autonomie und entwickeln die Fähigkeit, Freude an der Tätigkeit zu haben.

Natürlich können wir nicht ständig im Flow bzw. in einer Meditation sein. Wie alles im Leben unterliegt auch dies einem Rhythmus. In der einen Phase beschäftigen wir uns mit dem Außen, mit anderen Menschen, um dann in eine vielleicht auch nur kurze Phase der Meditation zu kommen. Jedenfalls wäre das sinnvoll auch im Sinne der Selbstfürsorge, über die wir im Impuls Nr. 43 geschrieben haben. In jeder Meditation entspannt sich unser Körper, wir sind bei uns selbst. Damit entspannt sich auch unsere Peristaltik. Wir können anders verdauen, sowohl psychisch wie physisch. Erst dann sind wir wieder bereit für die Begegnung mit anderen Menschen. Erst nach einer Entspannung sind wir bereit für eine neue Anspannung. Welchen Rhythmus dieser Zyklus hat, dafür ist jeder von uns selbst verantwortlich. Dieser Rhythmus entsteht nicht von alleine und wird auch von niemand anderem besser auf unsere Bedürfnisse abgestimmt als von uns selbst.

Den eigenen, inneren Meditationsraum zu nutzen heißt auch, dass wir über den gesamten Tagesverlauf hinweg immer wieder prüfen, wie es uns gerade geht. Bin ich angespannt und gestresst? Dann können wir kurz die Augen schließen, viermal tief durchatmen und uns die Frage stellen: Was brauche ich gerade und was will ich als Nächstes tun? Schaffe ich es noch, die restlichen Punkte meiner To-do-Liste zu erledigen oder mache ich besser Schluss und gehe eine Runde laufen? Oder brauche ich einen Power-Nap? Sie sehen, Meditation und Achtsamkeit sind wertvolle Ingredienzien für die Selbstfürsorge!

Auch in der Paarbeziehung gilt es, auf die unterschiedlichen Rhythmen einzugehen, beispielsweise wenn sie nach der Arbeit zu Hause zusammenkommen. Der eine hat eine halbstündige Heimfahrt, bei der er einen guten Abstand zum stressigen Arbeitstag bekommt, die andere hat nur fünf Minuten nach Hause und braucht noch ein bisschen, bis sie bereit ist, sich auf den Abend und ihr Privatleben einzulassen. Da ist es schwierig, wenn sie von Kindern und Partner „überfallen" wird. Es kommt nicht selten vor, dass solche Menschen dann Fluchtwege suchen und sich zum Beispiel für zehn Minuten auf der Toilette verschanzen. So kann auch ein WC zu einem Meditationsraum werden! Eine andere Möglichkeit wäre natürlich, sie würde ihren fünfminütigen Heimweg ausdehnen und eine Runde im Park dafür nutzen, um zu sich zu kommen.

Ein guter Indikator dafür, ob wir unseren inneren Meditationsraum gut genutzt haben oder nicht, ist unser Grad an Gereiztheit: Verdrehen wir in den öffentlichen Verkehrsmitteln regelmäßig genervt die Augen wegen des Verhaltens anderer, dann sind wir nicht wirklich gut bei uns. Können wir aber dem seltsamen Verhalten anderer mit Gelassenheit und Humor begegnen, dann haben wir gut für uns gesorgt. Dasselbe gilt auch für unsere Partnerin oder unseren Partner. Je besser wir bei uns sind, weil wir unseren inneren Meditationsraum regelmäßig aufsuchen, desto eher finden wir eine gelungene Begegnung.

Der Dialog, das Spiegeln, das wir Ihnen in Impuls Nr. 20 vermittelt haben, ist ebenfalls eine wunderbare Möglichkeit, einen Meditationsraum zu kreieren, weil dabei eine tiefe Verbindung entsteht. Mit jeder Verbindung, die Sie aufbauen, verändern und lösen Sie Probleme. Dabei geht es nicht um das Rechthaben, sondern um das Freisein und das Lieben. Indem ich einen Menschen liebe, bilde ich einen Meditationsraum für uns als Paar und wir erzählen einander von unserem Land.

„Wenn Sie wirklich zuhören, dann geschieht ein Wunder", sagt der Dalai Lama. Und weiter: „Das Wunder besteht darin, dass man ganz bei dem ist, was gesagt wird, und gleichzeitig den eigenen Reaktionen lauscht. Nur wenn man wirklich zuhört, vernimmt man das Lied, das sich hinter den Worten verbirgt."

45. Theorie und Praxis

Wie wichtig es ist, nicht nur kluge Bücher über Beziehungen zu lesen, sondern vor allem die Begegnung mit der Partnerin bzw. dem Partner zu suchen.

Sie: Schau, ich war in der Buchhandlung und hab einen neuen Beziehungsratgeber gefunden. Er wurde in der Zeitschrift „Gehirn & Geist" empfohlen! Ich bin gespannt, ob du wenigstens den liest.

Er: Aber ich habe doch schon drei andere Ratgeber auf meinem Nachtkästchen liegen. Die hast du mir alle da hingelegt.

Sie: Ja, damit du sie liest. Weil ich finde, dass auch du etwas für unsere Beziehung tun kannst. Aber du liest sie ja nicht.

Er: Weil du so viel für unsere Beziehung tust und ich nichts, oder wie?

Sie: Ich lese wenigstens diese Bücher und habe viel gelernt!

Zwei Monate später nehmen beide an einem Imago-Paarworkshop teil und führen einen Dialog[41], in dem er sich dazu durchringt, einen Teil seiner Geschichte zu erzählen.

Er: ... und am Sonntag war es so schön, weil da hatte mein Vater für mich Zeit. Wir waren gemeinsam in der Werkstatt und haben einen Pfeil und Bogen gebastelt und er hat mir geholfen, ihn zu verzieren. Wir haben kaum geredet, doch als er am Ende meine Initialen in den Griff geritzt hat, hat er mich so angestrahlt.

Sie (sollte nun eigentlich spiegeln, doch stattdessen wendet sie sich an die Therapeutin): Sehen Sie? Da haben wir es. Da wurde damals auch nicht gesprochen und das Gleiche haben wir jetzt in der Beziehung. Nie wird gesprochen, und schon gar nicht über Gefühle! Aber sagen Sie: Was hat das alles mit dem Jetzt zu tun?

---

41 siehe Impuls Nr. 20

Wer hätte sich vor hundert Jahren vorstellen können, dass wir Menschen einmal auf dem Mond landen, mit Knopflochtechnik komplizierte Gelenksoperationen durchführen und mit Minicomputern am Handgelenk Sport treiben und unseren eigenen Fortschritt messen und beobachten können? Hätten nicht so viele kluge Köpfe wissenschaftliche Forschungen betrieben und Theorien aufgestellt, hätten wir das alles nicht. Und doch: Um unsere Sportuhr richtig bedienen zu können, müssen wir einen Blick ins Handbuch werfen. Sportlich fit werden wir dadurch aber nicht. Da müssen wir schon raus mit dem Rad oder rein ins Schwimmbecken und regelmäßig ein paar Bahnen ziehen.

So ist es auch mit der Beziehung. Es gibt viele Beziehungsratgeber in den Buchhandlungen. Die meisten von ihnen sind mit viel Mühe, Herzblut, gewissenhafter Recherche und Erfahrung geschrieben worden. Doch wir können noch so viel Theorie über die Liebe verstanden haben, ohne Praxis, ohne Umsetzung wird sich nichts verändern. Wie heißt es so schön: Der Unterschied zwischen Theorie und Praxis ist in der Praxis größer als in der Theorie.

Die Psychotherapie hat in den letzten hundert Jahren enorme wissenschaftliche Fortschritte gemacht. Dank der Neurowissenschaft können wir heute Dinge erforschen und beweisen, was früher nur auf Vermutung und Beobachtung fußte. Wir selbst bemerken, wenn wir Paare begleiten, wie wichtig unsere jahrelange Ausbildung ist, inklusive aller Zertifikate. Doch nur weil jemand ein Zertifikat an der Wand hängen hat, ist er noch lange kein guter Therapeut! Deshalb sind wir auch sehr dankbar für die vielen Jahre, in denen wir selbst in Paartherapie waren und nicht zuletzt für unsere eigene über 40-jährige Beziehung, in der wir am eigenen Leib spüren konnten, wie es ist, zu streiten, Krisen zu haben, an Scheidung zu denken, Kinder zu bekommen, Sorgen und Ärgernisse mit nahen Verwandten zu erleben – und auch Paardialoge zu führen, zu vergeben, Visionen zu entwickeln, immer wieder zu reflektieren, Spannung auszuhalten und uns selbst weiterzuentwickeln. Ohne das eigene Erleben wäre unser paartherapeutisches Wissen nur ein hohles Gebäude.

Auch unsere Lehrerinnen und Lehrer, Therapeutinnen und Therapeuten, denen wir unser Wissen verdanken, waren und sind Menschen, an denen wir uns deshalb so gut orientieren konnten, weil sie das, was sie tun, auch verstehen und erklären können und gleichzeitig mitten im Leben stehen. Es braucht eben beides: gutes, fundiertes Theoriewissen und die Erfahrung, wie es sich in der Praxis umsetzen lässt, wie es sich am eigenen Leib anfühlt.

Ob nun der Einstieg ins Thema Paarentwicklung für Sie zuerst theoretisch mithilfe eines Buchs besser ist oder doch praktisch, indem Sie in eine Paarcoachingstunde oder Gruppentherapie gehen, lässt sich nicht eindeutig beantworten. Für ein Paar ist es ein guter Einstieg, einschlägige Bücher zu lesen. Andere starten lieber gleich mit dem Praktischen. Wir erleben es so, dass es für viele Männer von vornherein schwer vorstellbar ist, dass sie durch das Lesen eines Buchs etwas für die Beziehung tun können und sich dadurch etwas verändert. Aus diesem Grund tun sich Männer in unseren Imago-Paarworkshops leichter, auch wenn ihre Überwindung anfangs groß ist. In den Imago-Paarworkshops bekommen sie die Grundlagen in Form der Theorie und einen Aktionsplan präsentiert und haben dann auch noch uns als Vorbilder einer gelingenden Beziehung vor

Augen. Sie empfinden die Theorie dann wie einen Handlauf, an dem sie sich festhalten können, wenn es ins freie Gelände des Beziehungslebens geht.

Es tut vielen gut, erst einmal das Hirn mit Wissen zu füttern und Zusammenhänge kognitiv zu begreifen. Der umgekehrte Weg kann jedoch genauso erkenntnisreich sein: Man sammelt Erfahrungen im Beziehungsleben, und wenn wir dann im Imago-Paarworkshop die Theorie dazu liefern, hören wir üblicherweise viele „Ah!" und „Jetzt versteh ich!". Dann hilft die Theorie wie ein gut beschriftetes Bücherregal, in das man die einzelnen Erfahrungen thematisch sortiert hineinstellen kann und auf diese Weise eine gute Orientierung erhält und sich besser auskennt.

Vielleicht ist es ja eine Frage des Timings[42], wann wir was zuerst oder besonders brauchen. Im Fall des Paars in unserer Einstiegsszene war es offensichtlich für die Frau wichtiger, zuerst Beziehungsratgeber zu lesen und sich mit der Theorie zu beschäftigen. Es sieht so aus, als hatte sie die Idee, dass es ihrem Mann ebenso geht und auch er sich zuerst mit der Theorie leichter tut. Bloß hat die Frau nicht bedacht, dass Männer oft ohnehin so sehr in der Theorie verankert sind und es ihnen an Involvierung, am gefühlten Leben fehlt.

Dass der Mann dann im Workshop, also in der Praxis, seinen Gefühlen auf die Spur kommen konnte, die er vor langer Zeit schon verloren hatte, lag daran, dass sie ihm gegenübersaß und ihm in die Augen sah und somit viel Sicherheit vermittelte. Dieses so dringend nötige Gefühl der Sicherheit kann ein Buch natürlich niemals herstellen, das geht nur in der Praxis. Was

42 siehe Impuls Nr. 22

dann jedoch passierte, fällt in die Kategorie Ambivalenz:[43] So sehr sie es sich gewünscht hat, dass er mit ihr zum Workshop kommt – in diesem Moment steigt sie auf die Bremse, indem sie sich mit ihrer formalen Frage in die Theorie flüchtet. Mitten in der Praxis hat auch sie Angst vor dem überquellenden, gefühlsstarken Leben bekommen.

Die Spannung in der Ambivalenz Theorie vs. Praxis gilt es immer wieder auszuhalten. Wir müssen uns immer wieder die Frage stellen: Wann will ich mich mehr der Theorie und wann mehr der Praxis widmen? Vielleicht nimmt es dem einen Mann ein wenig die Angst vor der Praxis, wenn er vorher einen Beziehungsratgeber liest. Uns hat einmal ein Mann erzählt, dass er unser erstes Buch[44] verschlungen hat, weil er sich darin mit seinem Leben wiedergefunden hat. Es kann jedoch genauso sein, dass ein anderer Mann die Theorie so wenig lebendig findet, dass der Weg in die Praxis – vielleicht sogar in die psychotherapeutische Auseinandersetzung – ein längerer werden könnte. Andererseits können auch Frauen zwar wunderbar Ratgeber verschlingen und mit einer guten Freundin darüber reden, doch auch sie haben oft Angst vor der Praxis. Spannend finden wir, dass es doch sehr oft die Frauen sind, die den Besuch eines Imago-Paarworkshops oder einer Paartherapie anregen, und deswegen gebührt ihnen auch unsere volle Wertschätzung, dass sie auf diese Weise dazu beitragen wollen, Entwicklung zu initiieren.

Betrachten Sie Theorie und Praxis als zwei Polaritäten, zwischen denen Sie pendeln können. Nach jeder Pendelbewegung

---

43 siehe auch Impuls Nr. 35
44 Leih mir dein Ohr und ich schenk dir mein Herz, Orac 2010

haben Sie etwas gelernt und etwas erfahren. Wenn Sie diese Erkenntnisse festigen wollen, empfehlen wir Ihnen die Übung, die wir Ihnen als dritte in Impuls Nr. 50 vorstellen. Notieren Sie: Meine Erkenntnisse über mich ..., über dich ..., über uns. Gerade die dritte Erkenntnis, nämlich zu verstehen, wie die Wechselwirkung zwischen Ihnen beiden abläuft, ermöglicht Ihnen, etwas Neues auszuprobieren. Daraus ergeben sich wieder Erkenntnisse – und so steigen Sie abwechselnd auf den Boden für die Praxis und dann wieder hinauf in die Theorie. Auch das ist ein Rhythmus des Lebens!

46. Wasser und Brot oder Schlemmermenü?

Wir können immer schön bescheiden bleiben in den Ansprüchen in Bezug darauf, was Liebe uns schenkt. Wir können genauso das Ziel haben, aus dem Vollen zu schöpfen. Eine Entscheidung.

Er brüht für seine Frau einen Kaffee mit Milchschaum auf, siebt liebevoll ein Herz darauf und serviert ihn an den Frühstückstisch. Er setzt sich.

Er: Schatz, ich liebe dich. Mir wäre wichtig, dass du das jetzt bitte spiegelst.[45]

Sie: Ja, gleich. Hast du meine Mutter angerufen?

Er: Hab ich. Und jetzt hätte ich gern, dass du mich spiegelst.

Sie: Was hast du gesagt? Was soll das?

Er: Du weißt doch, was ich meine, wir haben das in der Paartherapie gelernt. Ich will nur, dass du mich spiegelst.

Sie: Kannst du bitte zum Herd gehen und schauen, ich glaube, du hast vergessen, die Herdplatte abzudrehen.

Er (geht zum Herd, sieht, dass er ausgeschaltet ist und setzt sich wieder): Alles gut. Ich bitte dich, jetzt zu spiegeln: Ich liebe dich!

Sie: Warum soll ich das jetzt spiegeln?

Er: Ich bitte dich zu spiegeln, dass ich dich liebe.

Sie: Okay. Du hast mich gern.

Er: Du hast sehr viel gehört, ich habe gesagt, ich liebe dich.

Sie: Ich höre, du sagst … (und beginnt bitterlich zu weinen)

Stellen Sie sich vor, Sie machen eine Fastenkur und essen drei Wochen lang nur klare Gemüsesuppe. Am ersten Tag danach

---

45 Näheres zum Spiegeln lesen Sie bitte in Impuls Nr. 20.

dann die Erlösung: Sie essen, wovon Sie drei Wochen lang verzehrend geträumt haben, nämlich Wiener Schnitzel mit Kartoffelsalat, danach eine große Portion Eis und noch ein Stück Schokotorte mit Schlagobers. Was passiert dann? Ihr Verdauungsapparat wird ordentlich rebellieren, Sie bekommen Bauchschmerzen und werden sich übergeben müssen. Denn unser Körper braucht ein paar Tage, um sich langsam umzustellen. Auch den Vegetarierinnen und Veganern unter Ihnen wird dieses Gefühl vertraut sein, wenn Sie nach einer Fastenkur zu viel auf einmal in sich hineinschlingen.

So ähnlich geht es uns auch bei Emotionen. Wenn wir lange, lange Liebe, Nähe, Zuwendung entbehren mussten und dann ist sie plötzlich da, dann können wir sie gar nicht aufnehmen, geschweige denn uns darüber freuen, dass sie da ist. Und unsere Partner sind verstört, weil sie uns ihre Liebe schenken und wir uns seltsam verhalten wie die Frau oben am Frühstückstisch.

Wenn wir Wasser und Brot gewohnt sind, dann tun wir uns mit Wasser und Brot meistens leichter als mit dem köstlichsten Buffet. So ist das. Nach über 40 Jahren eigener Beziehung und den Erkenntnissen aus unserer jahrelangen Paarbegleitung, wissen wir: Es ist eine wirkliche Kunst, Liebe anzunehmen. Mit dem Mangel kommen wir leichter zurecht. Da ist es kein Wunder, wenn wir die Fülle regelrecht boykottieren. Warum ist das so?

Wie in vielen Familien gab es auch in unserer viele Entbehrungen. So war Vater Bösel an der Front und lebte zwei Jahre unter widrigsten Umständen in russischer Kriegsgefangenschaft. Er teilte sein karges Brot mit anderen, die es noch dringender brauchten, und nur die Hoffnung, dass er eines Tages wieder in die Heimat kommt, hielt ihn aufrecht. Als es dann so weit war und er die österreichische Grenze überschritt, kam er an einer Wallfahrtskirche vorbei. Sie war leer, nur der Organist spielte das Lied „Wohin soll ich mich wenden", so erzählte er. Und dann saß er da und weinte und weinte. Plötzlich fand er sich wieder in der Fülle des Daseins, im Frieden der Kirche, im Wissen, dass er nun wieder frei war und zu seiner Familie konnte.

In der Fachsprache nennen wir das den „reunion grief". In dem Moment, wo wir das, was wir so ersehnt haben, wirklich bekommen, müssen wir auch die ganze Not, die Entbehrungen, den Mangel und den Schmerz wieder spüren. Dieser Schmerz kann so stark sein, dass wir uns lange gegen die Erfüllung unserer Sehnsüchte wehren, ja, sie sogar jahrelang boykottieren, nur damit wir diesen Schmerz nicht spüren müssen. Das ist auch einer der Gründe, warum Paare, selbst wenn sie schon länger in die Paartherapie kommen, dennoch wieder in alte Muster und Machtkämpfe verfallen. Dieser Boykott wegen des „Wiedererinnerungsschmerzes" ist ziemlich hartnäckig!

Wir haben es schon bei sehr vielen Paaren beobachtet: Wenn eine Person als Kind für lange Zeit einsam und alleine war, ist es für sie als Erwachsene schwer auszuhalten, so viel Aufmerksamkeit, Nähe und Verbindung von der Partnerin, dem Partner zu bekommen. In der Verliebtheit ist das etwas anderes, da sind wir ohnehin im Ausnahmezustand.[46] Doch wenn die abklingt, beginnt sukzessive der Boykott und wir verhindern diese Nähe und Liebe, die uns doch eigentlich so guttun und uns heilen würde. Es liegt eine tiefe Loyalität zugrunde, denn mit dem

---

46 siehe auch Impuls Nr. 8

Boykott sagen wir zu unseren Vorfahren: „Schau, mir geht es genauso wie euch. Ihr hattet es schwer, und aus Loyalität bleibe ich im gleichen Rahmen."

Eigentlich müssten wir sagen: „Ich habe große Hochachtung vor eurem Schicksal. Es tut mir sehr leid, was euch widerfahren ist, ich verneige mich vor eurem Schicksal. Bitte seid freundlich, dass ich es leichter habe, und gebt mir euren Segen."

Der Mangel, der uns so vertraut ist, hat viele Gesichter. Er kommt beispielsweise auch als Glaubenssatz[47] daher: „Hochmut kommt vor dem Fall" oder „Die Kinder in Afrika haben es schwerer als du, also beklag dich nicht", „Wer gierig ist, wird früh sterben" oder auch „Bescheidenheit ist eine Zier". Solche Glaubenssätze werden uns schon früh eingepflanzt. Eine Frau hat es einmal in einer Paartherapie auf den Punkt gebracht: „Bei uns war Stolz verboten. Es hieß, dass Stolz die größte Sünde ist." Dabei ist Stolz oft das beste Gegengift, wenn wir beschämt wurden. Mit Stolz wird oft Negatives konnotiert wie Arroganz. Doch Stolz in seiner Reinform ist genau das, was Sie im Gesicht eines Kleinkindes sehen, das sich zum ersten Mal hochzieht und stehen kann. Diese Freude in den Augen, weil es etwas Bedeutsames geschafft hat! Das ist der Stolz, den wir brauchen, um uns darüber zu freuen, wenn uns etwas gelungen ist.

Nelson Mandela sprach in seiner berühmten Antrittsrede von dieser ungesunden Bescheidenheit: „Unsere tiefste Angst ist es, dass wir über alle Maßen kraftvoll sind. Es ist unser Licht, nicht unsere Dunkelheit, das wir am meisten fürchten." Wir

---

47 siehe auch Impuls Nr. 5

müssen uns erlauben, dass wir das Leben, den Stolz leben, weil wir damit auch andere ermächtigen und anziehen, Gleiches zu tun. Dazu ist es notwendig, sich selbst die Fülle des Lebens – das Schlemmermenü anstelle von Wasser und Brot – zu erlauben. Unsere Gesellschaft braucht uns als Vorbilder. Unsere Beziehung ist die Heilung, sie macht es möglich, dass wir diesen Boykott gegenüber unserer eigenen Größe aufgeben können. Für viele ist es ein langer Weg, der, wie bereits gesagt, über das Hinterfragen der Loyalität zu unseren Vorfahren läuft. Vielleicht hilft es Ihnen zu wissen: Die Loyalität, am Mangel festzuhalten, weil die Eltern und Großeltern im Mangel lebten, ist nicht das, was unsere Eltern wollen. Sie ist das, was wir in unserer Kindheit unbewusst beschließen.

Jede Mutter und jeder Vater wünscht sich im Tiefsten der Seele, dass die Kinder diese Selbstermächtigung erfahren dürfen. Eltern wünschen sich, dass die Kinder das erleben dürfen, was sie selbst nicht hatten. Und sie wollen, dass sie es im Leben schön haben. Das gilt auch, wenn es manche Mütter und Väter nicht aussprechen können – sie können es nur deshalb nicht, weil sie sonst ihren eigenen Schmerz nicht aushalten könnten. Wir alle haben die Erlaubnis, als Geschenk annehmen zu dürfen, dass wir in unserer Vielfalt wachsen können. In unseren Generationenworkshops beobachten wir es regelmäßig: Kein Vater und keine Mutter will von dieser Erde scheiden, ohne das Gefühl zu haben, dass die Tochter oder der Sohn das Leben in aller Fülle zu leben imstande ist.

Also laden wir Sie ein: Reden Sie mit Ihrer Partnerin, Ihrem Partner über die Fülle des Lebens. Darf sie sein? Wo beobachten Sie, dass der oder die andere im Mangel lebt? Wenn Sie gerade in keiner Beziehung leben, dann sprechen Sie mit guten Freunden über die Frage, wie wir uns manchmal selbst das Leben schwer machen, obwohl es schon öfter in seiner ganzen Schönheit an die Tür geklopft hat. Verändern Sie Ihre Perspektive und schauen Sie auf Ihr Leben, wo es gut, schön, nährend und belebend ist.

47. Wertschätzung und Anerkennung
Ein Plädoyer für diese beiden Wundermittel, die Begegnungen öffnen und jede Kommunikation viel ertragreicher machen.

Montagmorgen.

Sie: Schön, dass du am Wochenende so viel Zeit mit den Kindern verbracht hast!

Er: Das ist doch selbstverständlich und letztlich bin ich sowieso viel zu wenig bei den Kindern.

Montagabend.

Er: Ich finde, du hast so eine schöne Figur und das Kleid steht dir ausgezeichnet.

Sie: Ich finde, in dem Kleid habe ich einen dicken Hintern und überhaupt habe ich fünf Kilo zu viel!

Dienstagmorgen.

Er: Schön, dass du heute die Haare hochgesteckt hast.

Sie: Ich hatte noch keine Zeit für den Frisör.

Dienstagabend.

Sie: Deine Waden greifen sich gut an.

Er: Was soll an Waden gut anzugreifen sein?

Mittwochmorgen.

Sie: Danke, dass du mir gestern geholfen hast und ich die Schularbeit noch verbessern konnte.

Er: Was soll daran eine Hilfe gewesen sein? Das ist doch nichts Besonderes.

Mittwochabend.

Er: Das Curry war hervorragend.

Sie: Ich finde, es war etwas zu scharf und außerdem hatten wir zu wenig Beilage.

Sonntagmorgen.

Er: Kann ich dir irgendwie helfen?

Sie: Ja, sag etwas Nettes.

Sonntagabend.

Sie: Was ist mit dir? Du schaust so griesgrämig.

Er: Du könntest mir schon einmal Anerkennung geben, ich habe mich im Garten heute so angestrengt.

Eigentlich hätten wir dieses Buch mit diesem Impuls beginnen müssen und auch beenden. Denn für uns ist eine Wertschätzung oder eine Anerkennung der beste Opener einer jeden besonderen Zusammenkunft und auch die schönste Beendigung. Wertschätzungen und Anerkennungen kann es nie genug geben, davon sind wir überzeugt! Denn wir Menschen sind dafür nicht nur sehr empfänglich, nein, wir lechzen danach, auch wenn wir das oft gar nicht so sehr spüren. Selbst der Dalai Lama hat einmal zugegeben, dass er sie nicht nur von Herzen gerne annimmt, sondern sie ihn auch in seiner Persönlichkeit ein Stück wachsen lassen. Und das, wo er sich durch seine Religion und seine Rituale doch so gut genährt fühlt! Wertschätzung und Anerkennung sind nun einmal das Öl, das unseren Motor wie geschmiert laufen lässt.

Sie stellen vielleicht schon fest, dass wir zwischen Wertschätzung und Anerkennung differenzieren. Wir bezeichnen Wertschätzung als all das, was die Person in ihrem Wesen betrifft: ihre Existenz, ihr Aussehen und all die kleinen und größeren Dinge, die wir mit ihr in Bezug setzen. „Schön, dass es dich gibt", „Wenn du bei der Tür hereinkommst, geht mir das Herz auf", „In deinen Armen kann ich mich entspannen", „Dein Lachen ist so ansteckend", „Du hast so wunderschöne Augen" oder „Du bist so eine besondere Mutter" sind Beispiele dafür.

Anerkennung hingegen bezieht sich auf eine Handlung: „Danke, dass du mir gestern bei der Buchhaltung geholfen hast", „Es hat mir gestern so geholfen, dass du das Auto von der Reparatur für mich abgeholt hast", „Es ist so schön, dass du mit den Kindern gestern im Schwimmbad warst", „Danke, dass du für unsere finanzielle Sicherheit sorgst und so viel arbeitest", „Es tut so gut, dass du im Bett immer wieder etwas Neues ausprobieren willst" oder „Danke, dass du dich gestern so schön gemacht hast, als wir ausgegangen sind".

Interessanterweise lässt sich hier ein Typus feststellen. Sind Sie jemand, der eher Wertschätzungen liebt oder Anerkennungen? Bei welchen Beispielen haben Sie mehr Hunger danach gemerkt? Was wir auch feststellen: Wir geben eher das, was wir selbst gern hätten. Wenn Sie ein Mensch sind, der gern öfter einmal eine Anerkennung hören würde, dann verteilen Sie vermutlich auch eher lieber Anerkennungen als Wertschätzungen. Und umgekehrt. Warum das so ist? Weil wir in der Kindheit entweder auf der einen oder der anderen Seite starke Defizite hatten (hoffentlich nicht auf beiden Seiten!) und uns dann besonders angestrengt haben, das zu bekommen, was uns fehlt. Somit sind wir auch talentierter darin, es anderen zu geben.

Insgesamt jedoch wird viel zu wenig anerkannt und wertgeschätzt. Eltern erzählen anderen Erwachsenen, wie toll ihre Töchter oder Söhne sind – ihren Töchtern und Söhnen selbst jedoch nicht, viel zu selten oder nur andeutungsweise. „Nicht geschimpft ist genug gelobt", scheint hier die Devise zu sein. Wie oft denken wir uns „Wow, das war jetzt toll!" – und sprechen diese Wertschätzung aber nicht aus. Wir stellen fest, dass die Kassiererin im Supermarkt heute besonders aufmerksam ist – und sagen es ihr nicht. Wir beobachten, wie jemand einer anderen Person über die Straße hilft, freuen uns über diesen schönen Akt der Menschlichkeit – und verabsäumen es, dieser Person unsere Anerkennung zu spenden.

Dabei ist es ja schon toll, dass wir diese schönen Momente überhaupt wahrnehmen. Denn viel zu oft liegt der Fokus in unserem Leben auf dem Mangel, auf dem, was noch ein Problem ist. Das schreiben wir in Wertschätzung gegenüber allen, die Probleme lösen, denn es ist natürlich wichtig, das zu erkennen, was noch nicht gut läuft, um es besser zu machen. Gleichzeitig muss uns klar sein, dass auch dort, wo Positives bemerkt, Anerkennung und Wertschätzung ausgesprochen wird, Veränderung passiert und Dinge besser gemacht werden. Es fällt uns mit jedem Mal leichter, Anerkennung und Wertschätzung zu geben. Wir können auch davon ausgehen, dass das, was wir positiv anmerken, mehr wird, weil wir uns dann animiert fühlen, dort weiterzutun.

Wir erinnern uns noch gut an die Zeit, als einer unserer Söhne Handball spielte. Er hatte unterschiedliche Trainer. Da gab es welche, die sich mit den Spielern verbrüderten und daher nicht ernst genommen wurden. Es gab welche aus der Kategorie „Nicht geschimpft ist gelobt genug". Sie alle brachten die Mannschaft nur mäßig weiter. Es war richtig schön zu beobachten, dass jene Trainer, die ihre Spieler regelmäßig lobten, auch jene waren, für die sich die Spieler dann beim Match ganz besonders einsetzten. „Für meinen Trainer renne ich um mein Leben, weil er ist für mich da. Er lobt mich und ist manchmal auch streng, doch ich weiß, dass er das alles ernst meint. Deshalb gebe ich mein Bestes", sagte einer der Teamkollegen unseres Sohnes einmal. So ähnlich ist der Effekt auch im Team namens „Liebesbeziehung". Anerkennung und Wertschätzung schweißen zusammen. Sie „lenken" uns ein Stück in die Richtung, in der unsere Beziehung so ist, wie sie beiden guttut. Und das Schöne dran: Es ist ganz einfach!

Im Hinblick darauf, dass wir vorzugsweise das aussprechen, was wir selbst gern hätten, ist unsere Empfehlung: Fragen Sie nach. Was hört Ihre Partnerin, Ihr Partner lieber, Anerkennung oder Wertschätzung? Und dann achten Sie darauf, *wie* Sie formulieren. Wenn Sie sagen „Danke, dass du gestern endlich die Fenster geputzt hast" oder „Schön, wie du heute dein Haar trägst, aber das brauche ich dir ja nicht zu sagen, das weißt du eh", können Sie die Anerkennung gleich wieder vergessen, weil Sie sie selbst torpediert haben. *Endlich* die Fenster geputzt? Da schwingt Kritik mit. *Aber* das weißt du ja eh? Dann ist es offenbar doch nichts Besonderes.

Der Ton macht die Musik. Gut ist, wenn die Wertschätzung positiv formuliert wird. Ein „Danke, dass du gestern nicht schon wieder auf mich vergessen hast" ist ein Killer. „Danke, dass du gestern so lieb an mich gedacht hast" klingt positiv, liebevoll, wertschätzend. Oder „Danke, dass du mich gestern nicht unterbrochen hast" impliziert, dass der andere normalerweise viel unterbricht. Das ist daher keine Anerkennung. Und Wertschätzung und Anerkennung sollten auch konkret sein, damit der Empfänger merkt, dass etwas dahintersteckt und es nicht einfach nur so dahingesagt ist. Also zum Beispiel: „Danke, dass du mir gestern so liebevoll und intensiv zugehört hast, als ich von meinem Berufsthema gesprochen habe." Noch ein Aspekt ist uns wichtig: Bringen Sie die Wertschätzung immer in die Gegenwart. Wenn Sie sagen „Ich habe geschätzt, dass du so fröhlich warst", verliert die Aussage an Kraft. Man könnte das ja auch so interpretieren, dass Sie es jetzt nicht mehr schätzen!

Also besser: „Ich schätze es sehr, dass du gestern so fröhlich warst."

Auf welche Weise Sie Anerkennung und Wertschätzung spenden, überlassen wir Ihrer Kreativität. Da gibt es nämlich viele Möglichkeiten, und Sie können es sich denken: Wenn man sich etwas einfallen lässt, kann sogar aus einem ganz einfachen Lob etwas Besonderes werden. Also: Sprechen Sie sie aus, singen Sie, schreiben Sie sie. Malen Sie sie im Urlaub in den Sand oder am Morgen auf den Badezimmerspiegel.

Zu guter Letzt: Wir haben in Impuls Nr. 46 über das Lernen und Annehmen von Nährendem geschrieben. Falls Sie sich damit schwertun, dann lernen Sie, Wertschätzungen und Anerkennungen auch anzunehmen! Damit es Ihnen nicht so geht wie unserem Paar zu Beginn dieses Impulses, das vor lauter Nicht-Annehmen-Können gar nicht merkt, wie wertschätzend sie eigentlich zueinander sind. Letztlich ist auch das Annehmen eine Wertschätzung Ihrem Partner gegenüber. Stellen Sie sich eine Wertschätzung oder Anerkennung vor, die Sie von Ihrem Partner besonders gerne bekommen: Nehmen Sie sie wie eine Lieblingsspeise in sich auf und spüren Sie, wie sie sich als gutes Gefühl und Stärkung in Ihnen ausbreitet. Wenn Sie das beide tun, entstehen Heilung und Wachstum.

48. Ich gelobe

Gelübde machen uns zu den Menschen, die in Freiheit, Würde und Selbstachtung ihre eigene Entwicklung in die Hand nehmen.

Sie: Hast du bitte eine Viertelstunde Zeit für mich?

Er: Kommt jetzt wieder so eine Kanonade wie gestern?

Sie: Nein, aber ich möchte darüber reden. Ich bin nämlich draufgekommen: Als Kind habe ich beschlossen, dass ich nicht so werden will wie meine Mutter, die meinen Vater ständig zugetextet hat. Und gestern habe ich mich selbst dabei ertappt, wie ähnlich ich ihr da bin.

Er: Und was willst du da mit mir reden?

Sie: Ich möchte da etwas verändern. Immerhin geht das ja schon eine lange Zeit so und ich möchte von meiner Seite eine neue Form des Commitments finden. Ich möchte ein Gelübde ablegen.

Er: Ein Gelübde?

Sie: Ja, weil ich das aus freien Stücken mache. Ich möchte da raus und etwas Eigenes entwickeln, das mir mehr Spielraum gibt und wofür ich mich mehr achten kann. Ich möchte für unsere Beziehung etwas Gutes tun und auch mit diesem guten Gefühl schlafen gehen.

Er: Wow, das berührt mich jetzt sehr!

Sie: Und mir tut es gut, dass du so darauf reagierst! Ich habe mir folgendes Gelübde überlegt: Jeden Abend, wenn wir schlafen gehen, werde ich dir sagen, wofür ich dir besonders dankbar bin, was du in unsere Beziehung einbringst. Ich will das ab jetzt für drei Wochen bis Weihnachten machen. Ich finde es gut, das ein

Leben lang zu machen, aber jetzt nehme ich es mir einmal bis Weihnachten vor und ich bin frohen Mutes, dass mir das auch gelingen wird.

Gelübde sind etwas sehr Kraftvolles. Sie zeigen, dass die- oder derjenige, der sie ablegt, Rückgrat hat, sich selbst treu ist und die eigenen Werte hochhält. Gelübde machen uns stolz und bringen uns in eine tiefere Verbindung zu uns selbst und zu den Menschen, die wir lieben. Und sie wirken auch auf andere, weil wir damit als kraftvoll wahrgenommen werden und als Vorbild dienen.

Wir haben längere Zeit nach dem passenden deutschen Wort für „commitment" gesucht. Es wird meist mit „freiwilliger Verpflichtung" in Zusammenhang gebracht, doch das trifft nicht ganz zu, weil „commitment" auch mit Bindung zusammenhängt. Mit „Pflicht" wollen wir das, was wir meinen, nicht in Verbindung sehen. So kamen wir auf das alte Wort „Gelübde", und wenn man von ihm die Staubschicht abträgt und so manchen religiösen Nimbus, blitzt ein wunderschöner Begriff hervor, der etwas mit Versprechen zu tun hat und mit Gutheißen. In diesem Sinn wollen wir ihn verwenden: als ein feierliches Versprechen uns selbst gegenüber, um uns zu entwickeln.

Gelübde tun uns vor allem dort gut, wo wir eine Neuausrichtung in unserem Leben finden wollen. Sie sind etwas nicht Alltägliches. Würden wir täglich zehn Gelübde ablegen, wären wir wohl zum Scheitern verurteilt. Doch wenn wir etwas erreichen wollen, das uns wirklich am Herzen liegt, ist es gut, wenn wir ein Gelübde ablegen. Angenommen, Sie stellen fest, dass Sie viel zu viel fernsehen. Jeden Abend lassen Sie sich nur noch berieseln, und Sie finden es eigentlich schade um die Lebenszeit. Dann können Sie sich überlegen, welches Gelübde Sie ablegen wollen, um hier einen Entwicklungsschritt zu tun.

Der erste Schritt ist dieses Erkennen, dass Sie etwas tun, was Ihnen schadet oder mit dem Sie unzufrieden sind und es daher verändern wollen. Dann brauchen Sie als Nächstes ein gewisses Verständnis und gleichzeitig eine Würdigung dafür, wie es bisher war. „Nach einem Arbeitstag, an dem ich mich anderen anpassen musste, tut es gut, vor dem Fernseher zu entspannen und Herrin der Fernbedienung zu sein. Es war schon als Kind entspannend für mich, wenn meine Eltern und ich vor dem Fernseher saßen. Es macht also Sinn für mich, dass ich die Entspannung beim Fernsehen finde." Machen Sie sich klar, dass es sich um etwas Wertvolles handelt, was Sie hier anstreben, in unserem Beispiel ist es nichts Geringeres als die Lebenszeit, die Sie sinnvoll nutzen wollen.

Entscheidend für das Gelingen ist auch, dass Sie sich Ihr Vorhaben auch zutrauen. Zu wissen und zu spüren, dass es Ihnen gelingen wird, hilft Ihnen bei dem einen oder anderen Rückschlag. Zudem hilft Ihnen eine gute Perspektive: Wie wird das Leben sein, wenn Sie nicht täglich stumpfsinnig in den Fernseher starren? Worauf können Sie sich jetzt schon vorfreuen? Wie wird es sich anfühlen, wenn Sie Ihr neues Verhalten als einen selbstverständlichen Bestandteil in Ihr Leben gelassen haben?

Was es in jedem Fall braucht, ist eine klare Deklaration, wie sie auch die Frau in unserem Beispiel zu Beginn dieses Impulses ausspricht. Es ist gut, das Gelübde kurz zu halten und einen Aspekt der Selbstfürsorge einzubauen: „Ich gelobe, ich werde ab morgen zwei Monate lang montags, mittwochs und freitags einen fernsehfreien Abend gestalten, wo ich entweder ein Buch lese, ein Gespräch in der Beziehung oder mit Freunden suche und spätestens um 23 Uhr ins Bett gehe." So bleibt Ihnen eine gewisse Beweglichkeit, sodass Sie sich auch immer wieder etwas Neues einfallen lassen können, was Sie an diesen Abenden tun können. In Impuls Nr. 16 haben Sie vielleicht schon gelesen, dass ein Vorhaben positiv, messbar und spezifisch sein soll, damit es Realität werden kann. Das gilt auch hier für das Gelübde.

Diese Deklaration sprechen Sie am besten Ihrer Partnerin oder einer anderen Person gegenüber aus. Es kann auch sein, dass Sie andere herausfordern: „Ach komm, schau doch mit mir fern." Bleiben Sie in Würde und Wertschätzung gegenüber diesen Personen. Wenn Sie jetzt sagen würden „Fernsehen ist doch blöd", dann würden Sie nicht nur diese Personen, sondern auch Ihr früheres Selbst abwerten, das doch auch täglich ferngesehen hat!

Vielleicht wollen Sie Ihr Gelübde nicht nur vor anderen Personen klar aussprechen, sondern auch aufschreiben und an verschiedenen Stellen platzieren, sodass Sie immer wieder erinnert werden. Das ist dann wie ein Trainingsprogramm, das Ihr Trainer Ihnen vorgegeben hat: täglich zehn Sit-ups, Liegestütz und Kniebeugen. Er hat es so vorgegeben, und so brauchen Sie nicht täglich die Entscheidung treffen, ob Sie das tun wollen.

Ein Gelübde wirkt oft so, als würden wir damit unserer Partnerin bzw. unserem Partner etwas schenken. Das mag auch so sein. Doch letztlich schenken wir uns selbst eine riesige Portion Spielraum, um unserem Leben eine Neuausrichtung und auch eine neue Qualität zu geben.

Gelübde müssen übrigens nicht auf Gegenseitigkeit

beruhen. Das ist wie bei den Bitten: ein bedingungsloses Gelübde, also eine freiwillige Zusage, die ich mir selbst schenke. Wenn ich daraus einen Handel machen will, ist es kein Geschenk und damit auch nicht mehr freiwillig, sondern ein Tauschhandel. Natürlich tut es gut, wenn die Partnerin bzw. der Partner das Gelübde unterstützt, indem sie bzw. er aus sich heraus ein eigenes Gelübde findet, das dazupasst. Doch ein Gelübde entsteht aus einer von innen angetriebenen Motivation heraus, und das kann man nicht verordnen. Letztlich müssen wir reif dafür sein. Wenn wir ein Gelübde ablegen wollen, aber den Gesamtkontext nicht verstehen oder uns dazu gedrängt fühlen, werden wir nicht weit kommen. Ein Gelübde braucht ein Fundament und eine gewisse gereifte, entwickelte Form, damit sich das Wachstum realisieren lässt.

Nicht zuletzt entstehen durch Gelübde neue Familientraditionen. Denken Sie an die Szene zu Beginn des Impulses. Die Frau entdeckt, dass sie in ihrer hagelstürmischen Art ihrer Mutter ähnlich ist. Das Gelübde beinhaltet alles, was man braucht, um etwas abzuschließen, damit Neues Platz bekommt. In ihrem Fall bedeutet das Abschließen, dass sie ihrem alten Verhalten Sinn zuschreibt und ihrer Mutter vergibt,[48] dass sie ihre Loyalität anerkennt und auch Achtung davor entwickelt, wie die Mutter das gemacht hat. So kann sie loslassen und sich ihrer Zukunft mit dem neuen Verhalten zuwenden.

Damit sind wir wieder einmal bei Gerald Hüther angelangt, der sagt, dass die zwei wichtigsten Elemente für unser Leben einerseits Sicherheit und Nähe sind und andererseits Wachstum, Abenteuer und Potenzialentfaltung. Mit Gelübden erhö-

---

48 siehe Impuls Nr. 40

hen wir die Sicherheit in uns selbst und in der Beziehung, und gleichzeitig entsteht die Basis für Wachstum, Entwicklung, Potenzialentfaltung, die zwei erwachsene, gereifte Menschen leben.

49. Mentalisieren – die Königsdisziplin der Liebe

Über die herausragendste Fähigkeit, die wir Menschen im Zusammenhang mit Beziehungen entwickeln können: das eigene Verhalten und das Verhalten anderer mental mit Sinn zu erfüllen und sich in andere hineinversetzen zu können, um sie zu verstehen.

Sie: Wollen wir spazieren gehen?
Er: Nein, ich habe Hunger und möchte etwas essen.
Sie: Gehen wir zuerst spazieren und dann essen wir.
Er: Nein, das stehe ich nicht durch.
Sie: Und ich muss mich zuerst bewegen und den Kopf freibekommen, bevor ich etwas essen kann.

Ein Dilemma wie dieses führt meistens dazu, dass entweder einer nachgibt und frustriert ist, ein fauler Kompromiss eingegangen wird[49] oder es zum Streit kommt ohne Lösung. In Paarbeziehungen können wir aber noch ganz andere Register ziehen, die es uns nicht nur ermöglichen, einen Konflikt zu lösen, sondern überhaupt ein ganz neues Bewusstsein im Umgang mit Menschen generell zu entwickeln: das Mentalisieren. Falls Sie unseren Impuls über das Spiegeln[50] noch nicht gelesen haben – es wäre gut, wenn Sie das zuerst tun, um unseren Ausführungen hier leichter folgen zu können. Wir zeigen Ihnen das Mentalisieren anhand des obigen Beispiels.

---

49 siehe auch Impuls Nr. 36
50 Impuls Nr. 20.

Sie: Was hältst du davon, wenn wir weder essen noch spazieren gehen, sondern einen Paardialog führen? Wir haben dieses Thema so oft und streiten deswegen.
Er: Ist das dein Ernst?
Sie: Na sicher, immerhin haben wir das in der Paartherapie gelernt.
Er: Na gut.

Nachdem beide den Dialog wie üblich einleiten – sich gegenübersetzen und einander Wertschätzung aussprechen –, sagt sie, dass sie ihn gerne in seinem Land besuchen möchte. „Ich lade dich ein in mein Land", sagt er.

Sie: Ich höre dir zu.
Er: Für mich sind Essen und gleich danach Schlafen das Dringendste, wenn ich mich so ausgelaugt fühle wie heute. Da habe ich das Gefühl, ich mag mich nicht bewegen, sondern nur essen oder schlafen.
Sie (spiegelt ihn): Ich höre, du sagst, wenn du müde oder ausgelaugt bist, ist es für dich wichtig, entweder zu essen oder zu schlafen. Habe ich dich gehört?
Er: Ja, du hast mich gehört.

Wir kürzen hier ein wenig ab und kommen zum entscheidenden Schritt in diesem Dialog, dem Validieren. Dabei geht es darum, dass sie als Zuhörende dem Gesagten eine Bedeutung, einen Sinn gibt. In unserem Beispiel hat sie die Aufgabe zu verstehen, warum es für ihn so wichtig ist zu essen oder schlafen, wenn er ausgelaugt ist. Das bedeutet nicht, dass sie genauso empfinden soll wie er. Sie muss es auch nicht gut finden, sondern respektieren, noch viel mehr verstehen und ihm einen Sinn geben, den sie neben ihren eigenen Ansichten gelten lassen kann.

Sie: Dann lass mich einmal schauen, ob ich dich verstehe. Immerhin kenne ich dich jetzt schon 15 Jahre lang und konnte oft beobachten, wie es dir geht, wenn du ausgelaugt und müde bist. Ich kann verstehen, dass gerade das Essen eine ganz besondere Regeneration für dich ist, weil du dann ganz bei dir und deinem Körper bist und ihm etwas Gutes tust.

(Während sie das sagt, bemerkt sie, dass ihr Wunsch nach Bewegung dieselbe Wirkung hat, nämlich dass sie sich damit etwas Gutes tut. Doch sie lässt den Gedanken weiterziehen und bleibt mit ihrer Aufmerksamkeit ganz bei ihm.)

Mir fällt gerade ein, dass du zu Beginn unserer Beziehung sehr viel gearbeitet hast und oft müde warst. Wir sind dann gern in unsere Lieblingspizzeria gegangen und du hast oft gesagt, wie gut es dir tut, dass ich hier mit dir gemeinsam esse. Und jetzt fällt mir auch ein, dass du ja ein Schlüsselkind warst. Ich stelle mir vor, wenn du müde von der Schule heimgekommen bist, war nie jemand da. Hinlegen wäre dir komisch vorgekommen, hast du mir einmal erzählt, also hast du dir ein gutes Essen gemacht. Ich kann mir vorstellen, dass du vielleicht alleine auch traurig warst und das Essen dich ein Stück getröstet hat.

(In diesem Moment beginnt er zu weinen und lehnt seinen Kopf an ihre Schulter. Sie legt ihre Hände um ihn. So bleiben sie ein paar Minuten, dann spricht sie weiter.)

Sie: Ich kann jetzt auch verstehen, wie es für dich sein muss, wenn ich dir das Essen verwehre. Das ist ein Stück so, als würde ich dir das Trostpflaster aus deiner Kindheit nehmen. Du hast mir erzählt, dass dein Vater manchmal geschimpft hat, wenn du das Geschirr nicht weggeräumt oder seine Lieblingswurst aufgegessen hast. Wenn ich dir das Essen verleide, ist das so ähnlich, als würde dich dein Vater wegen deines Essens maßregeln. Jetzt verstehe ich dich umso besser, dass du dann in solchen Momenten nicht mit mir spazieren gehen willst.

(Ihr fällt ein, dass sie in ihren ersten Lebensjahren oft mit ihrer Großmutter spazieren gegangen ist. Besonders dann, wenn sie traurig war, dass sie nicht zu ihren Eltern konnte, ist sie mit der Großmutter gegangen. Sie nimmt ihren Gedanken wahr und kehrt gleich wieder mit ihrer Aufmerksamkeit zu ihm zurück.)

Sie: Habe ich dich verstanden?

Er: Ja, du hast mich verstanden. Du hast besonders gut verstanden, dass ich mit dem Essen auch ein Stück meiner Einsamkeit vertreibe. Mir war das bisher gar nicht so klar, doch nun habe ich mit deiner Hilfe erkannt, dass das Essen für mich auch ein Seelentröster ist.

Mentalisieren bedeutet, dass wir uns unserer eigenen psychischen Prozesse und auch der anderer Menschen bewusst werden, sie verstehen können. Das soll nun nicht heißen, dass Sie bei jeder anstehenden Uneinigkeit mentalisieren sollen. Doch wenn Ihnen auffällt, dass Sie immer wieder über dieselben Dinge diskutieren, lohnt es sich allemal, um sie für die Zukunft aus der Welt zu schaffen. Im Beispiel oben kann die Frau den Hintergrund seines dringenden Wunsches verstehen, indem sie sich seine Gefühle und seine Geschichte vergegenwärtigt und dem Ganzen einen Sinn verleiht. Und gleichzeitig triggert das auch die Erinnerung an ihre eigenen Beweggründe. Das ist das Faszinierende an den Imago-Paardialogen, die wir in unserer Praxis als Hauptelement einsetzen: Ein in erster Linie kognitiver Prozess wird hochemotional, weil die Person, die auf Besuch ist, zeigt, dass sie all die Bedürfnisse, Wünsche, Sichtweisen, Interessen, Probleme, Fantasien, Schmerzen und Ängste erkennt. Das hilft dem anderen, sich selbst besser zu verstehen. Entscheidend ist dabei, dass diese Person, die zum Sender auf Besuch kommt, wirklich ganz im Land des anderen bleiben kann, ohne in ihren eigenen Hintergrund hineinzukippen. Mit „Land" meinen wir die Seelenlandschaft des Partners. Es ist eine hohe Kunst, die eigenen Werte, Ansichten, Erfahrungen beiseite zu stellen. Daher empfehlen wir Ihnen, dass Sie das Mentalisieren erst einmal anhand kleiner Tagesthemen ausprobieren. Bei größeren Verletzungen wie Affären oder dergleichen ist das noch herausfordernder. Da macht eine professionelle Begleitung durchaus Sinn.

Es wäre wunderbar, könnten alle Mütter, Väter und Großeltern ihre Kinder von Geburt an richtig spiegeln und würden auch das Mentalisieren beherrschen. Das heißt, dem Kind das Gefühl zu geben, dass es okay ist, wie es ist. Das beginnt dabei, dass man richtig errät, ob das Baby Hunger hat oder eine neue Windel braucht, wenn es schreit. Das geht weiter beim Kleinkind, das man spiegelt: Es lächelt und wir lächeln zurück. Es jubelt, weil ihm etwas gelungen ist, und wir jubeln zurück. Oder es hat einen Zornanfall, weil das Spielzeug nicht tut, was es soll, und wir sagen „Oh, jetzt ärgerst du dich", anstatt das Kind auszulachen oder ihm das Spielzeug aus der Hand zu reißen. Auf diese Weise lernt sich schon so ein kleines Geschöpf selbst kennen und es lernt, dass das Gefühl, das es empfindet, sinnvoll ist. Anders ist es, wenn Vater oder Mutter inadäquat reagieren. Wenn das Baby beispielsweise schreit, weil es Bauchweh hat, und der Vater glaubt, es hat Hunger und ihm Essen gibt, kann es sein, dass das Baby im Gehirn eine Repräsentanz bildet: Ich habe Bauchweh, also esse ich (auch wenn ich keinen Hunger habe).

Die Seelenverwandtschaft[51] besagt, dass wir vielleicht nicht dieselben Erfahrungen als Kind gemacht haben, aber aus den Erfahrungen ähnliche Gefühlzustände und Nöte erlebt haben. Genau deshalb versteht sich das Paar tiefgehender und damit auch effizienter als so manche Psychotherapeutin, die zwar gut ausgebildet ist, jedoch eine andere Seelenstruktur hat. Mithilfe des Mentalisierens lernen wir, ein Mitgefühl zu entwickeln, ohne dass wir verschmelzen. Ich bleibe ich und du bleibst du – und wir entwickeln ein Wir in unserem Zwischenraum, indem wir einander Sinn zusprechen können, auch für Verhaltensweisen und Wünsche, die vordergründig seltsam anmuten.

So entwickeln wir eine Kompetenz, mit der wir unsere Impulse regulieren können und gleichzeitig in Verbindung mit anderen Menschen sind. Wenn ich noch nicht reflektiert habe, was hinter meinen immer wieder auftauchenden Aggressionen steckt, werde ich weiterhin vor Zorn explodieren, nur weil mir in der Bahn ein anderer den letzten freien Sitzplatz weggeschnappt hat. Mit jeder auch nur kleinen Auseinandersetzung mit meinem „seltsamen" Verhalten in der Begegnung mit meiner Partnerin oder meinem Partner lerne ich mein So-gewordenSein kennen und lieben und werde frei, mein Verhalten so zu gestalten, wie es mir, meiner Beziehung und meiner Umwelt guttut. Durch die Seelenverwandtschaft werden die roten Knöpfe sehr gut gedrückt. Deswegen fragen wir uns ja auch:

---

51 siehe Impuls Nr. 8

Wie konnte ich mich nur in den verlieben? An dieser Stelle macht es durchaus Sinn, zu einer Paar-Psychotherapeutin oder einem -Psychotherapeuten zu gehen, wenn einem das Mentalisieren und Validieren noch nicht so gut vertraut ist. Eine geschulte und erfahrene Fachkraft kann Übersetzungsarbeit leisten und den Prozess so begleiten, dass die 50-zu-50-Verantwortlichkeit in der Paarbeziehung gewahrt bleibt.

Mit diesem Impuls möchten wir Sie einladen, liebe Leserin, lieber Leser, selbst jene Menschen verstehen zu lernen, die Ihnen im Moment den meisten Frust zukommen lassen. Sie müssen diese Menschen nicht lieben, doch lernen Sie zu verstehen, warum sie Sie so auf die Palme bringen. Zeigen Sie den Mut, sich auf diese Reise einzulassen. Begegnen Sie einander als zwei Subjekte, die beide Sinn machen und gleichzeitig unterschiedliche Bedürfnisse haben dürfen.

50. Auf Schatzsuche

Bewusstmachen ist der Schlüssel für Entwicklung und Veränderung. Drei wunderbare Übungen, mit denen Sie Ihren Beziehungsschatz heben können

Nach einem anstrengenden Tag liegen beide erschöpft nebeneinander im Bett.

Sie: Schatz, ich bin viel zu müde, um mich an dich zu kuscheln. Ich möchte dir aber gerne etwas sagen, bevor wir schlafen.

Er: Ich bin zwar schon sehr müde, aber ich bemühe mich.

Sie: Danke. Ich möchte dir sagen, dass es heute ein ganz besonderer Moment für mich war, als uns beim Abendessen unsere Tochter von ihren Problemen mit ihren Schulfreundinnen erzählt hat. Du hast ihr von deiner Schulzeit erzählt und wie du von deinen damaligen Freunden wegen deiner dicken Beine beschämt wurdest. In diesem Moment habe ich mich sehr geehrt gefühlt, dass ich von diesem intimen Moment erfahren durfte. Umso mehr danke ich dir, dass du mir deinen Körper zeigst, wie er ist. Erst jetzt verstehe ich, welche Besonderheit das ist.

Er schweigt eine Weile, um diese schönen Worte in sich aufzunehmen, dann dreht er sich zu ihr um.

Er: Danke, dass du das gesagt hast. Ich lasse das einmal auf mich wirken. Jetzt würde ich dir gerne sagen, was für mich heute so besonders war ...

Kennen Sie Daniel Glattauers Komödie „Die Wunderübung"? In diesem Stück kommt ein Paar zum Therapeuten, weil es dauernd streitet. Der Therapeut macht eine paradoxe Intervention: Er dreht den Spieß um und erzählt diesem Paar, dass seine Frau sich von ihm trennen will. Irgendwie schaffen sie es, quasi die Rollen zu tauschen: Das Paar therapiert den Therapeuten – und am Ende, als sich alles zuspitzt, entdeckt das Paar seine eigene Liebe wieder.

Manchmal kommen Paare zu uns und meinen, sie hätten auch gern so eine Wunderübung. Tja, wenn wir die hätten, wären wir wohl schon Millionäre! Doch jeder Mensch ist individuell und auch jede Beziehung ist so einzigartig, da ist es wohl sehr unwahrscheinlich, dass jemals ein Patentrezept für alle erfunden werden wird. Was wir aber haben, ist ein ganzes Repertoire an Übungen, mit denen wir Paare einladen, auf Schatzsuche zu gehen. Der Sinn hinter diesen Übungen ist, dass Sie sich Ihres Potenzials, des Geschenks von Verbundenheit bewusst sind. Sie wissen ja – Sie haben es an anderen Stellen in diesem Buch schon gelesen –, wie wichtig es ist, ein Bewusstsein zu schaffen, worauf Sie bauen können und was in Ihrer Beziehung alles an Entwicklung möglich ist. Drei dieser Schatzsuchen möchten wir Ihnen hier gerne vorstellen:

1. Nähe und Verbundenheit

Lassen Sie den heutigen Tag Revue passieren. Was haben Sie mit Ihrer Partnerin bzw. Ihrem Partner erlebt, das ein besonderer Moment der Nähe war? Das kann auch nur ein ganz kurzer Moment gewesen sein. Erlauben Sie sich, Ihren Tag im Schnelldurchlauf abzuspulen und suchen Sie diese Momente der Nähe und Verbundenheit. Mag sein, dass Sie im ersten Schritt nichts finden, weil so viel Organisatorisches den Alltag ausgefüllt hat. Doch wenn Sie genau hinschauen und Ihre Wahrnehmung schärfen, werden Sie fündig werden.

Vor dem Schlafengehen erzählen Sie Ihrem Partner, Ihrer Partnerin von einem dieser Momente. Wenn Sie möchten, ergänzen Sie, sodass Ihre Erzählung aus diesem Dreischritt besteht:

* Ein Moment der besonderen Nähe und Verbundenheit mit dir war heute …
* Das Besondere daran für mich ist …
* Dadurch fühle ich mich …

Beim letzten Schritt ist es ganz wichtig, dass Sie Ihr Gefühl mit einem Wort beschreiben – erfreut, stolz, geborgen, gesehen, dankbar, geliebt, begehrt etc. Sie werden sehen, wie dieses Wort Ihre Verbundenheit noch mehr verstärkt.

Schön wäre, wenn auch Ihre Partnerin, Ihr Partner sich an der Schatzsuche beteiligt und Ihnen ebenfalls von einem Moment der Verbundenheit erzählt. Wenn Sie wollen, spiegeln Sie beide das, was der oder die andere gesagt hat.[52] Doch wenn sie bzw. er nicht mit ins Boot steigt, versuchen Sie, das zu akzeptieren. Vielleicht klinkt sich Ihr Partner nach ein paar Tagen ja doch noch ein.

2. Dankbarkeit

Wir beschäftigen uns tagtäglich so viel mit Problemen. Mit unseren eigenen oder mit denen in der Arbeit. Die Nachrichten schwemmen uns auch noch die Katastrophen der Welt ins Wohnzimmer. Dabei kann es passieren, dass wir den ganzen Reichtum, der uns umgibt, aus den Augen verlieren. Dabei bräuchten wir eine Umwelt, die das beleuchtet, was gut läuft. Was gelungen ist. Wir wollen damit nicht andeuten, dass wir alle Probleme leugnen oder unter den Tisch kehren sollen,

---

52 siehe Impuls Nr. 20

ganz bestimmt nicht. Doch wenn wir das benennen, was uns gut gelungen ist, werden wir auch mit dem einen guten Umgang finden, was uns weniger gut gelungen ist. In Impuls Nr. 25 haben wir uns schon damit befasst, wie wichtig es ist, das Positive zu benennen. Die Energie folgt der Aufmerksamkeit. Das heißt, wenn wir die Aufmerksamkeit auf das legen, wofür wir dankbar sind, werden wir auch mehr finden, über das wir uns freuen können. Sie kennen den Effekt: Wenn Sie sich ein neues rotes Auto kaufen, werden Sie plötzlich überraschend viele rote Autos auf der Straße finden. So ist das auch mit der Dankbarkeit.

Wir laden Sie also zur nächsten Schatzsuche ein:

* Wofür bin ich mir selbst dankbar? Falls Sie Sätze wie „Eigenlob stinkt" oder ähnliche im Kopf haben – schieben Sie sie zur Seite. Wenn Sie sich selbst nicht dankbar sein können, wie sollen Sie dann jemand anderem aufrichtig dankbar sein?
* Wofür bin ich meiner Partnerin bzw. meinem Partner dankbar? Auch wenn Sie an diesem Tag gestritten haben, sind wir sicher, dass Sie etwas finden werden, wofür Sie dankbar sein können. Schauen Sie genau!
* Wofür bin ich dem Schicksal, der Vorsehung, dem Universum, Gott dankbar? Hier denken Sie an Dinge im Leben, die Sie nicht selbst beeinflussen können.

Ein Beispiel: „Ich bin mir dafür dankbar, dass ich heute eine Stunde früher heimgegangen bin, weil ich schon so erschöpft war, und ich finde es super, dass ich so gut auf mich achtgegeben habe. Ich bin dir dankbar, dass du es initiiert hast, dass wir über unseren nächsten Urlaub gesprochen haben. Und ich bin dem Schicksal dankbar, dass es uns zwei gesunde Kinder geschenkt hat, die gut im Leben stehen."

3. Erkenntnisse

Sigmund Freud haben wir das sogenannte Eisberg-Modell zu verdanken. Es besagt, dass uns nur 10 Prozent unseres Verhaltens bewusst sind, die restlichen 90 Prozent sind unter Wasser und daher nicht sichtbar. Man kann sagen, dass die 90 Prozent dem entsprechen, was wir unbewusst in uns tragen. Indem wir jedoch diese Erkenntnisübung machen, erweitert sich dieses 10-Prozent-Fenster, also Ihr Bewusstsein für das, wie Sie und Ihre Partnerin bzw. Ihr Partner sich in der Beziehung verhalten. Da Sie nur das verändern können, was Ihnen bewusst ist, ist diese Übung eine wunderbare Möglichkeit, mehr zu beeinflussen, und das gibt Ihnen ein großes Stück Freiheit.

In dieser Übung geht es darum, Erkenntnisse zu sammeln und so ins Bewusstsein zu heben: Was habe ich über mich gelernt, was über unsere Beziehung? Nach einem guten Gespräch, nach einer Paartherapie, nach einem Dialog oder vielleicht auch nach einem Streit ist der passende Zeitpunkt, um ein Resümee zu ziehen:

* Meine Erkenntnis über mich ist …
* Meine Erkenntnis über dich ist …
* Meine Erkenntnis über uns beide ist …

Schreiben Sie zu jeder Erkenntnis maximal einen Satz, nicht mehr. Je kürzer Sie sich fassen, desto klarer ist die Erkenntnis!

Erkenntnisse lassen sich auch durch aufmerksame Beobachtung sammeln. Doch es erfordert einige Übung und auch die Bereitschaft, dass Sie sich selbst beobachten können. Wenn wir durchs Leben gehen, sehen wir ja unser Umfeld. Wenn Sie sich vorstellen, dass Sie den Tagesablauf mit einer Kamera festhalten, dann stellen Sie sich im nächsten Schritt vor, Sie drehen die Kamera um und beobachten sich selbst in den verschiedenen Situationen. Oder vielleicht hilft Ihnen diese Vorstellung: Nehmen Sie an, Sie befinden sich auf einer Bühne, auf der Sie die Hauptrolle in Ihrem Leben spielen: am Morgen beim Aufstehen, wenn Sie die Kinder in die Schule bringen, in der Arbeit, am Abend mit der Familie … Und gleichzeitig sitzen Sie in der Loge und betrachten das Geschehen auf der Bühne. Was sehen Sie? Was beobachten Sie? Welche Erkenntnisse können Sie daraus ziehen?

Wir wünschen Ihnen gutes Gelingen bei der Schatzsuche! Wenn Sie gerade in keiner Beziehung leben, können Sie diese Übung übrigens genauso machen und vielleicht mit einer guten Freundin oder einem guten Freund besprechen. Wir sind schließlich dazu ermächtigt, Erkenntnisse zu sammeln und dankbar zu sein für die Nähe zu uns selbst und zu anderen Menschen. Stellen Sie sich vor, mit diesen Gedanken und dem damit verbundenen Gefühl schlafen zu gehen. Vielleicht schenkt Ihnen Ihre Schatzsuche obendrauf auch noch eine besonders ruhige und entspannte Nacht!

51. Träumen Sie

Indem wir Verantwortung für unsere Gegenwart übernehmen, können wir auch unsere Zukunft träumen und Visionen entwickeln.

Er: Ich träume in letzter Zeit immer wieder von einem kleinen Häuschen am See. Schade, dass wir uns das niemals werden leisten können.

Sie: Na, wenn du so redest, wird sich das wohl wirklich nie finden. Erzähl mir doch lieber mehr von diesem Häuschen.

Er: Ach, wozu weiter träumen, das wird ja doch nie etwas.

Sie: Ich glaube, dass ein Traum auch wahr werden kann, wenn man nur wirklich daran glaubt.

Er: Du immer mit deiner Psychologie!

Wir Menschen sind Meister der Selbstbeschränkung. Wir gehen durch einen Park, sehen sportliche Menschen entlangjoggen und denken: So fit wäre ich auch gern. Oder Sie sehen jemanden mit einer wunderschönen Tasche und denken sich: So eine tolle Tasche! Aber die ist bestimmt viel zu teuer, die kann ich mir ja nie leisten. Oder Sie haben einen erfolgreichen Kollegen und denken sich: Seinen Erfolg hätte ich auch gern. Aber ich kann mich noch so anstrengen, ich werde nie so belohnt wie er. Ich bin neidisch auf ihn.

Wenn wir uns nicht einmal erlauben zu träumen, was wir gerne hätten, dann ist garantiert, dass diese Träume unerfüllt bleiben. Wir sehen die Freude und Begeisterung in den Gesichtern von Menschen, die sich ihre Wünsche erfüllen können, doch selbst verbieten wir uns die Freude. Oft genug liegt es an verschiedenen Abwertungen und Glaubenssätzen[53] wie „Zuerst die Arbeit, dann das Vergnügen" oder „Da könnte ja ein jeder kommen" oder „Wir dürfen es nicht leicht haben, in unserer Familie hatten es alle immer schwer" oder auch „Nur nicht zu viel von der Zukunft erwarten, wir könnten enttäuscht werden".

Bestimmt gibt es vieles in unserem Leben, das aus heutiger Sicht unerreichbar scheint. Ewige Gesundheit, ewige Jugend und viel Geld liegen wirklich oft außer Reichweite. Doch das schien die erste bemannte Mondlandung auch, bevor sie in den 60er Jahren Realität wurde. Und es ist doch so: Egal, ob wir träumen oder nicht – wir gestalten unsere Zukunft immer mit! Da können wir doch auch träumen und uns damit die Chance geben, dass Träume wahr werden.

Ein Vorbild für uns ist Nelson Mandela. Nach vielen Jahren Gefangenschaft, Unterdrückung und Gedemütigt-Werden hat er bei seiner Antrittsrede dennoch nach vorne geschaut und von einer Vision eines freien Lebens in Südafrika geträumt und sich dafür eingesetzt. Er hat bestimmt oft genug Wut, Hass und Zorn verspürt. Doch wenn wir seine Antrittsrede mit dem Text lesen, der von Marianne Williamson stammt, erkennen wir, dass er das hinter sich lassen konnte. Nur wer Visionen hat, kann die Welt verändern!

„Wenn einer allein träumt, bleibt es ein Traum. Träumen wir aber alle gemeinsam, wird es Wirklichkeit", sagte der Theologe Dom Hélder Câmara. Daher schlagen wir Ihnen vor: Setzen Sie sich mit Ihrem Partner, Ihrer Partnerin – oder wenn Sie Single sind mit einer guten Freundin oder dem Bruder –

---

53 siehe Impuls Nr. 5

zusammen und erzählen Sie einander Ihre größten Träume. Warum nicht die kleinen Träume? Weil die Gefahr dann groß ist, dass Sie Ihren Selbstbeschränkungen und Verboten in die Hände spielen. Wagen Sie also den großen Traum – Sie haben schließlich Ihre Partnerin bzw. Ihren Partner als Verbündeten. Begeisterung ist etwas Ansteckendes! Sie werden sich gegenseitig unterstützen und motivieren.

Überlegen Sie gemeinsam: Was ist heute dein größter Traum in der Beziehung? Wo sehen wir uns als Paar in fünf, zehn, zwanzig Jahren? Welche Rede würde ich halten, wenn ich in zwanzig Jahren über unsere Beziehung spräche? Worauf blicke ich dann zurück, was ich im Moment noch vor mir habe? Wie würde diese Rede für Sie klingen? Was würden Sie an Ihrer Partnerin besonders schätzen? Wie würden Sie im Rückblick die Intimität und Sexualität in Ihrer Beziehung beschreiben? Wofür sind Sie dankbar? Wofür sind Sie sich selbst dankbar, wenn Sie so eine Rede halten? Wofür wären Sie Ihrer Partnerin besonders dankbar? Was hätte Sie im Rückblick auf Ihr Leben besonders angenehm überrascht? Bleiben Sie dabei gütig und mitfühlend mit Ihrem Partner, selbst wenn seine oder ihre Lebensentwürfe sich im ersten Moment von den Ihren unterscheiden: Erzählen Sie von den intimsten Bildern. Wenn Sie einander wohlwollend begegnen, entwickelt sich daraus eine neue, passende Vision für Sie beide.

Wenn wir unsere Visionen entwickeln, müssen wir schauen, von wo wir starten. Wenn ich bisher maximal 300 Höhenmeter zu Fuß geschafft habe, werde ich mir nicht gleich vorstellen können, den Mount Everest zu besteigen. Sehr wohl aber einen Berg mit 500 Höhenmetern. Und erst, wenn Sie das geschafft haben, können Sie von einem 2000er träumen. Visionen sind nie ein für alle Mal geschaffen und einzementiert. Visionen können sich im Lauf der Beziehung verändern und sollen das auch, wenn es sich als sinnvoll erweist. Stellen Sie sich vor, Sie haben mit 30 eine Vision, wie Sie Ihre Sexualität mit 60 leben werden. Wenn Sie dann 60 sind, entdecken Sie, dass sich das, was Sie da antizipiert haben, ganz anders entwickelt hat. Es ist also gut und richtig, diese Vision mit 60 zu überarbeiten, zu korrigieren und neu auszurichten.

Visionen entstehen manchmal, weil wir neidisch sind auf andere. Der Blick auf andere und was sie erreicht haben, lässt uns vergleichen, und das schürt den Neid. Wenn wir über den Neid entdecken, was uns im Leben fehlt, kann es jedoch sein, dass wir feststellen, dass uns der Aufwand, diesen Traum zu erfüllen, viel zu hoch ist. An so einer Stelle ist es gut, wenn Sie sich von diesem Visionsbild verabschieden können. Schaffen Sie das nicht, bleiben Sie im Neid gefangen und das zieht Ihnen Energie ab. Entwickeln Sie besser eine Vision, die Ihnen sinnvoller erscheint und fokussieren Sie sich auf diese. Sie wissen schon: Energie folgt der Aufmerksamkeit. Wenn es Ihr ernsthaft gefühlter Traum ist, ein Häuschen am See zu besitzen wie der Mann in unserer Einstiegsszene, dann werden Ihnen alle möglichen Angebote auffallen oder auch Beispiele, wie andere ihren Traum vom Häuschen realisieren. Wer weiß, vielleicht findet sich auch ganz abseits Ihres Budgetrahmens ein Weg und Sie entdecken eine Annonce, wo jemand auf der Suche ist nach einem sorgsamen Hausmeister, der über den Sommer auf eine Villa am Chiemsee aufpasst. So werden Sie inspiriert und kommen auf Ideen, wie Ihr Traum doch wahr werden könnte.

Verabschieden Sie sich beim Träumen vom Leistungsdenken. Es geht darum, dass Sie Ihre Perspektive Ihrer Vision so ausrichten, dass sie für Sie stimmig ist, und diese Perspektive erweitern Sie sukzessive, jenseits von richtig und falsch, jenseits von Profit oder Leistung. Hier geht es um die Entwicklung Ihrer Persönlichkeit und um die Entwicklung Ihrer Beziehung. Leistung und Gewinn würde bedeuten, dass meistens ein anderer dafür bezahlen muss. Das ist nicht anders als auf den Aktienmärkten: Wenn einer gewinnt, hat dafür ein anderer etwas verloren. Es ist also nicht wirklich ein gutes Gefühl, wenn wir auf Kosten anderer unsere Visionen verwirklichen. Wenn wir unsere Persönlichkeit entwickeln und uns Visionen dafür mit auf den Weg geben, braucht es ein größeres Ganzes im Sinne des gemeinsamen Ertrages jenseits von Gewinnern und Verlierern.[54]

Wenn wir uns zu träumen erlauben und unsere Visionen umsetzen, sind wir auch für andere ansteckend. Sie werden von unseren „wildest dreams" inspiriert, wollen auf den Zug aufspringen und beginnen ihre eigene Entwicklung. Ganz wie Nelson Mandela es ausdrückte. Er sagte sinngemäß: Wenn wir bereit sind, unseren größten Traum zu leben, unser eigenes Licht leuchten zu lassen, erlauben wir es nicht nur uns selbst, sondern auch allen anderen, unser Licht zum Leuchten zu bringen.

---

54 siehe auch Impuls Nr. 36

52. Couples for future

Ein Plädoyer für die persönliche Entwicklung in der kleinsten sozialen Einheit, der Zweierbeziehung, damit auch die gesamte Menschheit sich positiv weiterentwickeln kann.

Er (am Tag nach einer Party): Hast du eigentlich mitbekommen, wie Susanne und Konrad gestern waren?

Sie: Was meinst du denn?

Er: Vor einem Jahr hat sie ihn vor uns allen angekeift, weil sie mit den Kindern so alleine ist. Und er hat sie beschwichtigt und gemeint, er wäre ja bei der Kindererziehung sowieso nicht wichtig.

Sie: Stimmt. Und gestern hat er davon erzählt, wie gut es ihm tut, dass er viel mehr bei den Kindern ist.

Er: Und sie hat ihm kichernd zugezwinkert und gesagt, dass sie jetzt weniger oft explodiert, wie das immer so ihre Art war.

Sie: Da kann ich mir gleich ein Beispiel nehmen, weil ich bin ja auch so eine Explosionsweltmeisterin.

Er (lacht): Und es wird dich freuen zu hören, dass ich mir schon gestern vorgenommen habe, jede Woche mit unserem Sohn Latein zu lernen.

Stellen Sie sich vor, wie unsere Welt wäre, wenn sie nur von Menschen regiert werden würde, die mindestens zehn Jahre in einer gelungenen Beziehung gelebt haben. Gelungen im Sinne von: Sie verstehen es, auf Augenhöhe zu kommunizieren und Freud und Leid gut aufzuteilen. Sie wissen, was ein Machtkampf ist, wer von ihnen dabei lauter wird und wer sich zurückzieht und wie sie ihn auflösen können. Sie wissen auch, dass Liebe eine Aktivität ist und nicht von alleine bleibt, und dass die eigene Geschichte sehr viel mit der aktuellen Beziehung zu tun hat. Sie haben verstanden, dass eine 50-50-Verantwortung nicht nur in Beziehungen, sondern für ganze Gesellschaftssysteme gilt, und dass jede und jeder selbst zu beleuchten hat, was ihr oder sein Beitrag zu einer Situation ist. Sie begreifen Konflikte zwischen Völkern oder Bevölkerungsgruppen als eine Aufgabe, die es auf Augenhöhe auszutragen gilt, anstatt sie gegeneinander auszuspielen und Täter-Opfer-Bilder zu strapazieren. Sie wissen, dass es auf unserer Erde um ein Miteinander geht. Beteiligte müssen ermutigt werden, in Verbindung zu treten und gemeinsam auf den Konflikt zu schauen, um mit geteilter Verantwortung an einer Zukunft zu arbeiten.

Sie verstehen, was es heißt zu mentalisieren. Sie können zu jeder Zeit gut in uns selbst verankert sein und gleichzeitig darauf achten, was ihnen das Laufband des Lebens noch vorbeischickt. Sie wissen, dass eine Beziehung exklusive Zeit braucht, dass Gegensätze sich anziehen und dass Verbindung ein Produkt der Seelenverwandtschaft ist. Und sie haben verstanden, dass Energie der Aufmerksamkeit folgt und wählen daher ihren Fokus sorgsam. Länder, Städte und Ortschaften, regiert von Paaren, die regelmäßig innehalten und sich gegenseitig sagen, wofür sie dankbar sind, die erkannt haben, dass man erst dann sinnvoll weiterkommt, wenn man statt einem Entweder-Oder ein Sowohl-als-Auch wählt, und es keine Sieger und Verlierer gibt, weil es diese Aufteilung von Menschen nicht braucht. Sie sagen jetzt vielleicht, dass das ein schöner Traum ist.

Wenn wir alleine träumen, dann bleibt es ein Traum, das stimmt. Doch träumen wir gemeinsam, beginnt eine neue Wirklichkeit. Wir wissen, dass wir nicht die Einzigen sind, die diesen Traum haben. Unsere Mentorin Hedy Schleifer, die in den 90er Jahren die Imagotherapie nach Europa gebracht hat, hat mit diesem Traum begonnen und viele sind ihr mittlerweile gefolgt. Also lassen Sie uns gemeinsam träumen!

Michelle Obama soll einmal gesagt haben – lange, bevor ihr Mann Präsident der USA wurde: „Ich glaube, er wäre ein guter Präsident, denn er wird mit mir fertig." Das bringt ziemlich gut auf den Punkt, was wir meinen: Wer verstanden hat, worum es in der kleinsten Einheit, der Paarbeziehung, geht und in der Lage ist, sie in Frieden zu leben, sodass sich beide weiterentwickeln können, der kann ein Land besser als andere regieren. Denn die Prinzipien, auf denen eine gelungene Paarbeziehung basiert, sind im Grunde dieselben.

Was wir Menschen brauchen, um diese Vision wahr werden zu lassen, sind positive Vorbilder. Es ist schade, dass wir manchmal nur eine gewisse Seite von prominenten Paaren sehen, weil sie selbst und die Medien uns nur einen kleinen Ausschnitt der Realität sehen lassen. Wir meinen jedoch nicht, dass alle vor laufender Kamera Seelen-Striptease machen sollten, das nicht! Was wir meinen, ist, dass wir Vorbilder brauchen. Wenn wir kurz nachdenken, fallen uns spontan eine Handvoll Promis ein, die sich gerade getrennt haben oder Skandale durchmachen. Doch wie viele fallen Ihnen ein, die es trotz großer Krisen geschafft haben? Und wenn Sie ein paar Namen nennen können: Was beweist, dass die vorgeblich gute Beziehung auch eine solche ist? Nur weil ein Paar viele Jahrzehnte zusammen ist, muss es nicht notwendigerweise verstanden haben, worum es in gelungenen Beziehungen geht.

Es wäre wunderschön, würden prominente Menschen ehrlich von ihren Beziehungen sprechen. Nicht, damit wir alle wissen, wer schuld ist an einer Trennung, sondern um ein Beispiel zu haben: Was ist passiert, dass die Nähe verloren gegangen ist? In unseren Therapieräumen sind schon so einige Promis gesessen. Es steht uns im Rahmen unserer Verschwiegenheitspflicht nicht zu, sie zu benennen oder zu zitieren. Die Paare selbst sollten ihre Geschichten erzählen. Das wäre ein tolles Signal, und wir alle, die wir Promis doch meistens gerne in den Medien verfolgen, könnten viel daraus lernen. Wir könnten uns auch ein Beispiel daran nehmen, wie gut es tut, sich persönlich weiterzuentwickeln, indem wir die eigene Beziehung als eine wunderbare Quelle dafür nehmen.

Wir selbst haben vor etwa 30 Jahren in unseren Psychotherapieausbildungen gelernt, wie wichtig es ist, sich als Therapeut mit der eigenen Geschichte bedeckt zu halten. Das war uns damals schon ein bisschen suspekt, und als wir im Jahr 2000 bei Hedy und Yumi Schleifer die Imago-Ausbildung machten, lernten wir erstmals Ausbilder kennen, die sich als Paar und in ihrer Persönlichkeit ganz offen zeigten. Wir merkten, wie gut das tut. Also begannen wir in unseren Imago-Paarworkshops auch, von unserer Geschichte zu sprechen. Wir erleben es heute noch, dass Paare ganz erstaunt sind, dass es auch andere gibt, die dieses Problem haben. Und jedes Mal bemerken wir die große Erleichterung bei diesen Paaren, wenn sie von uns erfahren, dass auch wir so eine Krise hatten – und dass wir sie gelöst haben.

Wie gesagt, anstatt um Seelen-Striptease geht es um Authentizität und darum zu zeigen, dass wir Menschen sind. Wir kippen unsere Probleme nicht in diese Workshops hinein, denn es geht ja um die Probleme der Workshopteilnehmer und nicht um unsere. Doch wir erzählen, wie wir Krisen gelöst haben. Das ist das, was Paare brauchen: ein Vorbild, das ihnen Mut macht, ihre Beziehungsthemen anzuschauen und das sie zuversichtlicher in die Zukunft schauen lässt.

Wir sprechen alle davon, dass das Leben fair sein muss und dass die Ressourcen, die vorhanden sind, sorgsam aufgeteilt und geschont werden sollen. Wir wollen, dass auch die nächste und übernächste Generation diese Ressourcen zur Verfügung hat. An dieser Stelle können wir uns kritisch fragen: Geht es nur darum, weniger Müll zu produzieren und die Bahn statt des Flugzeugs zu nehmen? Ja sicher, das ist schon wichtig und sollte mittlerweile selbstverständlich sein. Und wir möchten diese Sicht erweitern, indem wir den Begriff Ressource um das erweitern, was wir an Ressourcen in uns haben: unser Potenzial, das entfaltet werden will, und das oft erst sichtbar wird, wenn wir bereit sind, unsere emotionalen Wunden aufzuspüren, zu zeigen und zu heilen.

Auch ein Machtkampf ist eine Ressourcenvergeudung, zumindest, wenn er nicht als Chance für persönliches Wachstum und Erkenntnis gesehen wird, sondern im gleichen Sud das ganze Leben lang vor sich hin köchelt. Bei so manchen Länder- und Völkerkonflikten kann so etwas ganze Jahrhunderte überdauern. Die Liebesbeziehung ist eine ganz einzigartige Ressource, um nicht nur den Machtkampf, sondern die ganzen dahinterstehenden Wunden zu beseitigen.

Letztlich geht es immer wieder um die Haltung. Wenn wir verstanden haben, dass es gut ist zu sagen „Es tut mir leid" und „Da möchte ich etwas dazulernen", dass es gut ist, Familientraditionen kritisch zu betrachten und nicht unreflektiert zu übernehmen, dass es gut ist, einander zuzuhören, anstatt Schuldige zu suchen, dann stecken wir andere damit an. Vor allem, wenn wir darüber sprechen, und zwar nicht nur auf

Paarebene, sondern auch im Beruf und in vielen anderen Bereichen. Denn überall gibt es Beziehungen zu pflegen und zu entwickeln, auch beim berühmten Networking.

Wenn wir mit unserer Partnerin bzw. unserem Partner über viele Jahre diese „Ausbildung" genossen haben, dann werden wir auch für die Welt da draußen andere Entscheidungen treffen. Wir werden sie vielleicht nicht von einem Moment auf den anderen zu einer besseren Welt werden lassen. Doch es wird in jedem Fall eine Welt sein, in der Sicherheit, Leidenschaft und Potenzialentfaltung möglich ist, für diese und alle weiteren Generationen.

www.kremayr-scheriau.at

ISBN 978-3-7015-0628-6

Copyright © 2. Auflage 2021 by Verlag Kremayr & Scheriau GmbH & Co.
KG, Wien

Alle Rechte vorbehalten

Schutzumschlaggestaltung: Andrea Kurz

Typografische Gestaltung und Satz: Sophie Gudenus

Lektorat: Marilies Jagsch

Druck und Bindung: Florjančič tisk d.o.o., Maribor